GIPFELBUCH

GIPFELBUCH

DOMINIK PRANTL

Süddeutsche Zeitung Edition

Nr. **DIE ERSTEN SCHRITTE** Seite

Nr. **AUF EINGETRETENEN PFADEN** Seite

Nr. **HANG ZUM ANDERSSEIN** Seite

Nr. **UNTER EINEM DACH** Seite

Nr. **STEIL GEHEN** Seite

Nr. **IN EISIGEN HÖHEN** Seite

Nr. **AM GIPFEL** Seite

Nr. **RUNTERKOMMEN** Seite

ANHANG Seite

VORWORT

Eines ist mir in den vergangenen Jahren aufgefallen: Ich bin inzwischen mindestens genauso schrullig wie die meisten Bergsteiger, über die ich mich früher so oft wunderte. So fühle ich mich beispielsweise von Bergen mit zu vielen Besuchern geradezu persönlich beleidigt, steige aber nur ungern alleine auf Gipfel. Ich bin gewissermaßen Freizeit-Misanthrop und doch lieber mit anderen Menschen unterwegs. Und weil meine Bergbegleiter meist wissen, dass ich mich als Journalist mit dem Thema Berge intensiv beschäftige, stellen sie mir auf unseren Touren die seltsamsten Fragen: Wie lässt sich ein Kuhangriff vermeiden? Muss beim Wandern eigentlich gegrüßt werden? Und was um Gottes Willen ist eigentlich ein Sackstich? Manchmal weiß ich eine Antwort, häufig nicht.

Also beschloss ich, ein Buch der alles entscheidenden Frage zu widmen: Was sollte der Berggänger von heute eigentlich wirklich wissen? Schon sehr bald stellte ich fest, dass ich auch hier als Solist nicht besonders weit kommen würde. Ich brauchte wie immer Bergbegleiter und Seilpartner. Unterstützt von namhaften Schuhherstellern, Enzianbrennern und Gämsenkennern legte ich los, mit Hilfe von Höhenmedizinern, Extremkletterern und Meteorologen stieg ich langsam höher. - - - - - - - - -

Und je höher ich kam und je mehr Experten ich fragte, desto mehr veränderte sich die Perspektive. Neue Themen taten sich auf, an die ich anfangs gar nicht gedacht hatte, andere verloren an Bedeutung. Ursprünglich als seitenlange Anleitungen geplante Kapitel – etwa das Knüpfen von Knoten oder die Kameradenrettung am Gletscher – wurden radikal gekürzt. Wer derartige Techniken wirklich erlernen möchte, findet im Handel bereits hervorragende Ratgeber – und belegt zudem hoffentlich noch einen Kurs, den kein noch so akribisch recherchiertes Buch der Welt ersetzen kann.

Das Gipfelbuch wird Sie dafür nicht nur einfach bis zum höchsten Punkt führen, sondern entlang der wundersamen Alpingeschichte direkt hinein in die Absurditäten des modernen Bergtourismus: vom Potenz steigernden Steinbockspray bis zum Après-Ski. Darüber hinaus werden Sie etwas über Verhütungsmethoden in großen Höhen und das richtige Benehmen auf Hütten erfahren. Sie tasten sich vor zu den Geheimnissen des 11. Schwierigkeitsgrades beim Klettern und hin zu den Abgründen der Höhenkrankheit.

Natürlich beantwortet auch dieses Buch keineswegs alle Fragen des Berggängers. Aber mit Sicherheit finden sich darin viele der unzähligen Facetten, die Berge so unwiderstehlich machen. Es ist all jenen Menschen gewidmet, die beim Anblick eines Gipfels seufzen: „Ach, die Berge!"

Dominik Prantl

[redacted]

„Die Menschen stolpern nicht über Berge,
sondern über Maulwurfshügel.“
(Konfuzius, Philosoph, 551 v. Chr.–479 v. Chr.)

[redacted]

RUNTERKOMMEN

AM GIPFEL

IN EISIGEN HÖHEN

STEIL GEHEN

UNTER EINEM DACH

HANG ZUM ANDERSSEIN

AUF EINGETRETENEN PFADEN

DIE ERSTEN SCHRITTE

001 ERSTE SCHRITTE WAGEN 001

▸ Mont Ventoux: Am 26. April 1336, die Erde war Gerüchten zufolge noch eine Scheibe, tat der Dichter Francesco Petrarca etwas Ungeheuerliches. Er bestieg einen Berg. Er machte das nicht etwa, weil es dort einen dringenden Job zu erledigen galt, wie beispielsweise die zehn Gebote zu empfangen oder ein ausgebüxtes Schaf zu retten. Ihn trieb lediglich das „Verlangen, die namhafte Höhe des Ortes kennenzulernen", er wanderte also „just for fun" auf den Gipfel, wie man heute sagen würde. - - -

Sein Ziel, der 1.912 Meter hohe Mont Ventoux, ragt einsam und glatzköpfig aus der Provence in Frankreich. Für halbwegs trainierte Wanderer ist seine Besteigung über mehrere Wege möglich. Auch per Rad ist der Berg über drei Seiten, längst bekannt durch die Tour de France, zu erklimmen. Um Petrarcas Leistung nachvollziehen zu können, müssten Sie sich allerdings in seine Zeit zurückversetzen. Früher waren Berge wegloses Gelände für Götter, Dämonen und Hexen, Sinnbild für Himmel und Hölle, Brutkästen für Lawinen, Steinschlag und Gewitter, alles in allem jedenfalls kein Platz für klar denkende Menschen. Am Mont Ventoux vermuteten die Kelten eine Windgottheit, und noch heute ist er wegen der kalten Stürme auch im Hochsommer oft ein ungemütlicher Platz. Als Petrarca dort also ohne jeden Zwang hinaufeilte, nur um sich von der Autobiografie seines Idols, dem Kirchenvater Augustinus, zu einer Landschaftsbetrachtung inspirieren zu lassen, war das ungefähr so abwegig, als würde man sich aus reinem Spaß ein Loch in den Zahn bohren. - - - - - - - - - - -

Möglicherweise passte Petrarcas romantisch anmutender Gipfelgang den entscheidenden Historikern als Indiz für den Übergang vom finsteren Mittelalter in die Neuzeit einfach gut ins Konzept. Sehr wahrscheinlich aber lag es an der nachhaltigen Öffentlichkeitsarbeit des italienischen Dichters, dass er als Urvater des Alpinismus in die Geschichte einging. Kurz nach seiner Naturerfahrung am Mont Ventoux verfasste er jedenfalls einen Brief an seinen Freund Francesco Dionigi von Borgo san Sepolcro. Darin erzählt er, wie ihn die Aussicht auf die weit entfernten Alpen staunen lässt, wie die Wolken zu seinen Füßen lagern und er sich wegen der Anstrengungen „auf den Flügeln des Geistes vom Körperlichen zum Unkörperlichen" hinüberschwingt. Wen stört es da, dass Petrarca neuen Erkenntnissen zufolge womöglich gar nicht auf dem Berg stand?

▸ **Mont Aiguille:** Der nächste Schritt für den Alpinismus folgte etwas weiter nördlich des Mont Ventoux in jenem Jahr, als Christoph Kolumbus in Amerika strandete. 1492 führte der königliche Söldnerführer Antoine de Ville eine etwa zehnköpfige Mannschaft auf das Gipfelplateau des Mont Aiguille. Anders als der kegelförmige Mont Ventoux ist der Aiguille ein tafelbergförmiger Felsblock mit schroffen Wänden. Nach der ersten Bergbesteigung über wirklich exponiertes Gelände verblieben die Expeditionsmitglieder sechs Tage auf dem Gipfel. Der 2.087 Meter hohe Berg ist noch heute ein beliebtes Ziel für Kletterer.

▸ **Mont Blanc:** Mitten hinein in die Epoche der Aufklärung fiel das, was heute allgemein als Startschuss des modernen Alpinismus gewertet wird. Am 8. August 1786 erreichten Jacques Balmat und der italienische Arzt Michel-Gabriel Paccard in einer vergleichsweise unspektakulären Aktion um 18.23 Uhr den höchsten Alpengipfel namens Mont Blanc. Erst ein Jahr später vermaß der Genfer Naturforscher Horace-Bénédict de Saussure den Berg und kam auf eine Höhe von 4.807 Metern. Diese variiert allerdings wegen der dicken Eishaube. Heute wird sie meist mit 4.810 Metern angegeben.

002 BERGSTEIGEN DEFINIEREN 002

Selbst wenn Sie komplett neu sind im Bergmetier, sollten Sie sich schon einmal einigen grundlegenden Begriffen stellen. Der Berg ist heute weniger Sitz der Götter als ein wahrer Rummelplatz, der für gemütliche Bierzeltsitzer wie für adrenalinsüchtige Achterbahnfreunde etwas zu bieten hat. Die Menschen spazieren, rennen und wandern auf Berge, durch Eis, Hitze und Regen. Sie hängen an Wänden, schlagen sich durch gefrorene Wasserfälle, hangeln Stahlseile entlang. Der Berg ist ein multifunktionaler Sportplatz.

In Internetforen wird gerne darüber debattiert, was unter dem Begriff Bergsteigen eigentlich zu verstehen ist. Manche nennen sich in jenem Moment Bergsteiger, sobald sie die Hände aus den Taschen nehmen, die nächsten, wenn sie mit den Händen auch greifen müssen, andere, wenn sie im Grunde nur noch die Hände benutzen. Noch komplizierter wird es, wenn man über die Grenzen der deutschen Sprache und der Epochen hinweg blickt. Inzwischen gibt es ungefähr so viele Definitionen vom Bergsteigen wie Bergsteiger – wer auch immer darunter zu subsumieren ist. Natürlich hat sich auch der Deutsche Alpenverein (DAV) mit den vielfältigen Spielformen in den Bergen beschäftigt. Informiert man sich bei der Pressestelle des DAV nach einer genauen Definition des Begriffs Bergsteigen, öffnet dort möglicherweise ein netter Mensch die Schublade der nicht verwirklichten Projekte und fördert wahre Schätze zu Tage. Kurz vor der Jahrtausendwende haben mehrere Autoren des DAV ein geradezu epochales Werk über das Bergsteigen verfasst – dem der Aufstieg in die Druckereien und weiter zum Massenmedium leider verwehrt blieb. Es gibt nur ein einziges Exemplar, in dem unter anderem folgende Abgrenzungen vorgenommen werden.

Bergsteigen: Das Gehen oder Klettern im Gebirgsgelände zur Befriedigung persönlicher Interessen in der Freizeit. Motivationen sind zum Beispiel Natur- und Landschaftsgenuss, sportliche Leistung, Bewegungsdrang oder Gesundheit. Schließt als Sammelbegriff auch das Bergwandern mit ein. *Bergwandern:* Wandern in Gebirgsgegenden, auf Wegen, Steigen und Trittspuren, sowie im weglosen Gelände überwiegend ohne Zuhilfenahme der Hände. *Hochtourismus:* Die Begehung von Schnee- und Eisfeldern, Gletschern, steilen Schrofen und Fels (bis etwa Schwierigkeitsgrad III). Zur Ausrüstung gehören normalerweise Pickel, Seil und Steigeisen. Hochtourismus wird auch als „klassisches Bergsteigen" bezeichnet. Meistens wird dabei das Erreichen von Gipfeln angestrebt. *Klettern:* In steilem Gelände werden nicht nur die Beine, sondern auch die Hände bei der Fortbewegung eingesetzt. *Klettersteiggehen:* Das Begehen von Wegstrecken in felsigem Gelände, in dem fest installierte künstliche Hilfsmittel die Sicherheit erhöhen (wenn sie sachgemäß benutzt werden) und häufig auch die Fortbewegung erleichtern. Künstliche Hilfsmittel sind zum Beispiel Drahtseile, Ketten, Eisenstifte, Leitern oder Brückchen. *Expeditionsbergsteigen:* Bergsteigen in außeralpinen Hochgebirgen, wobei die Teilnehmer zumeist mehrere Tage unterwegs sind und ihre Verpflegung mitführen. Das Gelände ist schwieriger und steiler als beim Trekking. Normalerweise werden Gipfel über 5.000 und 6.000 Meter Höhe angestrebt. Unter „Expeditionsstil" versteht man das etappenweise Höherrücken am Berg von einem Basislager aus; dabei werden am Berg Fixseile angebracht und Hochlager eingerichtet. Bewegt sich eine Expeditionsgruppe über größere Distanz ohne vorbereitete Zwischenlager zum Gipfel, spricht man von „Alpinstil". *Trekking:* Mehrtägiges Wandern oder Bergwandern außerhalb von Mitteleuropa in wenig erschlossenen Gegenden, oft mit Übernachtungen ohne viel Komfort, zum Beispiel im Zelt, im Freien oder in Hütten von Einheimischen. Dabei können auch Trag- und Reittiere eingesetzt werden. Auch wird der Begriff Trekking mehr und mehr von der Werbung für Touren in erschlossenen Alpengebieten missbraucht. *Weitwandern:* Wandern oder Bergwandern, an einzelnen Stellen eventuell auch Klettersteiggehen über eine insgesamt lange Distanz mit mehreren Übernachtungen auf der Strecke. Der Zeitaufwand liegt bei mehreren Tagen oder Wochen. *Skibergsteigen:* Auf Skiern in verschneitem Berggelände aufsteigen und abfahren. Manchmal werden in kurzen, steilen Passagen die Skier getragen oder die letzten Meter zum Gipfel zu Fuß bewältigt. *Skihochtouren:* Skibergsteigen im Hochgebirge.

Der DAV weist einschränkend jedoch darauf hin, dass Bergsteigen hier – anders als im Alltagsgebrauch – als Überbegriff für Wandern bis Klettern verwendet wird, was ein wunderschöner Gedanke ist. Sind doch alle, die auf einen Berg steigen, tatsächlich auch Bergsteiger.

003 DIE BERGE ZÄHLEN 003

Der Mathematiker Benoît Mandelbrot hat 1967 in der angesehenen Zeitschrift *Sciene* einen Aufsatz über die Länge der Küste Großbritanniens veröffentlicht. Ein Ergebnis, das er so gar nicht beabsichtigt hatte, lautete: Je genauer man versucht, die Küste zu vermessen, desto länger wird sie. So ähnlich verhält es sich mit der Anzahl der Berge: Je genauer Sie zählen, desto mehr werden es. Berge sind also relativ. Wie über die Küstenlänge gibt es beispielsweise ganze Aufsätze darüber, wie viele Berge die Schweiz eigentlich hat. Um eine genaue Anzahl zu finden, wird wild herumdefiniert, wann ein Gipfel als eigenständig gilt. Es ist beispielsweise durchaus diskutabel, warum eine nur 63 Meter hohe Erhebung auf den Bahamas als „Mount“ Alvernia durchgeht. Dabei spielen die Begriffe Dominanz, Prominenz und Eigenständigkeit eine wichtige Rolle.

- **Die Dominanz:** Die Dominanz gibt den von einem Berggipfel gemessenen Radius zur nächsthöheren Erhebung wieder. Besonders dominant sind Berge, die in einem großen Umkreis nicht von anderen überragt wer-

Berge sind relativ

den, was eine mickrige Anhöhe auf einer entlegenen Insel oder allein stehende Miniberge extrem aufwertet. Der Brocken im Harz beispielsweise hat eine Dominanz von 224 Kilometern und ist damit trotz der nur 1.141 Meter Höhe wesentlich dominanter als das Matterhorn (4.478 Meter) mit einer Dominanz von 13,7 Kilometern. Die Dominanz des Mount Everest wiederum ist – je nach Definition – so groß wie der Erdumfang oder unendlich. Gilt eine Dominanz von einem Kilometer als Grundvoraussetzung für die Bezeichnung „Berg“, gibt es in der Schweiz 1.595 Berge, bei einer Dominanz von fünf Kilometer noch 169 und bei 50 Kilometern nur drei.

- **Prominenz:** Die Prominenz, manchmal auch Schartendifferenz oder Schartenhöhe genannt, gibt an, wie viele Meter Sie mindestens absteigen müssen, um zu einem höheren Gipfel zu gelangen. Der Aconcagua hätte beispielsweise eine Schartenhöhe von 6.962 Metern, was der Höhe über dem Meeresspiegel entspricht. Denn auf dem amerikanischen Kontinent gibt es schlicht keinen höheren Gipfel, den man besteigen könnte. Manche Definition besagt, dass in den Alpen ein Gipfel mit einer Schartenhöhe zwischen 100 und 300 Metern als eigenständiger Berg gilt, im

Himalaya wiederum erst mit einer Schartenhöhe von 500 Metern und in Schottland mit 500 Fuß, etwa 152 Metern. Das spezielle Schweiz-Beispiel betreffend würde das bedeuten: Zählt man eine Erhöhung mit 100 Metern Schartenhöhe als Berg, haben die Eidgenossen 1.955 Berge, bei einer Schartenhöhe von 1.000 Metern sind es nur noch 36.

- **Eigenständigkeit:** Die Eigenständigkeit vermathematisiert den armen Berg endgültig. Hier werden für die Höhe, die Dominanz und die relative Prominenz, welche wiederum das prozentuale Verhältnis von der Schartenhöhe zur absoluten Höhe beschreibt, Indizes gebildet. Diese werden addiert, durch drei geteilt und schließlich interpretiert. Anschließend können Sie den Berg einer von acht Gruppen – diese reichen vom „Weltberg" über den „Hauptgipfel" bis zum „Sonstigen Punkt" – zuordnen. Sie wissen nach der Besteigung also, ob Sie ein kühner Hund oder ein armes Würstchen sind. Vielleicht jedenfalls. Glücklicherweise ist dies eher eine Beschäftigungstherapie für Wissenschaftler *vgl. 014 „Bergpartner finden"* und der eindeutige Beweis: Sie können mit etwas Einfallsreichtum selbst definieren, was für Sie persönlich ein Berg ist.

004 DEM ALPINE CLUB BEITRETEN 004

Auch wenn sich Bergsteiger und Gipfelstürmer immer wieder als Individualisten gerieren, schlüpfen sie gerne unter das Dach eines Vereins. Bekannt sind im mitteleuropäischen Raum vor allem die Alpenvereine mit einer häufig langen und wechselhaften Geschichte. Der Österreichische Alpenverein (OeAV) wurde 1862 gegründet, der Schweizer Alpen-Club (SAC) ein Jahr später und 1869 schließlich der Deutsche Alpenverein (DAV). Anfangs beschränkten sich die Alpenvereine vor allem auf eine kleine sportliche, oft akademische Elite, heute widmen sie sich dem Umweltschutz, der touristischen Erschließung der Berge und der Förderung des Bergsteigens als Breiten- und Spitzensport. Auch deshalb sind die Alpenvereine in den vergangenen Jahren explosionsartig gewachsen. Der DAV firmiert mit heute mehr als einer Million Mitgliedern bei kritischen Zeitgenossen gar unter dem Pseudonym „ADAC der Berge". Natürlich können auch Sie Mitglied in einem Verein werden.

▸ **Der Normalweg:** Der Deutsche Alpenverein ist mit seinen 354 Sektionen die größte Bergsteigervereinigung der Welt, wohl auch deshalb, weil ein Beitritt recht simpel ist. Vom lesbisch-schwulen Gay Outdoor Club bis zur Akademischen Sektion wird dort für Bergsportler jeglicher Couleur etwas geboten. Falls Sie nicht gerade der ehemalige, in Ungnade gefallene DAV-Präsident Professor Heinz Röhle oder der ehemalige, in Ungnade gefallene Extrembergsteiger Reinhold Messner sind, dürften Sie heutzutage beim Beitritt keine Probleme mehr bekommen. Suchen Sie sich am besten jemanden, der Sie als Mitglied anwirbt, weil er dafür eine kleine Prämie wie eine Wanderkarte oder eine Hüttenübernachtung erhält. Unbedingt nötig ist das nicht. Sie müssen nur einen Aufnahmeantrag ausfüllen, an eine der Sektionen schicken und jährlich den von Sektion zu Sektion variierenden Mitgliedsbeitrag überweisen. Dafür erhalten Sie beispielsweise Preisnachlässe in Hütten, bei Ausbildungskursen oder in Kletterhallen. Und Sie sind im Gebirge bei Bergunfällen versichert. Als überzeugter Wanderer finden Sie auch in einem der vielen deutschen Wandervereine wie dem seit 1864 existierenden Schwarzwaldverein Gleichgesinnte. Sie blicken gerne über die Grenzen? Vereine wie beispielsweise der Schweizer Alpen-Club, der Südtiroler Alpenverein oder der norwegische Wanderverein Den Norske Turistforening sind offen für andere Nationalitäten.

- **Die schwierige Variante:** Wenn Sie sich nicht mit dem Fußvolk zufriedengeben wollen, versuchen Sie es beim renommierten Alpine Club in London. Am 22. Dezember 1857 gegründet ist der Alpine Club der älteste Bergsteigerclub der Welt. Als Präsidenten fungierten Bergsteigergrößen wie Chris Bonington, Doug Scott oder Stephen Venables. Einerseits ist der Club für Bergsteiger aus der ganzen Welt gedacht, andererseits tat er sich mit der Aufnahme neuer Mitglieder schon immer etwas schwer. Angeblich stieß anfangs sogar Albert Frederick Mummery, der wohl beste Bergsteiger des viktorianischen Zeitalters, auf verschlossene Türen. Frauen werden gar erst seit 1974 zugelassen. Immerhin bieten sich Ihnen drei Möglichkeiten.

Vollmitglied: Um vollwertiges Mitglied beim Alpine Club zu werden, müssen Sie ein mehrseitiges Formular ausfüllen und darin mindestens 20 respektable Routen oder Gipfel vorweisen (mindestens WS/PD). Mit Hügeln wie dem Feldberg im Schwarzwald brauchen Sie erst gar nicht anzukommen, und natürlich zählt eine Besteigung des Matterhorns über den Hörnligrat weniger als die Erschließung einer neuen Route am Gauri Sankar in Nepal. Das werden Sie ohnehin nur wagen, wenn Sie den Hörnligrat als Trainingstour verstehen. Winterbegehungen, organisierte Expeditionen und Beiträge in der alpinen Literatur geben Bonuspunkte. Sie sollten also schon ein wilder Hund sein, der sich auch abseits der ausgetretenen Pfade orientieren kann. Weil es auch in der ehrbaren Bergsteiger-Gemeinde viele Schwätzer und Hochstapler gibt, benötigen Sie außerdem eine Art Bürgen, der bereits vollwertiges Mitglied im Alpine Club ist, Sie kennt und Ihren Antrag unterstützt. Da Sie möglicherweise die höchsten und steilsten Berge, aber nicht die nötigen Menschen kennen, hilft Ihnen notfalls der Alpine Club, um mit einem solchen „Proposer" in Kontakt zu treten. *Aspirant:* Als Aspirant des Alpine Club müssen Sie mindestens einmal in den Alpen oder einem anderen Hochgebirge gewesen sein sowie drei, vier namhafte Routen oder Gipfel in Ihrem Tourenbuch stehen haben. Normalerweise sammeln Sie innerhalb von weiteren fünf Jahren genug Erfahrung, um zum vollwertigen Mitglied aufzusteigen. Auch in diesem Fall müssen Sie einen Mentor aus dem Alpine Club benennen und erkennen bereits mit der Bewerbung an, dass Bergsteigen neben dem Mitgliedsbeitrag zwischen 16 und 55 Britischen Pfund auch das Leben kosten kann. *Teilhaberschaft:* Falls Sie sich für Berge interessieren, von den Clubaktivitäten wie den Vorträgen profitieren möchten oder einfach das Tun des Alpine Club unterstützenswert finden, selbst aber kein sonderlich begnadeter Alpinist sind, bleibt Ihnen immerhin die Möglichkeit des „Associateship". Allerdings weist der Club darauf hin, dass er in erster Linie für ehemalige oder aktive Kletterer gedacht ist.

▸ **Der Gipfel:** Ganz oben angekommen in der Hierarchie des Alpinismus ist allerdings erst, wer dem Alpenklub Berggeist angehört. Das ist eine Sektion des DAV, die laut Satzung nicht mehr als 100 Mitglieder haben soll. Beitreten darf nur, wer von zwei Mitgliedern vorgeschlagen wird. Heute ist der Klub ein einzigartiges Potpourri aus Bergfilmern, Erstbegehern, legendären Hüttenwirten und Kletterpionieren. Der Alpinschriftsteller Walter Pause urteilte als ehemaliger Klub-Vorsitzender über dieses Konglomerat aus Berggeistern einmal, dass man aus „100 Individualisten im besten Fall ein interessantes Irrenhaus, doch nie und nimmer einen Verein machen" könne. Und seit 1996 dürfen sogar Frauen mitmischen!

005 DEN PERFEKTEN SCHUH FINDEN 005

Die Zeit, als Bergsteiger auf Nagelschuhen durchs Gebirge klapperten, ist vorbei. Heute besitzen Bergschuhe eine Air-Active Soft Print drysole, Hinterkappen-Stabilisatoren und leicht texturiertes Polyester-Gewebe mit Aktivkohle-Anteil auf Kokos-Basis. Sie strotzen vor Extras wie Ghilly-Lacing, Ergo Heel Box oder Shockabsorber. Es gibt für jedes Terrain einen speziellen Bergschuh, und von Jahr zu Jahr scheint die Palette breiter zu werden. Im Grunde unterscheidet sich der Kauf eines Bergschuhs nicht sonderlich von dem eines Autos. Doch geht es hier um etwas viel Wertvolleres: Ihre Füße.

- **Das Einsatzgebiet:** Überlegen Sie sich erst einmal, für was Sie Ihren Schuh genau benötigen. Mit einem Jeep kommen Sie beispielsweise abseits der Pfade zurecht, werden aber im Stadtverkehr oder auf langen, planen Strecken wenig Freude haben. Entsprechend wird Sie ein steigeisenfester Hochtourenstiefel auf autobahngleichen Wanderwegen nicht wirklich begeistern. Ein VW-Bus ist wie ein reiner Trekkingschuh die richtige Wahl für die Langstrecke, kann sie aber auf vergletscherten Steilpassagen ganz schön Nerven kosten. Der Sportwagen mag optisch was hermachen, bietet aber wie der Kletterschuh nicht ganz so viel Platz und Anwendungsmöglichkeiten. Der Gelegenheitswanderer tendiert zu einem Allroundschuh der Kategorie B / C, gewissermaßen dem Mittelklasse-Kombi unter den Bergschuhen. Kompromisse werden Sie immer eingehen müssen.

- **Die Bereifung:** Wie der Autoreifen beim Formel-1-Gefährt ist die Gummisohle der möglicherweise wichtigste Bestandteil unter den vielen wichtigen Elementen eines Bergschuhs. Je sportlicher Sie unterwegs sind, desto mehr werden Sie darauf achten. Ganz allgemein erfüllt die Schuhsohle die Aufgabe, mit den Füßen auf dem Boden zu bleiben; sie ist die Verbindung zwischen Wanderer und Untergrund. Das wichtigste Kennzeichen einer Bergschuh-Sohle ist wiederum der Absatz. Schuhe ohne Absatz sind wie Rennautos mit Slicks. Der Absatz greift auch dort noch, wo Sie wegen Nässe, Schlamm und Schnee sonst eher schwer um die Kurve kommen würden. Unterstützt wird der Absatz bei seiner Arbeit durch das Profil, das für die Griffigkeit verantwortlich ist. Hochtouren auf Schnee, Firn und Eis verlangen ein tiefes, grobes Profil – den Winterreifen unter den Schuhsohlen. Auf befestigten Wanderwegen sollte das Profil dagegen so beschaffen sein, dass sich Kiesel, Schlamm und sonstiger Dreck nicht zu sehr festsetzen. Spezielle Klettersteig- oder Zustiegsschuhe wiederum sind etwas weicher, weniger beständig und haben im Zehenbereich eine weitgehend glatte Fläche, um am Fels vernünftig Gas geben zu können. Als Allroundwanderer greifen Sie auf eine gut profilierte Sohle zurück.

▸ **Das Fahrwerk:** Auf der Gummisohle liegen je nach gewünschter Festigkeit mehrere weitere Schichten. Sie tragen Namen wie EVA-Weichtrittkeil, Fersenstabilisator oder TPU-Zwischensohle und bilden das Fahrwerk Ihres Schuhs. Von der Kombination dieser Schichten werden Gangart, Kurvenlage und Wendekreis entscheidend bestimmt. Je dicker die Sohle,

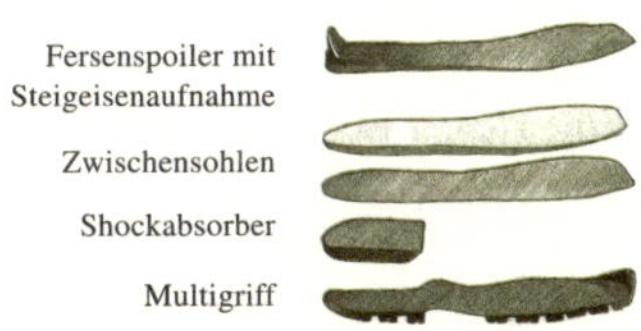

Aufbau einer modernen Sohle

Nagelschuh aus den 1930er-Jahren

desto weniger Gefühl werden Sie haben. Eine große feste Platte als Zwischensohle mit einem Fersenkeil aus Kunststoff und dazu eine robuste Brandsohle machen das ganze Gebilde beispielsweise verwindungssteif. Das ist perfekt für das Tragen von Steigeisen in hochalpinem, vergletschertem Terrain, aber eben auch ein bisschen unbequem. Ein Trekkingschuh wird viel weicher konzipiert, bei einem reinen Klettersteigschuh wiederum wird auf einen Keil und Dämpfungselemente weitgehend verzichtet. Ganz oben auf diesem Fahrwerk liegt das Fußbett auf. Sie sollten es nach jeder Wanderung zum Trocknen herausnehmen. Wie die Sohle mit dem Rest des Schuhs verbunden ist – ob nach traditioneller Machart zwiegenäht oder einfach geklebt, – ist heute kein wirklicher Faktor mehr. Der perfekte Kombi-Schuh besitzt zwischen Sohle und Oberbau dafür auf jeden Fall einen rundlaufenden, hochgezogenen Gummigürtel, ähnlich einer Stoßstange.

- **Die Karosserie:** Kümmern Sie sich beim Obermaterial des Schuhs nicht zu sehr um die Optik. Wirklich entscheidend sind andere Dinge wie Form, Verarbeitung und Material, die beim Bergschuh wiederum für Gewicht und Atmungsaktivität ausschlaggebend sind. Englische Wissenschaftler errechneten für den Everest-Debütanten Sir Edmund Hillary, dass jedes an den Füßen eingesparte Gramm dem Fünffachen in seinem Rucksack entspricht, weil die Füße so weit vom Körperschwerpunkt entfernt sind. Aber Vorsicht: Ein halbhoher Schuh mag verführerisch wendig, luftig wie ein Cabrio und für trittsichere Geher vor allem aufwärts geeignet sein. Abwärts wirft er Sie möglicherweise schnell aus der Bahn, denn Untrainierte eiern darin umher und strapazieren ihre Bänder. Als Faustregel kann gelten: je unwegsamer das Gelände, desto fester der Schaft und robuster die Außenhülle.

Sie haben an den Füßen immerhin fünfmal so viele Schweißdrüsen wie an den Schenkeln, nämlich etwa 500 pro Quadratzentimeter. Und die geraten am Berg ganz schön in Stress. Ob Sie Kunstfaser, synthetisches Leder, Nubukleder oder Wildleder bevorzugen, ist auch eine Geschmacksfrage. Manche Experten schwören auf das komfortable, kühlende und langlebige Leder, obwohl die Kunstfaser etwas leichter ist und schneller trocknet. Gerade auf längeren Touren ist auf jeden Fall eine Isolierung mit Gore-Tex zu empfehlen. Bei entsprechender Verarbeitung bleibt der Schuh stets trocken und dennoch atmungsaktiv. Während Details wie Stretchgamaschen, thermoverformbarer Fleece oder retikulierter Polsterschaum den Laien wohl eher überfordern als aufklären, achten Sie zumindest auf ein zweigeteiltes Schnürsystem: unten geschlossene Ösen, oben offene Haken.

▸ **Die Abstimmung:** Die einzelnen Komponenten werden normalerweise so kombiniert, dass sie eine Einheit ergeben. Schuhe mit harten Sohlen haben normalerweise einen harten Schaft, robustes Obermaterial und ein starkes Profil, um auf Hochtouren untertourig abzugehen. Gut, manche Spezialisten stehen auf steife Sohlen mit weichem Schaft. Aber das ist ungefähr so, als würde man Jeepreifen auf einen Mini Cooper montieren und deshalb nicht jedermanns Sache. Wichtig ist, dass auch Sie als Motor in dieses Konstrukt passen. Ziehen Sie deshalb beim Kauf die richtigen Socken an, am besten spezielle Wandersocken aus Funktionsfasern und nicht die Feuchtbiotope aus Baumwolle. Eine dicke Socke kann eine halbe Größe ausmachen. Vor allem fürs Bergabgehen benötigen Sie vorne einen kleinen Spielraum. Testen Sie, wenn möglich, die Schuhe bei einem kurzen Spaziergang. Beantworten Sie folgende Frage ganz ehrlich: Fühlen Sie sich wohl? Wenn ja, geben Sie mit der Neuerwerbung nicht gleich Vollgas. Auch Ihre Schuhe brauchen eine Eingewöhnungsphase.

Für Spezialisten

006

BLASEN VERMEIDEN

006

Eine Tour wird mit Blasen an den Füßen schnell zur Tortur. Prophylaxe lautet hier das Zauberwort, denn wenn sich einmal Blasen gebildet haben, ist es meist schon zu spät. Verhindern Sie die schmerzhafte Reue, indem Sie sich an die zehn Gebote gegen Blasen halten und damit in den Wanderhimmel kommen.

1. Du sollst perfekt sitzendes Schuhwerk tragen. Der Schuh darf keine Druck- und Scheuerstellen aufweisen und muss den Zehen ausreichend Freiraum gewähren. 2. Denke nicht schlecht von deiner individuellen Fußform. Weite den Bergschuh an entsprechenden Stellen, anstatt ihn in ein schmerzliches Korsett zu zwängen. 3. Schnüre deine Schuhe fest genug, aber nicht so stark bis das Blut stockt. 4. Neue Schuhe sind auf kürzeren Strecken einzulaufen. 5. Ehre deine orthopädischen Schuheinlagen. 6. Du sollst frische, möglichst trockene und speziell gepolsterte Fußkleidung heiligen. Halte dich fern von der höllischen Baumwollsocke, denn sie speichert die Flüssigkeit. 7. Versuche es mit einem zusätzlichen Damen-Nylonstrumpf unter der Socke. 8. Du sollst entsprechende Problemzonen des Fußes schon vor der Tour mit Hirschtalg schützen. 9. Du sollst Blasenpflaster mit dir tragen, um es rechtzeitig auf Druckstellen aufzukleben. 10. Gesegnet sei das Tape an neuralgischen, sprich: scheuernden Stellen der Haut. - - - - - - - - - - - -

007 ZWIEBEL SPIELEN 007

Bergbekleidung ist salonfähig geworden und längst nicht mehr nur die Wäsche verschrobener Bergfexe. Fleece-, Soft- und Hardshelljacken werden auch von Lacoste-Hemd-liebenden Vätern während ihrer Kinderwagen-Ausflüge am Prenzlauer Berg getragen, von Managerinnen bei Teambuilding-Seminaren oder von Stadionbesuchern am Kaiserslauterner Betzenberg. Schon sehen Zeitungen wie der Berliner Tagesspiegel die Funktionsklamotte als Bedrohung für die großstädtische Mode, wettern in Kolumnen gegen Pseudoabenteurer im dicken Chevrolet, ätzen in Stilkritiken etwas von Stimulationsbedürfnis und Sensation Seeking. - - - -

Die Kritik ist natürlich vollkommen berechtigt. Denn wer sich wirklich wetter- und bergfest kleiden möchte, dem reicht ein knallbunter Überzieher nicht. Er muss das sogenannte Zwiebelprinzip anwenden. Sie können es auch Matroschka-System nennen. Matroschkas sind diese russischen Puppen, die in verschiedenen Größen ineinandergesteckt werden. Beim Zwiebelprinzip ziehen Sie mehrere Schichten übereinander an, typischerweise drei. Das hat mehrere Vorteile: Zwischen den einzelnen Lagen bilden sich wärmende Luftmassen. Kältebrücken, wie sie an Reißverschlüssen vorkommen, werden dadurch eingerissen. Außerdem können Sie sich während ihres Abenteuers je nach Bedarf schichtenweise an- und ausziehen. Spezialisten wie Alix von Melle, die auf mehreren Achttausendern stand und für einen Ausrüstungsspezialisten arbeitet, schwören deshalb auf das Zwiebelsystem.

▸ Schicht 1: Die erste Schicht nennen Experten „next-to-skin“, also „auf-der-Haut“. Hier tragen Sie am besten ein Set Funktionsunterwäsche. Die kann je nach Temperatur lang oder kurz ausfallen, sollte aber auf jeden Fall bequem sein, warm halten und eng am Körper anliegen. Funktionsunterwäsche war früher fast immer aus Kunstfaser, hat aber seit einigen Jahren Konkurrenz durch die Wolle des Merinoschafs bekommen. Weil der daunentragende Propylen-Widder noch seiner Züchtung harrt, haben beide Materialien Vor- und Nachteile: Kunstfaser ist etwas leichter, gibt die aufgenommene Flüssigkeit sofort an die darüberliegende Schicht weiter und trocknet daher schneller. Nur entfaltet sie nach längerem Tragen ein Aroma, dass allein Ihr Funktionshemd nach einiger Zeit im Himalaya wahrscheinlich selbst den Yeti samt Yakherde in die Flucht schlägt. Da helfen auch die eingearbeiteten Silberionen als Sondereinheit gegen geruchsbildende Bakterien nicht wirklich. Merinowolle speichert die Flüssigkeit und gibt sie nur langsam ab, wärmt aber dennoch und riecht nicht. Als Schwitzer greifen Sie deshalb eher zu Synthetik, als Verfrorener zur Wolle. Verzichten sollten Sie in dieser wie in allen weiteren Schichten jedenfalls auf Baumwolle, die den Schweiß speichert und wie ein Staudamm in dem ganzen System wirkt.

- **Schicht 2:** Dies ist Ihre Isolationsschicht. Sie soll wärmen und die von der ersten Schicht weitergeleitete Feuchtigkeit nach außen abgeben. Sehr gut eignet sich beispielsweise ein Fleecepulli oder das elastische Powerstretch. Was Sie verwenden, ist mehr eine Geschmacksfrage, als dass es sich wissenschaftlich begründen ließe. Powerstretch gibt die Flüssigkeit jedenfalls hervorragend an die dritte Schicht ab, ist aber weniger flauschig. Für jene, die lieber Natur am Körper tragen, ist auch ein etwas dickeres Shirt aus Merinowolle eine Option. Falls Sie schon beim Anblick eines Gletschers blaue Lippen, klamme Finger und Gänsehaut bekommen, können Sie natürlich einfach rechtzeitig umkehren – oder mit einer leichten Kunstdaunenweste die Isolationsschicht weiter ausbauen. Denken Sie im Geschäft spätestens jetzt daran, dass Sie zwar nicht zwanghaft die Kasse des Verkäufers füllen müssen, sich ein paar Euro mehr aber am Berg durchaus auszahlen könnten. An den Beinen lässt eine Softshell-Hose den nötigen Bewegungsfreiraum.

- **Schicht 3:** Dies ist Ihre Wetterschicht. Sie ist Ihr Schutz vor den Widrigkeiten der Natur und meist am schwierigsten zu bestimmen. Denn die Schicht muss auf die hauptsächlich zu erwartenden Witterungsbedingungen abgestimmt sein. Eine Außenschicht für jedes Wetter existiert leider noch nicht, denn auch die Gore-Tex-speichernde Teflon-Ente hat die Labors noch nicht verlassen. Grob ist zwischen wasserdichten, winddichten und wasserabweisenden Materialien zu unterscheiden. Windstopper schützen Sie vor Wind, kapitulieren aber bald vor Regen und Kälte. Softshells, was deutsch so viel wie Weichschale heißt, schmiegen sich ihrem Namen entsprechend hervorragend an, wiegen kaum etwas, isolieren gut und sind wasserabweisend. Sie können daher manchmal sogar Schicht 2 überflüssig machen. Bei Starkregen hilft meist aber nur eine robuste Hardshell-Jacke. Wie gut eine Jacke gegen Nässe schützt, verrät die sogenannte Wassersäule. Sie gibt den Wasserdruck in Millimetern an, die unter Laborbedingungen auf einem Stoff lasten kann, ehe das Wasser „durchsickert". Aber Vorsicht: 2.000 Millimeter mögen gewaltig klingen, doch entspricht dieser Druck nur dem Sitzen auf feuchtem Untergrund.

Prinzipiell müssen Sie mit dem Kompromiss leben: Je besser die Schicht vor Regen schützt, desto weniger atmungsaktiv, ergo wasserdampfdurchlässig, ist der Stoff. Suchen Sie Ihre Lieblingskombination. Vielleicht ist es das dreilagige Membranmaterial? Oder sind Sie Softshell-Fanatiker? Dann eignet sich eine sehr leichte Regenjacke als vierte Notfallschicht. Bei enormer Kälte könnte dagegen eine Daunenjacke nützlich sein.

- **Der Rest:** Anders als eine Zwiebel müssen Sie auch Ihre Extremitäten und vor allem Ihren Kopf schützen. Wenn der Rest des Körpers isoliert ist, strahlen Sie bis zu 50 Prozent Ihrer Wärme über den Kopf ab (in Badehosen sieht die Sache freilich anders aus). Außerdem spürt man Kälte am empfindlichen Kopf und in den Gliedmaßen mit ihren vielen Kälterezeptoren besonders gut. Eine Powerstretch-Mütze lässt auch noch Platz für einen Steinschlaghelm darüber. Bei Skitouren ist manchmal freilich eine dickere Reservemütze ratsam. Auch Ihre Hände finden Gefallen daran, wenn Sie an kalten Tagen neben einem dünnen Paar noch ein paar dicke Fingerhandschuhe oder Fäustlinge mitnehmen.

- **Übrigens:** Sie müssen das Zwiebelprinzip natürlich nicht auf Teufel komm raus anwenden. In heißen Regionen wie den Kanaren tut es beim Wandern eine kurze Hose und ein Outdoorhemd.

008 AUSRÜSTEN 008

Generell tendieren die meisten Gipfelstürmer dazu, zu viel mitzunehmen. Das ist auch das Verdienst einer überaus eifrigen Sportartikelindustrie. Sie kann sehr überzeugend das Gefühl vermitteln, dass ohne Gaskocher mit drei Herdplatten, handfreiem Regenschirm und dem Gämsenabwehrspray gar nichts geht am Berg. Einer 2010 publizierten Studie des Deutschen Wanderverbands zufolge geben alleine die Wanderer in Deutschland pro Jahr insgesamt 3,7 Milliarden Euro aus, um sich für ihr nicht gerade materialintensives Hobby zu rüsten. Je Wanderer sind das 92 Euro. Bei Mountainbikern, Hoch- und Skitourengehern liegt der Pro-Kopf-Wert noch um ein Vielfaches höher. Die Ausrüstung hängt jedenfalls stark von der Tätigkeit, dem Fortschritt und nicht zuletzt Ihrem Komfortbedürfnis ab, wie folgende Beispiele zeigen.

▸ **Alpenüberquerung:** Vor 5.300 Jahren flüchtete ein Jungsteinzeitbewohner, der später als Ötzi ausgegraben und weltberühmt werden sollte, auf das Tisenjoch in den Ötztaler Alpen. Dort wurde er von seinen Häschern per Pfeilschuss erlegt und mit seiner gesamten Ausrüstung tiefgekühlt. *vgl. 099 „Grundbedürfnisse befriedigen“*

Die Schuhe: Außenschuh aus Hirschleder. Darunter als Innenschuh ein Netz aus Lindenbast, die das hineingestopfte Heu (Isolationsschicht) fixieren. Netz und Außenschuh sind mit Lederriemen an den Rändern der ovalen Sohle aus Bärenleder befestigt. *Die Kleidung:* Leggins aus Ziegenleder, Lendenschurz aus Ziegenlederstreifen, Mantel aus Fellen der Hausziege, Geflecht aus Sumpfgras als Regenschutz, Bärenfell-Mütze. *Sonstige Ausrüstung:* 60 Zentimeter langes Beil aus Eibenholz mit einer durch Birkenteer und Lederriemen befestigten Kupferklinge (99,7 Prozent), Dolch aus Feuerstein (Silex) mit Eschenholzgriff, Retuscheur aus Linde (Werkzeug zur Bearbeitung des Feuersteins), 1,82 Meter langer Bogen aus Eibenholz, Köcher aus Gamsfell mit Haselrutenverstärkung samt 14 Pfeilen aus Ästen des Wolligen Schneeballs, vier mit Bast verschnürte Hirschgeweihspitzen, gekrümmte Geweihspitze als Universalgerät, zwei Tiersehnen, zwei Meter lange Schnur aus Lindenbast, U-förmige Rückentrage aus Haselstock und zwei Lärchenblättern, Netz aus Bastschnüren, Birkenrindengefäß mit Holzkohle und Bergahornblättern, Gürteltasche aus Kalbsleder mit Klingenkratzer, Bohrer, Bruchstück einer Klinge, Knochenahle und Zunderschwamm, zwei Birkenporlinge (Reiseapotheke), Scheibe aus weißem Dolomitmarmor mit aufgefädelten Fellriemen.

▸ **Tagestour 1:** In den Mitteilungen des Deutschen und Österreichischen Alpenvereins wird 1879 jedem Bergsteiger empfohlen, folgende Gegenstände im Rucksack mitzunehmen.

Feuerzeug, Feldstecher, Feldflasche, Thermometer, Kompass, Steigeisen, Gletscherbrillen, Gletschersalbe, Reisehandbuch, Karte, Notizbuch, Bleistift, Skizzenbuch, Papier für Pflanzen und Mineralien, Pergamentpapier oder Wachsleinwand, Hausschuhe, wollene Kappe, Taschentuch, Zigarren, Seifenpulver, Kamm, Zahnbürste, Nähnadeln und Faden, Reserveknöpfe, Reservenägel, Leinwand, englisches Pflaster, Opiumtropfen, ein Stück Wachslicht, Laterne, Insektenpulver, Rum, Proviant, Wettermantel, Geld, Uhr, Messer.

▸ **Tagestour 2:** Die Eiger-Nordwand galt einst als „glatt und absolut unbesteigbar" (Adolphus Warburton Moore, 1864), später dann als lebensgefährliche Mehrtagestour. Ueli Steck durchstieg die 1.700-Meter-Wand im Jahr 2008 in der damaligen Rekordzeit von 2:47:33 Stunden. Alleine.

Am Körper: Steigeisenfeste Bergschuhe, Socken, lange Unterhose, Softshellhose, langarmiges Shirt, Windstopper, Mütze, Helm, dünne Handschuhe, Klettergurt, HMS-

Karabiner, Abseilgerät, zwei Eispickel, Steigeisen. *Im 12-Liter-Rucksack:* 30-Meter-Seil, diverse Karabiner, ein Liter isotonisches Getränk, zwei Energieriegel, leichte Daunenjacke, dicke Reservehandschuhe, kleine Apotheke, Rettungsdecke.

- <u>Tagestour 3:</u> Folgende Ausrüstung wird von Wanderverbänden und -ratgebern häufig für eine Tageswanderung empfohlen.

Kleidung nach dem Zwiebelprinzip am Körper (temperaturabhängig), Bergschuhe, Stöcke, Trinkflasche (etwa 1 bis 1,5 l), Proviant (Müsliriegel, Trockenobst, Studentenfutter o.ä.), Wäsche zum Wechseln, Mütze, Handschuhe, Regenschutz, Geld, Ausweis, AV-Ausweis (falls vorhanden), Handy mit Notrufnummern, Uhr, Sonnenschutz (Hut, Brille, Creme), Papiertaschentücher, kleines Erste-Hilfe-Set, persönliche Medikamente (falls nötig), Taschenmesser, Fotoapparat, Fernglas, Trillerpfeife, Karten, Kompass oder GPS-Gerät, Stirnlampe, Abfalltüte, Notizblock mit Stift.

009 DEM HUNGERTOD VORBEUGEN 009

Ihr Körper gleicht einem ziemlich komplexen Kraftwerk, das mit verschiedenen Brennstoffen versorgt werden muss. Auch wenn es ziemlich lange dauert, bis Sie am Berg den Hungertod erleiden, dürfen Sie die Signale Ihres Organismus ruhig ernst nehmen. Heißhunger ist nicht nur eine dumme Laune ihres Körpers, sondern der Hinweis, dass etwas fehlt. Meistens haben Sie genau auf das Hunger, was Sie mit den fehlenden Brennstoffen versorgt.

Wie hoch der Nährwert eines Lebensmittels ist, wird aus dessen Gehalt an Kohlenhydraten, Fetten und Proteinen oder Eiweiß definiert. Dazu wird in Kilokalorien oder Kilojoule die verwertbare Energie angegeben.

▸ **Die Nährstoffe:** Ihre Energiezufuhr hängt von einem ausgewogenen Verhältnis der Energieträger Kohlenhydrate, Eiweiße und Fette ab. Jeder Mensch benötigt je nach Aktivität einen speziellen Nährstoff-Cocktail. Eiweiße sollten mit etwa 10 bis 20 Prozent an Ihrer täglichen Kalorienzufuhr beteiligt sein, Fette mit etwa 20 bis 30 Prozent und Kohlenhydrate mit 55 bis 65 Prozent. Beim Bergsteigen darf der Kohlenhydratanteil gerne noch ein bisschen höher sein.

▸ **Die Kohlenhydrate:** Kohlenhydrat ist nicht gleich Kohlenhydrat. Kohlenhydrate werden noch einmal in mehrere Gruppen eingeteilt: Monosaccharide (Einfachzucker wie Trauben- oder Fruchtzucker), Disaccharide (Zweifachzucker wie Kristall- oder Milchzucker) und Polysaccharide (Vielfachzucker wie Stärke oder Cellulose). Je einfacher die Kohlenhydrate sind, desto schneller, aber auch kurzfristiger steht Energie zur Verfügung – in etwa so wie Pappschachteln in einem Lagerfeuer. Sie sind

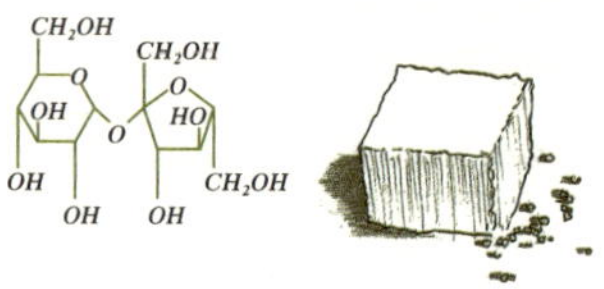

Pappschachtel

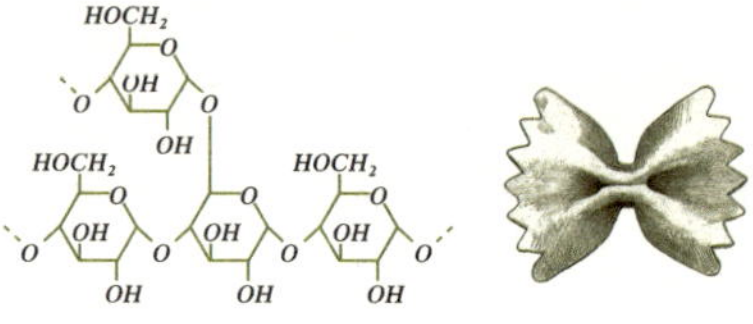

Steinkohlebrikett

gut zum Anheizen und Nachfeuern, wenn die Flamme auszugehen droht, aber kein abendfüllender Brennstoff. Die Polysaccharide sind die Steinkohlebriketts für Ihre Körperzellen; sie halten länger vor. Damit Ihr Blutzuckerwert während Ihrer Ausdauerleistung nicht zu schnell absinkt, versorgen Sie sich am Tag vor dem Sport am besten mit diesen Kohlebrikettthydraten. Sie sind beispielsweise in Müsli, Vollkornbrot, Haferflocken, Nudeln oder Reis enthalten.

▸ **Der Brennwert:** Um genau zu sein handelt es sich hier um den physiologischen Brennwert. Er beschreibt den Energiegehalt von Nahrungsmitteln und wird in Joule angegeben. Offiziell ersetzte das Joule als Begriff schon im Jahre 1978 die Kalorie, doch hält die sich hartnäckig in fast allen Nährwerttabellen. Man sollte die beiden nicht verwechseln. Eine Kalorie entspricht ziemlich exakt 4,184 Joule, eine Kilokalorie damit 4,184 Kilojoule.

100 Gramm Kohlenhydrate haben den gleichen Brennwert wie 100 Gramm Proteine, nämlich 1.716,55 kJ (410 kcal). Der Brennwert von 100 Gramm Fett liegt dagegen mehr als doppelt so hoch bei 3.809,9 kJ (911 kcal) und der von 100 Gramm Alkohol immer noch bei 2.972,56 kJ (710 kcal).

▸ **Der Verbrauch:** Der tägliche Kalorienbedarf liegt üblicherweise bei etwa 2.000 bis 2.500 kcal oder 9.000 bis 12.000 Kilojoule. Wie viel Kalorien Sie tatsächlich verbrauchen, ist eine Frage Ihres Tatendrangs. Pro Stunde sind es im Liegen etwa 285 kJ (68 kcal), beim Stehen 329 kJ (76 kcal), beim Gehen bereits locker 1.000 kJ (240 kcal). Beim Wandern, Klettern und Bergsteigen sind Sie schnell bei 2.000 bis 3.000 kJ (478 bis 717 kcal) pro Stunde. Allerdings variiert auch das je nach Gewicht, Trainingszustand, Alter, Geschwindigkeit und vielen anderen Dingen.

Beim Bergsteigen ist eines allerdings viel wichtiger als das Essen: das Trinken. Der tägliche Flüssigkeitsbedarf eines erwachsenen Menschen liegt an einem dieser Hamsterradtage im Büro schon bei 30 Milliliter pro Kilogramm Körpergewicht. Das macht bei einem 70-Kilogramm-Menschen etwa 2,1 Liter. Im Hochsommer können Sie diese Menge während einer besonders anstrengenden Tour schon innerhalb einer einzigen Stunde ausschwitzen. *vgl. 099 „Grundbedürfnisse befriedigen“*

Nährwerte im Rucksack

Quelle: Produktverpackungen, Herstellerangaben, Lebensmittelrechner www.lebensmittellexikon.de

Bezogen auf 100 Gramm, sofern nicht anders angegeben	*kJ*	*kcal*	*Kohlen-hydrate (in g)*	*Fett (in g)*	*Eiweiß (in g)*
Apfel	217	52	11,4	0,6	0,3
Banane	398	95	21,4	0,2	1
Müsliriegel	1.854	443	60	19	8
Vollmilchschokolade	2.221	531	56	30	9,2
Mars Schokoriegel	1.888	451	69,4	17,6	3,7
Gummibärchen	1.416	333	76,5	0,1	5,5
Powerbar	1.533	366	70,8	3,7	10,9
Mehrkornbrotschnitte (2 Scheiben)	904	216	42,8	1,6	7,6
+ Butter (10 g) + Südtiroler Schinken (25 g)	1.379	329	42,9	11,8	12,9
+ mit Bergkäse (50 g)	1.710	409	42,8	16,6	22,2
2 Semmeln / Brötchen	1.146	274	55,5	1,9	8,7
+ Butter (10 g) + Südtiroler Schinken (25 g)	1.621	387	55,6	12,1	13,9
+ Bergkäse (50 g)	1.952	467	55,5	15	14,4
1 Hühnerei, hartgekocht (ca. 60 g)	387	92,5	0,4	6,7	7,6
Trockenfeigen	1.032	247	54	1,3	3,9
Rosinen	1.221	292	68	0,6	2,5
Studentenfutter	2.063	495	38	32	11
Gurke	51	12	1,8	0,2	0,6
Cashewnüsse	2.430	584	30,5	42,2	20,6
Kaminwurzen	2.033	491	0,2	42,0	28,0
1 Glas Kuhvollmilch (0,2 l)	534	128	9,6	7	6,6
Wasser (0,2 l)	0	0	0	0	0
Apfelschorle (0,2 l)	208	57	11,7	0	0,1
Cola (0,2 l)	360	84	21,2	0	0
Red Bull (0,2 l)	384	90	21,4	0	0
Tee (ohne Zucker)	1	0,2	0	0	0

010 **AN DIE ERSTE HILFE DENKEN** 010

Damit Sie wirklich nie, nie wieder etwas im Erste-Hilfe-Set vergessen, lösen Sie das folgende Erste-Hilfe-Sudoku, denn diese Gegenstände müssen auf jede Wanderung mit. Falls Sie die Regeln nicht kennen: Jeder Gegenstand darf pro Spalte, Zeile und 3x3-Block nur ein einziges Mal vorkommen. Sie wissen also schon jetzt, dass im Kästchen ganz rechts ganz oben Pflaster, Rettungsdecke, Wundnahtstreifen, Kompressen, Dreieckstuch und Sporttape *nicht* stehen können. Eine erste Hilfe für Sudoku-Anfänger: Das Kästchen genau in der Mitte ist der wunde Punkt und könnte vielleicht ein Pflaster vertragen.

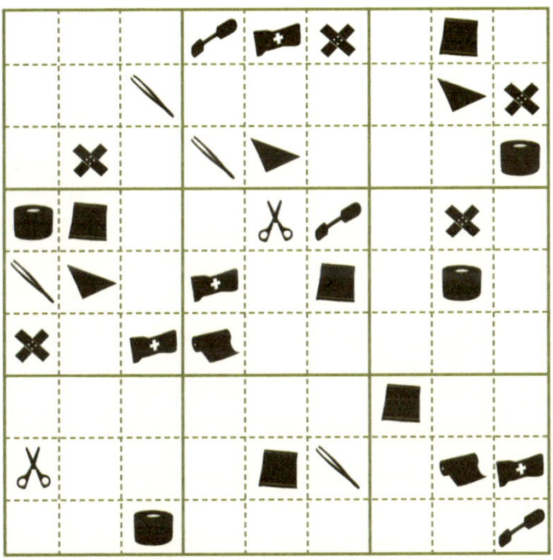

Pflaster · *Wundnahtstreifen* · *Verbandpäckchen*
Schere · *Kompresse* · *Pinzette*
Rettungsdecke · *Dreieckstuch* · *Sporttape*

011 RICHTIG EINPACKEN 011

Ein trainierter, erwachsener Wanderer sollte über eine längere Zeit nicht mehr als ein Viertel seines Körpergewichts tragen. Und egal für welche Rucksackgröße Sie sich entscheiden: Ihr Rucksack wird immer voll. Greifen Sie deshalb im Zweifelsfall lieber zu dem kleineren Modell. Das weckt den Puristen in Ihnen und zwingt zur Sparsamkeit. Rucksäcke haben außerdem meist mehrere Fächer, die mehr oder weniger sinnvoll gepackt werden können. Generell gilt: Je näher der Schwerpunkt des Rucksackes am Körper liegt, desto leichter trägt sich das Gewicht.

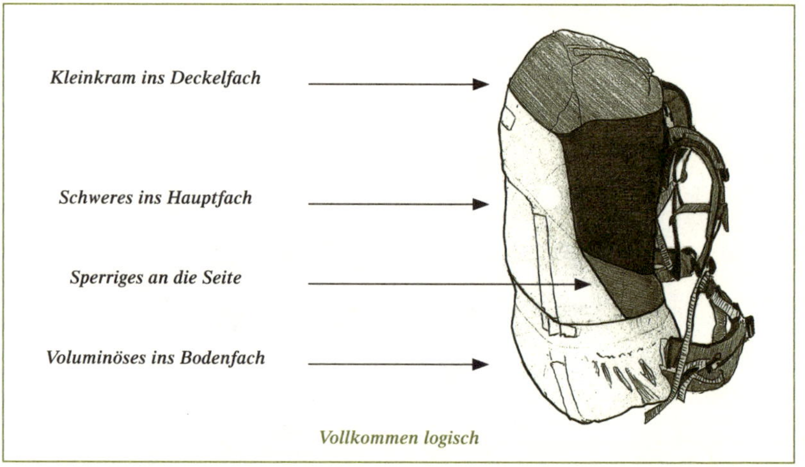

Vollkommen logisch

Das Deckelfach: Ein Deckelfach hat fast jeder Rucksack. Es wird gerne mit allerlei unnötigem Zeug überfrachtet. Hier gehört vor allem leichtes Kleinzeug hinein, das schnell griffbereit sein soll wie Sonnenbrille, Karten, der kleine Fotoapparat, Handy, Taschenmesser. *Das Hauptfach:* Im Hauptfach landet all das, was Sie frühestens bei größeren Pausen benötigen und insbesondere die schweren Ausrüstungsgegenstände. Hier haben Sie Wechselwäsche, Campingkocher, Mini-Kulturbeutel, Karabiner und Essen gebunkert, und zwar möglichst nah am Rücken und auf Schulterhöhe. Ist das Fach geteilt, werden die leichteren Gegenstände weiter außen verstaut. *Das Bodenfach:* Gerade größere Trekkingrucksäcke haben meist ein Bodenfach. Es ist für voluminöse, leichte Gegenstände wie den Schlafsack oder Daunenjacken reserviert und sollte prall gefüllt sein, um dem ganzen Gebilde die nötige Stabilität zu verleihen. *An die Seite:* Je nachdem, ob an der Seite Fächer, Netze oder Gurte mit Schnallen angebracht sind, bringen Sie dort Trinkflaschen und sperrige Gegenständen wie Wanderstöcke an. - - - - - - - - - - - - -

012 EINLESEN 012

Unzählige Bücher über Berge, das Wandern und Bergsteigen werden jährlich auf den Markt geworfen. Viele davon spiegeln vor allem das Mitteilungsbedürfnis von Selbstdarstellern wider, andere sind einfach nur langweilig und einige wiederum richtig gut. Bei den hier vorgestellten Seven Summits des Büchermarktes verhält es sich wie mit den Tipps bei Bergbesteigungen: Es gibt noch viele andere lohnenswerte Ziele, von John Harlin über Reinhard Karl und Joe Simpson bis Walter Pause. Aber diese hier sind auf jeden Fall einen Versuch wert. - - - - - - - - - - - -

▸ **Hape Kerkeling: Ich bin dann mal weg. Meine Reise auf dem Jakobsweg.** Der Weg: Weitwandern mit Hape Kerkeling auf dem Jakobsweg nach Santiago de Compostela. Der wundervolle Beweis, dass man sich in einen Rhythmus nicht nur hineinlaufen, sondern auch hineinschreiben kann. Ziel: der Aufforderung nachkommen, sich selbst kennenzulernen, was in diesem Falle aber auch heißt, Hape Kerkeling kennenzulernen. Schlüsselstelle: „Man muss die eigenen Grenzen auch mal bewusst überschreiten.“ -

- **Werner Bätzing: Die Alpen.** Der Weg: konsequent entlang der Geschichte einer europäischen Kulturlandschaft. Zwar beschreibt der Geografieprofessor Bätzing diesen mit der Akribie eines Wissenschaftlers, kann aber trotz des Versuchs der Wertneutralität den Naturschützer in sich nicht verheimlichen. Kein Selbsterfahrungsbericht, sondern eine noch immer aktuelle Pflichtlektüre über dieses wundersame Gebirge inmitten Europas. Das Ziel: die Alpen zu verstehen als häufig verklärten wie einzigartigen Lebens- und Wirtschaftsraum zwischen Traditionsdenken und Fortschrittsstreben, zwischen Entvölkerung und Verstädterung. Schlüsselstelle: „Trotz der hohen Tourismuszahlen ist der Tourismus im Alpenraum kein flächenhaftes Phänomen."

- **Reinhold Messner: Der 7. Grad. Extremstes Bergsteigen.** Der Weg: zurück zu Messners Anfangszeit. Absolut lesenswertes und leider nur noch im Antiquariat erhältliches Frühwerk des bislang berühmtesten Alpinisten. Trotz des Untertitels *Technik. Training. Erlebnis* keine platte Handlungsanweisung, sondern ein Bericht über Willensstärke, Ängste und existentielle Erfahrungen während Messners Phase als Solo-Felskletterer. Das Ziel: erkennen, dass Reinhold Messner schon lange vor seinem Dasein als Strippenzieher und notorischer Polarisierer ein wahrlich besessener, visionärer und ungewohnt wortgewaltiger Bergsteiger war. Schlüsselstelle: „Die Schwierigkeitsskala muss nach oben hin geöffnet werden, sie muss unbegrenzt offen sein."

- **Walter Klier / Anette Köhler: Wo die wilden Hunde wohnen.** Der Weg: hinein in die Wände Tirols. Erinnerungen verschiedener Kletterpioniere an jene Zeit, als das Klettern noch eher Lebensphilosophie als Sport war, der Weg in die Berge einer Flucht in eine Zone des Nonkonformismus gleichkam und Energiegetränke aus einem halben Liter starken Kaffee und der gleichen Menge Eierlikör gemischt wurden. Das Ziel: sich mit dem Gedanken anfreunden, dass beim Bergsteigen Bauchgefühl, Spontaneität und die Bergsteiger-Ehre oft wichtiger sind als Ausrüstung und Vorsichtsmaßnahmen. Schlüsselstelle: „In der gesamten Hechenberg-Südwand ist kein einziger WC-Rollenhalter montiert.“

- **James Salter: In der Wand.** Der Weg: führt von Beginn an und mit viel Pathos durch allerlei Klischees über Bergsteiger und deren Sehnsüchte. Diese sind von dem preisgekrönten Autor jedoch so wundervoll beschrieben, dass sich der Leser gar nicht entziehen möchte. Leider fehlt dem deutschen Titel die wunderbare Doppeldeutigkeit des Originaltitels *Solo Faces.* Das Ziel: daran erinnert werden, dass jedes Erreichen eines Höhepunkts nur der Anfang eines Abstiegs ist und kein Gipfel der Welt die Einsamkeit vertreiben kann. Schlüsselstelle: „Der wahre Kampf kommt erst danach.“

- **Robert Steiner: Allein unter Russen.** Der Weg: führt durch die Seele der teils noch von der Sowjetunion geprägten Bergsteiger und damit in eine Welt, wo wirklich noch der Weg das Ziel ist. In jeder Hinsicht schonungsloser Bericht über wundersame Leidensfähigkeit, Kameradschaft bis zur Schmerzgrenze und beinahe selbstzerstörerischen Purismus, wobei der kletternde Gymnasiallehrer als Autor durchaus etwas von Selbstironie versteht. Das Ziel: wissen, dass es als Bergsteiger manchmal wichtiger sein kann, viel Wodka trinken, Gitarre spielen und russische Witze erzählen zu können anstatt nur steile Wände hochzuklettern. Schlüsselstelle: „Wenn dich das Klettern bei der Arbeit stört, dann lass das Arbeiten!“

- **Jon Krakauer: In eisige Höhen. Das Drama am Mount Everest.** Der Weg: hoch auf den Gipfel des Mount Everest und hinab in die Abgründe der Menschen. Detaillierte und erschütternde Schilderung des Geschäfts mit dem höchsten Berg der Welt, das am Ende eigentlich nur Verlierer kennt. So nah am Geschehen, dass einem beim Lesen schier die dünne Luft um die Ohren pfeift. Das Ziel: eine Ahnung davon bekommen, mit welcher Rücksichtslosigkeit und Selbstsucht manch ein Bergsteiger seine Interessen verfolgt – vor allem, wenn er dafür bezahlt hat. Schlüsselstelle: „Ich habe mich nicht einmal nach ihr umgedreht.“

013 DAS WELTERBE SEHEN 013

Berge sind immer der Beweis von Kräften wie der Kollision von Erdplatten, Verwitterung, Erosion, vulkanischer und menschlicher Aktivitäten. Berggängern ist die einzigartige Entstehungsgeschichte meist ziemlich egal, sie erfreuen sich an dem Ergebnis dieser gewaltigen Kräfte: den unterschiedlichen Formen. Eines haben die folgenden, weithin bekannten Formen gemeinsam: Sie sind tatsächlich allesamt Teil des UNESCO-Welterbes.

Ayers Rock oder Uluru: 863 Meter, Inselberg aus Arkose-Sandstein inmitten Australiens, sowohl Weltnatur- als auch Weltkulturerbe

Jungfrau: 4.158 Meter, höchster Gipfel des Eiger-Mönch-Jungfrau-Dreigestirns im Berner Oberland der Schweiz

Die Drei Zinnen: ***2.999 Meter, dreigipfliger Gebirgsstock aus Dolomit in Südtirol und Meilenstein des Alpinismus***

El Capitan: ***2.307 Meter, Monolith mit 1.000-Meter-Felswänden im Yosemite Valley Kaliforniens und Epizentrum des Sportkletterns***

Mount Everest: ***8.848 Meter, höchster Berg der Erde und Namensgeber des Sagarmatha National Park in Nepal***

Huangshan: ***bis 1.864 Meter, durch Gletscher geformtes bizarres Gebirge in China und Vorlage für die Welt des Films „Avatar"***

Kilimandscharo: ***5.895 Meter, höchstes Bergmassiv Afrikas und der wohl bekannteste Vulkankegel der Welt***

Pico del Teide: ***mit 3.718 Metern der höchste Berg Spaniens und Zentrum des Teide-Nationalparks auf der Vulkaninsel Teneriffa***

014 BERGPARTNER FINDEN 014

Nicht jeder Mensch hat so viel Glück wie die Huberbuam. Den bekannten Kletterern lieferten die Eltern den jeweils perfekten Seilpartner – langhaarig, risikobereit und von unverwüstlicher Natur – als Bruder quasi frei Haus. Falls Sie keinen Gleichgesinnten in der Familie haben, ist es vor den meisten Bergtouren ratsam, eine Begleitung zu finden. Sie unterhält, teilt Schmerzen, Freuden und Proviant, unterstützt moralisch, kann beim Klettern sichern und im Notfall Erste Hilfe leisten. Achten Sie jedoch darauf, mit wem Sie sich einlassen. Nicht alle Berggänger passen zusammen. Die folgenden Typen sind der Einfachheit wegen nur im Maskulin aufgeführt. -

▸ **Der Flachlandtiroler:** Der Flachlandtiroler ist zwar ein Bergneuling, aber deshalb sicher kein schlechter Mensch. Wahrscheinlich hat er Hape Kerkelings Jakobsweg-Saga *Ich bin dann mal weg* gelesen – und mitgelitten. Jetzt möchte er auch einmal etwas erleben. Mit dem Flachlandtiroler sollten vorerst nicht wesentlich mehr als 700 Höhenmeter eingeplant werden, wobei der Höhenmeter für ihn ohnehin eine abstrakte Größe ist. Die Gehzeit errechnet der Flachlandtiroler, indem er die Anzahl der Hütten mit einem 20-minütigen Anmarsch plus einer jeweils halbstündigen Weißbierpause multipliziert. Noch mehr Vorsicht ist im steilen oder gar vergletscherten Gelände geboten. Die Abalakow-Eissanduhr hält er möglicherweise für einen Hackentrick eines ehemaligen Spielmachers vom VfB Stuttgart, einen HMS-Karabiner für ein halbautomatisches, mittelschweres Militärgewehr. Tasten Sie sich mit dem Flachlandtiroler behutsam an Touren heran, die unbedingt Hütten zur Rast bieten sollten. Passende Partner: andere Flachlandtiroler, Bedenkenträger, Wissenschaftler. Nicht kompatibel: Profis, Hasardeure, Zivilisationskritiker. - - - - - - - -

- **Der Bedenkenträger:** Während das Bergsteigen mit dem Flachlandtiroler in wundervollen, horizonterweiternden Genusstouren münden kann, ist das mit dem Bedenkenträger sehr schwierig. Der Bedenkenträger hat schon beim Blick auf die Karte die Hosen wegen des bevorstehenden Steilhangs voll, obwohl er keine Ahnung vom Kartenlesen hat. Seine Lieblingssätze lauten „Und da sollen wir hochkommen?“ und „Das schaffen wir nie!“. Auf die angegebene Gehzeit schlägt er immer noch einmal 50 Prozent drauf, was gar nicht so schlecht ist, weil er sicherheitshalber auch 50 Prozent mehr Gepäck als der Durchschnittswanderer mit sich trägt. Schon in einem Murmeltier erkennt der Bedenkenträger das Killerkaninchen aus dem *Ritter der Kokosnuß,* harmlose Schäfchenwolken sind Vorboten eines nahenden Taifuns und die Hütte ist „sicher schon ausgebucht“, bevor man die Tour überhaupt geplant hat. Wagt sich der Bedenkenträger an die Wand, so ist seine Lieblingsbeschäftigung beim Hallenklettern der Partnercheck, am Fels sind zahlreiche Bohrhaken seine besten Freunde. Für eine Tour mit dem Bedenkenträger kommen deshalb nur wolkenlose Tage auf bestens gesicherten Wegen und Routen in Frage. Passende Partner: Flachlandtiroler, Wissenschaftler. Nicht kompatibel: andere Bedenkenträger, Hasardeure, Profis, Zivilisationskritiker.

- **Der Wissenschaftler:** Sie werden sich an seiner Seite stets unzureichend ausgestattet fühlen, denn der Wissenschaftler verfügt über ein besseres Sortiment im Keller als der Sportladen Ihres Vertrauens. Er ist der Theoretiker unter den Bergsteigern. Wenn Sie die Karte zücken, hat der Wissenschaftler das GPS schon längst in der Hand oder bestimmt die umliegenden Gipfel per App. Er demonstriert den Prusik-Knoten nicht ohne gleichzeitig einen Vortrag über die Rolle dessen Erfinders Karl Prusik im Dritten Reich zu halten. Er kann die gehaltenen Normstürze aller im Handel erhältlichen Seile ebenso auswendig erläutern wie die Bruchlastwerte von Karabinern. Überhaupt doziert der Wissenschaftler sehr gerne. Er überlässt nichts dem Zufall. In der Hütte bekommt er das beste Zimmer zum Vorzugspreis, weil er dem Wirt einst ein umweltverträgliches Abwassersystem installierte. Die körperliche Fitness hat er etwas vernachlässigt, aber in Bergnot kann er mindestens vier verschiedene Rettungsmanöver zur Auswahl stellen. Passende Partner: Flachlandtiroler, Hasardeure, Bedenkenträger, Profis (je nach Leistungsstand). Nicht kompatibel: andere Wissenschaftler, Zivilisationskritiker. - - - - - - - - - - - - - - - - - -

- **Der Zivilisationskritiker:** Er versteht sich als Gegenpol zu den Fortschrittsgläubigern des Alpinismus, ist Romantiker und Rebell in Personalunion. Nehmen Sie ihn niemals mit auf überfüllte Hütten, autobahnbreite Touristenschneisen oder gar Klettersteige. Lassen Sie in seiner Gegenwart am besten nicht die Worte „Bohrhaken“ oder „Naturschutzgebiet“ fallen. Hallenklettern ist für ihn ein notwendiges Übel, um sich fit zu halten. Sobald er seinen obligatorischen Nörgelanfall überstanden hat, ist der Zivilisationskritiker aber ein ausgesprochen feiner, weil unkonventioneller Typ. Gleichzeitig ist er zäh wie ein Stück Leder, ohne Sie mit seiner Leistungsfähigkeit überfordern zu wollen. Er hat ebenso einen Blick für die Launen und Schönheiten der Natur wie für den Wegverlauf und die Felsbeschaffenheit. Wenn er eine Karte mitnimmt, muss es mindestens ein 1:25.000er-Maßstab sein. Mit etwas anderem brauchen Sie gar nicht zu kommen. Er wird Ihnen Ziele vorschlagen, die Sie möglicherweise noch nie gehört haben. Sie können sich ihm anvertrauen. Passende Partner: Profis, Hasardeure, andere Zivilisationskritiker. Nicht kompatibel: Flachlandtiroler, Bedenkenträger, Wissenschaftler. - - - - -

- **Der Profi:** Unverwüstlich, ehrgeizig, aufstrebend, ein Alpha-Tier. Der Profi ist selbst wochentags schon vor dem Müsli-Frühstück einen Marathon gelaufen, um abends an der eigens gezimmerten Boulderwand noch den Oberkörper zu stählen. Als er das letzte Mal behauptete, er gehe nur gemütlich wandern, war er nach der angegebenen Aufstiegszeit schon wieder im Tal. Seine Fähigkeit, Rücksicht auf die Mitläufer zu nehmen, ist allerdings nur während sogenannten Erholungsphasen annähernd so ausgeprägt wie seine Kondition. Er braucht Gewalttouren, um danach richtig glücklich zu sein, der Berg ist ein Sportgerät, naturromantischem Schnickschnack sollen sich andere hingeben. Er lebt im Leistungsgedanken. Die Theorien zu Wetter, Orientierung und Sicherheit sind nur ein Mittel zum Zweck, ein notwendiges Übel. Für ihn ist das Risiko Teil und Antrieb seines Tuns. Wenn Sie sich mit dem Profi einlassen wollen, müssen Sie in vielerlei Hinsicht bereit sein, Neuland zu betreten. Passende Partner: andere Profis, Wissenschaftler, Hasardeure, Zivilisationskritiker (vom Leistungsstand abhängig). Nicht kompatibel: Flachlandtiroler, Bedenkenträger.

- **Der Hasardeur:** Er ist der Gegenpol zum Bedenkenträger, das perfekte Forschungs- und Lehrobjekt des Wissenschaftlers – und ein unverbesserlicher Optimist. Seine Spezies ist in jedem Terrain anzutreffen. In der Halle bewundert der Hasardeur während des Sicherns gerne einmal die Eleganz des Nachbarn oder die schlanke Taille der Nebenfrau statt den Seilpartner. Im Gebirge braucht er keine Karte, da er angeblich jeden Meter jeden Weges dieser Region kennt. Deshalb kürzt er auch im unwegsamen Gelände gerne ab. Selbst bei tiefschwarzen Gewitterwolken wird das Wetter „schon noch ein paar Stunden halten". Proviant benötigt er ebenso wenig wie ein Erste-Hilfe-Set, die Abstände zwischen den Sicherungen dürfen ruhig etwas weiter sein, und das vereiste Steilstück vorm Gipfel werden „wir schon irgendwie schaukeln". Man müsste um den Hasardeur einen weiten Bogen machen, wenn er nicht so ein unverschämt kurzweiliger Zeitgenosse wäre. Passende Partner: Wissenschaftler, Profis, Zivilisationskritiker. Nicht kompatibel: andere Hasardeure, Flachlandtiroler, Bedenkenträger.

015 FREUNDE ÜBERZEUGEN 015

Die Frage „Warum soll ich einen Berg besteigen?" wird natürlich nur von Leuten gestellt, die mit Bergen nichts anfangen können. Sie ist so alt wie das Bergsteigen selbst. Antworten, Erklärungsansätze und Rechtfertigungen gab es schon immer genug. Je nach Zeitgeist und Geisteshaltung diente Bergsteigen der Persönlichkeitsbildung, dem nationalen Stolz, war Leibesertüchtigung, Sinnsuche, Kampf gegen Naturgewalten oder einfach männlich. Schon Ende des 19. Jahrhunderts galt Alpinismus als „Therapeutikum einer kranken Gesellschaft". Der Turnlehrer Ludwig Purtscheller sah im Bergsteigen „ein Mittel im Kampf gegen Verweichlichung, träge Genusssucht, Schlappheit und geistige Verblödung". George Mallory begründete sein Verlangen nach dem Gipfel des Mount Everest einst lapidar mit dem Hinweis: „Weil er da ist." Einer amerikanischen Studie zufolge suchen am Berg besonders häufig Menschen mit Ängsten und Anpassungsproblemen Selbstbestätigung. Reinhold Messner nannte sein Tun „eine Art Religionsausübung".

Wenn Sie Couch-Potatoes aus Ihrem Freundeskreis zur ersten Bergtour bewegen wollen, müssen Sie zum Auftakt noch stärkere Geschütze auffahren. Die Lust auf höhere Ziele kommt dann von ganz alleine.

- **Postbotenstudie!** Steigen Sie bei Ihrer Überzeugungsarbeit mit der wunderbar nostalgisch anmutenden Postbotenstudie der Universität Köln ein.

Sie stammt noch aus der Kniebundhosenära und hatte ursprünglich mit dem Wandern und Bergsteigen wenig zu tun. Bei der Studie wurden im Jahr 1963 die Biografien von mehr als 2.000 Postangestellten verglichen, wobei es zwei Gruppen gab: Schalterbeamte und Postboten. Bei Mitgliedern der ersten Gruppe traten nach 20 Jahren Dienst dreimal so viele tödliche Herzinfarkte auf wie beim Fußvolk – trotz vergleichbarem Gesundheitszustand zu Beginn ihrer Tätigkeit. Wurden die Laufburschen zu Stubenhockern, verloren sie ihren erarbeiteten Infarkt-Schutz innerhalb weniger Jahre. Wie vielen Hundeangriffen die verschiedenen Gruppen jeweils ausgesetzt waren, wurde nicht erhoben. Falls Ihnen Postboten zu altbacken sind: Eine amerikanische Studie mit mehr als 90.000 Krankenschwestern ergab, dass drei Stunden Wandern pro Woche das Herzinfarkt-Risiko um die Hälfte reduzierte.

▸ **Kalorienverbrauch!** Ein Wanderer verbraucht pro Kilometer mehr Kalorien als ein Läufer! Zugegeben, das gilt nur, wenn der Wanderer im bergigen Relief unterwegs ist und der Läufer in der Ebene. Aber das können Sie beiläufig erwähnen. Wenn überhaupt. Dass Sie nach diesem einen Kilometer ungefähr ein Drittel eines Mars-Schokoriegels verbrannt haben – sofern Sie nicht gerade an einem Achttausender oder an der Senkrechten unterwegs sind –, lassen Sie am besten gleich unter den Tisch fallen. Imponieren Sie stattdessen mit den Studien mehrerer Fitnesszeitschriften, wonach der durchschnittliche Energieverbrauch während einer vernünftigen Bergtour locker 500 kcal pro Stunde betragen kann, was bei 1.000 Höhenmetern etwa drei Tafeln Schokolade entspricht. Fügen Sie der Einfachheit halber nur bei notorischen Besserwissern hinzu, dass die Angaben selbstredend Richtwerte sind und jeder Körper je nach Gewicht, Trainingszustand und Anlagen so seine Eigenheiten als Verbrennungsanlage besitzt. Tendenziell steigt der Kalorienverbrauch proportional zur alpinistischen Leistung, aber bis zum Extrembergsteiger ist der Weg weit. Jedenfalls verbrauchen Sie bei Aktivitäten am Berg deutlich mehr Energie als während der gleichen Zeit beim aktiven Sex auf Meereshöhe. Und so eine Wanderung kann schnell mal fünf Stunden dauern.

- **Prävention!** Setzen Sie ihre Argumentation nun mit einer Abhandlung über Zivilisationskrankheiten wie Bluthochdruck, Herzinfarkt und Diabetes fort. Führen Sie am besten das Deutsche Wanderinstitut ins Feld, von dem die hier genannten Erkenntnisse in einer Gesundheitsstudie gesammelt wurden. Die Begriffe „Institut" und „Studie" machen sich bei einer Argumentation immer gut. Lassen Sie den wichtig klingenden Begriff „Physisches Breitbandtherapeutikum" fallen und feuern Sie sofort einige Beispiele hinterher, was es damit auf sich hat: Wandern mobilisiert natürliche Killerzellen im Immunsystem, vermindert das Risiko für Brust- und Dickdarmkrebs, es senkt das gesundheitsgefährdende LDL-Cholesterin, Puls und Blutdruck, den nasobronchialen Widerstand und mindert sogar den Augeninnendruck. Falls Sie keine Ahnung haben, wozu die letzteren beiden Punkte gut sein sollen, lassen Sie es weg.

- **Ausgleich!** Wenn all ihre Versuche über körperliche Ertüchtigung noch immer nicht gezogen haben oder mit dem Hinweis gekontert werden, dass man dafür auch ins Fitnessstudio gehen könne, versuchen Sie es mit dem positiven Einfluss der Natur auf die menschliche Psyche. Schildern Sie gegenüber entsprechenden Gemütern – beispielsweise Yogajüngern und Anhängern fernöstlicher Kulturen – die meditative Wirkung. Psychiatrien behandeln Neurosen bereits mit Wandertouren, auch Patienten mit Schlafstörungen profitieren von mäßigen Wanderungen. Ein grünes Umfeld reduziert den Stress, verstärkt positive Emotionen, steigert Kreativität, Stimmungshormonspiegel, Arbeits- und Konzentrationsfähigkeit. Berge sind regelrechte Ladestationen für ausgebrannte Manager.

- **Weißbier!** Immer noch kein Erfolg? Vielleicht waren Sie bisher zu wissenschaftlich. Seien Sie kreativ. Werden Sie persönlich! Protzen Sie als Mann mit Ihrer Ausdauer. Erzählen Sie als Frau davon, wie viel fester Ihre Gesäßmuskeln durch die Berge wurden. Schwärmen Sie von dem Kaiserschmarrn oder dem Weißbier auf der Hütte. Wenden Sie notfalls die gleichen Tricks an, die auch bei Kindern wirken. Kinder sind nämlich glücklicherweise entweder immun gegen Kalorienverbrauch und Prävention oder durchschauen ein Schlagwortfeuerwerk einfach schneller. Murmeltiere, Gämsen, urige Hütten, Felsblöcke und Gebirgsbäche sind hier jene Überzeugungshilfen, die interessanterweise oft bis ins hohe Alter wirken.

016 KOLONNEN VERMEIDEN 016

Kein Mensch bewegt sich gerne mit den Massen, erst recht nicht am Berg, wo er eigentlich Ruhe und Einsamkeit sucht. Mit einigen wenigen Informationen lässt sich anhand der folgenden Matrix vor einer Tour die Staugefahr am Berg ermitteln.

Staugefahr	*Wirtschaftliche Bedeutung des Berges*
Extrem	Region und/oder Veranstalter leben von dem Berg
Hoch	Region und/oder Veranstalter werben mit dem Berg
Akzeptabel	Region und/oder Veranstalter weisen auf den Berg hin
Gering	Region und/oder Veranstalter haben noch nie davon gehört
Nicht vorhanden	Der Berg hat noch keinen Namen

Staugefahr	*Erreichbarkeit des Startpunktes*
Extrem	Die Straßenbahn hält direkt an der Talstation
Hoch	Über Asphaltstraßen per Reisebus anzufahren
Akzeptabel	Über Pässe per Jeep erreichbar
Gering	Ein Tagesritt von der letzten Wasserstelle entfernt
Nicht vorhanden	Nach Flug, Jeepfahrt und dem einwöchigen Kamelritt sind es nur noch zwei Tagesmärsche durch den Sumpf

Staugefahr	*Signalwörter in der Bergliteratur*
Extrem	Kinderwagengeeignet, kinderfreundlich, beliebteste/n, Halbtagestour, für Langschläfer, König Ludwig
Hoch	Mythos, sagenumwoben, Hausberg, Aussichtsberg
Akzeptabel	Schwindelfreiheit, schmal, unmarkiert, Genussklettern, ausgesetzt, Trittsicherheit, stiefmütterlich, eingebohrt
Gering	Adrenalin, weite Hakenabstände, teils weglos, spaltendurchsetzt, extrem, Urteilsvermögen, Orientierungssinn, einsam
Nicht vorhanden	Es existiert noch keine Literatur

Staugefahr	*Wegeinfrastruktur, Unterkünfte*
Extrem	Aussichtsterrassen, Gondelbahnen, Berghotels und -dörfer
Hoch	Forstwege, Bergpfade, Ausflugshütten
Akzeptabel	Steige mit Farbmarkierungen, Schutzhütten
Gering	Trampelpfade und/oder kleine Steinmännchen, Biwakschachteln
Nicht vorhanden	Wildwechsel, Eisbärspuren, Höhlen

Staugefahr	*Mindestausrüstung (Auswahl)*
Extrem	Stöckelschuhe, Handtasche, Chihuahua
Hoch	Turnschuhe, Tagesrucksack, Wasser
Akzeptabel	Bergschuhe, Trekkingrucksack, Verpflegung
Gering	Steigeisenfeste Bergschuhe, Eispickel, Seil, Expressen
Nicht vorhanden	Klemmkeile, Friends, Bandschlingen, Expressen, Portaledge, etc.

017 TRAINIEREN I – GRUNDLAGEN 017

Sie sollten bestenfalls nicht erst durch die Berge fit werden, sondern schon vorher eine gewisse Grundkondition besitzen. Das Problem: Das Training kann einem auch die Ausrüstung aus dem Sportgeschäft nicht abnehmen. Zudem ist Ihr Trainingsplan so individuell wie der Berg, den es zu besteigen gilt.

▸ **Die Faustregel:** Je steiler es wird, desto mehr Kraft benötigen Sie. Sportkletterer trainieren zudem ihre Beweglichkeit. Die Basis für jeden Berggänger ist jedoch eine vernünftige Kondition, der Ihr Hauptaugenmerk gelten muss. Für die Vorbereitung auf das Bergsteigen eignen sich beispielsweise Laufen, Skilanglaufen und Radfahren besonders gut. Die positiven Effekte des Konditionstrainings wie verbesserter Stoffwechsel und erhöhtes Lungenvolumen machen sich nicht nur am Berg, sondern in allen Lebensbereichen bemerkbar. Ihr Partner wird es Ihnen danken.

Der Anspruch steigt mit dem Gelände

▸ **Das Prinzip:** Ihr Körper ist keine Maschine; er ist viel besser. Sie können die Leistung einer Maschine nicht erhöhen, indem Sie diese einfach nur laufen lassen. Bei Ihrem Körper funktioniert das. Allerdings muss er während einer Trainingseinheit ausreichend belastet werden. Sportwissenschaftler sprechen von einem Trainingsreiz, der eine gewisse Intensitätsschwelle erreichen, aber nicht darüber hinausgehen sollte. Wo diese Schwelle liegt, ist individuell zu bestimmen. Entscheidend ist, dass der Körper nach diesem ausreichend starken Reiz seine verdiente Pause erhält, um sich zu erholen. Bei Anfängern liegt die Dauer dieser Erholungsphase nach Ausdauerbeanspruchungen bei etwa 36 Stunden, Trainierte kommen mit weit weniger aus. Der Körper dankt es mit einer Leistungssteigerung bei der nächsten Einheit. Entsprechend höher kann dann theoretisch auch der nächste Reiz angesetzt werden. Entscheidend sind beim Training daher eine allmähliche Steigerung und die Regelmäßigkeit. Laufen, radeln oder schwimmen Sie lieber mehrmals die Woche eine kürzere Distanz im gemäßigten Tempo, als sich nur einmal wöchentlich über Gebühr zu quälen – und dann tagelang einen Muskelkater auszukurieren.

▸ **Der Alltag:** Sie können täglich trainieren. Lassen Sie Ihr Auto, wenn Sie zur Arbeit oder zum Supermarkt wollen, doch einfach hin und wieder stehen und nehmen das Fahrrad oder gehen zu Fuß. Sie arbeiten im 5. Stockwerk? Hervorragend. Verzichten Sie auf den Fahrstuhl, denn kaum etwas ist besser zur Vorbereitung aufs Berggehen als Treppensteigen. Sie arbeiten im 16. Stock? Noch besser.

018 FAIR ANREISEN 018

Wer heute am Wochenende mit dem Auto beispielsweise von München in die Tegernseer Berge fährt, fädelt zumeist schon weit vor dem Ziel in einen Stau ein. Die von vermeintlichen Naturfreunden induzierte Verstopfung auf den Straßen verleitete einen DAV-Funktionär gar zu der Feststellung, Bergsport sei zuerst einmal immer Motorsport. Natürlich geht es auch anders. Man muss nicht einmal die gute alte Zeit heraufbeschwören, als sich Bergsteiger allein aus Geldmangel per Fahrrad durch die Alpen von München zum Matterhorn quälten. Die Gebrüder Schmid taten dies 1931. In gewissen Kreisen ist es seit einiger Zeit durchaus wieder angesagt, Alternativen zum Straßenverkehr zu finden.

▸ **Im Boot:** Im Jahr 2011 gewann eine Gruppe Kletterer um die belgischen Brüder Nicolas und Olivier Favresse für ihre Expedition nach Grönland den Piolet d'Or, eine Art Oscar des Bergsports. Sie flogen nach Grönland, was noch wenig ungewöhnlich ist, stiegen dort aber in ein Segelboot unter der Regie von Kapitän Bob Shepton, einem 75-jährigen pensionierten Priester. Es war eine gut gelaunte Kombo, die vom Boot aus die steilen Felswände Grönlands bestieg und zwischendurch viel musizierte. Nach getaner Arbeit segelten sie zurück nach Schottland.

Die Vertikalgänger Stefan Glowacz und Kurt Albert wiederum hatten schon Jahre zuvor den Wasserweg zu Kletterrevieren abseits jedes Pfades für sich entdeckt. So nutzten sie in Kanada das Kanu, in Grönland Kajaks und für die Anreise zur Antarktis das Segelboot. Während der einwöchigen Überfahrt von Feuerland verzichteten sie mit ihren Kumpanen weitgehend auf feste Nahrung, da sich diese erfolgreich einem Verdauungsprozess widersetzte. Auch beim Deep Water Soloing, dem ungesicherten Klettern an aus Wasser ragenden Felswänden, ist das Boot ein beliebtes Transportmittel. Und viele Bergreiseveranstalter bieten heutzutage Skitouren in Norwegen an, die vom im Fjord ankernden Zweimaster gestartet werden.

▸ **Auf dem Rad:** Die beiden Südtiroler Bergsteiger Hans Kammerlander und Hanspeter Eisendle hatten neben den fernen Bergen der Welt auch stets Herausforderungen in der Heimat im Blick. Eines dieser Projekte hieß 1.400 + 247 + 550. Sie bewältigten zuerst die eisigen 1.400 Höhenmeter der Ortler-Nordwand, legten 247 Kilometer von Sulden ins Höhlensteintal auf dem Rennrad zurück und absolvierten abschließend 550 Klettermeter an der Großen Zinne in den Dolomiten. Dass sie mit dem Rad anreisten, war nicht nur deshalb sehr weise, weil die beiden lustigen Gesellen das ganze Projekt innerhalb von nur 24 Stunden durchzogen. Auch wurde die anschließende Einkehr in die Dreizinnenhütte nicht ganz im Sinne der Askese zelebriert.

Knapp fünf Jahre später schwang sich dann der Schwede Göran Kropp in den Sattel und strampelte mal so die 11.279 Kilometer von Stockholm nach Nepal. Die gesamte Bergausrüstung für die Besteigung des Mount Everest zog er in einem zweirädrigen Wagen hinter sich her. Bevor er es selbst auf den Everest-Gipfel schaffte, natürlich ohne Flaschensauerstoff und Trägerunterstützung, wurde er Zeuge jener sogenannten 1996er-Tragödie *vgl. 012 „Einlesen“* und beteiligte sich an den Rettungsversuchen. Anschließend fuhr er mit dem Rad wieder nach Hause – und schrieb ein Buch darüber. Kropp hat inzwischen natürlich einige Nachahmer gefunden. Unter anderem startete der Diabetiker Geri Winkler im Oktober 2005 seinen Rad-Trip vom Toten Meer, der tiefsten Landesstelle der Erde, zum Everest – und schrieb anschließend ein Buch darüber.

- **Auf Kamelen:** Im Sommer 2011 reiste die österreichische Höhenbergsteigerin Gerlinde Kaltenbrunner zum vierten Mal an den K2. Es war der einzige Berg, der noch in ihrer Achttausender-Sammlung fehlte. Anders als bei den erfolglosen Versuchen zuvor näherte sie sich mit ihrem nicht minder höhenerprobten Bergpartner Ralf Dujmovits jedoch über die Nordseite dem 8.611 Meter hohen Koloss. Das Ehepaar wurde dabei sukzessive eingebremst. Dem Flug in die kirgisische Hauptstadt Bischkek folgten Bus-

und Jeepfahrt, ehe sie auf Kamele umsteigen mussten. Mit ihnen ging es über den fast 5.000 Meter hohen Aghil-Pass ins noch weitgehend unberührte Shaksgam-Valley und dort über reißende Flüsse hinweg ins nördliche Basislager des K2. Mit ihrer Entschleunigungstaktik hatte Kaltenbrunner Erfolg: Sie schaffte es endlich auf den Gipfel. Die Tour haben – ohne Gipfelbesteigung des K2 – auch Bergreiseveranstalter im deutschsprachigen Raum im Programm.

019 SAMMELN I – ERSTE SCHRITTE 019

Es gibt eine Menge Menschen, die Berge – oder besser gesagt die Besteigungen selbiger – sammeln wie andere Menschen Briefmarken, Antiquitäten oder Autos. Psychologen leiten den Sammeltrieb nicht nur aus steinzeitlichen Instinkten des Menschen und seinem einstigen Dasein als Jäger und Sammler ab. Er kann auch Symptom für Machttrieb, Suche nach Anerkennung oder Mangelerscheinungen in der Kindheit sein. Sigmund Freud, selbst passionierter Sammler, interpretierte das Sammeln gar als Ausdruck eines triebhaften Wiederholungszwanges und Ausgleich für unerfüllte sexuelle Wünsche. Wobei der von Sex geradezu besessene Freud in einem Eispickel wahrscheinlich ein Phallussymbol entdeckt hätte und im Tragen eines Klettergurts den unterdrückten Wunsch nach Reizwäsche. Natürlich hat Sammeln auch gute Seiten wie die Erweiterung des eigenen Horizonts, und es leiden keineswegs alle Höhenbergsteiger zwingend an einer schweren Neurose oder tief sitzenden Komplexen. Bevor Sie mit dem Sammeln anfangen, dürfen Sie jedoch kurz überlegen, ob es Ihnen wirklich um das Bergerlebnis geht oder ob Sie nur beim nächsten Dinner im Golfclub oder am Montag im Büro damit protzen wollen. Auffallend ist, dass es bei den Sammlerlisten häufig um etwas sehr Profanes geht: Größe.

„Es ist nicht der Berg, der dir zum Klettern so hoch erscheint, es ist der Kiesel in deinem Schuh.“
*(Muhammad Ali, Boxer, *1942–2016)*

RUNTERKOMMEN

AM GIPFEL

IN EISIGEN HÖHEN

STEIL GEHEN

UNTER EINEM DACH

HANG ZUM ANDERSSEIN

AUF EINGETRETENEN PFADEN

DIE ERSTEN SCHRITTE

020 WOLKEN DURCHSCHAUEN 020

Kaum ein Mensch geht in die Berge, ohne die Wettervorhersage zu kennen. Die Prognosen sind heutzutage sehr präzise und für die kommende Woche ungefähr so zuverlässig, wie sie vor dreißig Jahren für den nächsten Tag waren. Bei einer Vorhersage für die nächsten 24 Stunden liegt die Treffsicherheit bei durchschnittlich 90 Prozent. Den Aussichten für die nächsten drei Tage können Sie immer noch zu etwa 75 Prozent vertrauen. Dieser Wert kann während einer stabilen Hochdrucklage sogar auf weit mehr als 90 Prozent steigen. Instabile Gewitterlagen trüben hingegen den Blick in die Zukunft. Selbst der Folgetag macht dann Schwierigkeiten bei der Prognose.

Auch den Bergsteiger treibt die Wetterentwicklung um. Sie lässt sich mittels der verschiedensten Wetterboten erkennen. Das Gebirgsschaf ist beispielsweise ein solcher. Sobald es hohe Weidegründe aufsucht, ist schönes Wetter zu erwarten; bei schlechtem zieht es ins Tal. Das Singen einer Amsel am helllichten Tag gilt wiederum als Hiobsbotschaft. Dann droht plötzlicher Regen. Wenn Sie gerade weder Schaf noch Amsel oder sonst einen mobilen Wetterboten zur Hand haben, können Sie dorthin schauen, wo das Wetter herkommt: in den Himmel.

Wolken sind nicht nur die Folgen einer Wetterentwicklung, sondern auch deren Indikatoren. Wolken reagieren sehr schnell und weltweit in gleicher Weise auf die Bedingungen in ihrer Umgebung. Meteorologen nutzen Wolken daher trotz Satellitenphotos, Messstationen und allerlei technischen Fortschritts noch immer für Vorhersagen. Generell sind Wolken in höheren Lagen ein Indiz für Trockenheit, hohen atmosphärischen Druck und signalisieren gutes Wetter. Die drei Grundformen Stratus (Schichtwolken), Cumulus (Haufenwolken) und Cirrus (Schleierwolken) bilden insgesamt zehn Gattungen.

Cirrus (Federwolke): komma- oder federförmig. Bildet sich bei Temperaturen unter minus zehn Grad in großen Höhen. Besteht aus feinen Eiskristallen. Gerne in Gesellschaft von Cirrocumulus und Cirrostratus. Harmlos. *Cirrocumuli* (kleine Schäfchenwolken): unscheinbare, dünne, weiße Flecken oder Felder von Wolken, die nicht einmal einen Schatten werfen. Cirrocumuli besitzen so wenig eigenen Charakter, dass sie leicht mit Altocumuli zu verwechseln sind. Bei ausgestrecktem Arm aber weniger

Wolken mit Charakter

1 Cirrus 2 Cirrocumulus 3 Cirrostratus 4 Altocumulus 5 Altostratus 6 Nimbostratus 7 Stratocumulus 8 Stratus 9 Cumulus und 10 Cumulonimbus

als einen Finger breit. Ungefährlich. *Cirrostratus* (Schleierwolke): besteht wie Cirrus und Cirrocumulus aus Eiskristallen. Feiner, unscheinbarer und nebliger Schleier. Cirrostrati sind häufig erste Vorzeichen einer Warmfront und damit einer Wetterverschlechterung mit gleichmäßigem Landregen, vor allem wenn sie aus Westen kommen. Hinterhältig. *Altocumuli* (große oder mittelhohe Schäfchenwolken): Flecken, Felder oder Schichten von Wolken. Indikatoren für instabile Wetterverhältnisse. Treten häufig in Schuppenform, in Gebirgsnähe oft in Linsenform auf. Ähneln den anderen Haufenschichtwolken Cirrocumuli und Stratocumuli. Altocumuli können Vorboten und Nachzügler einer Front sein. Müssen beobachtet werden: Eine Abnahme deutet auf eine Wetterbesserung hin, eine Verdichtung zu einer geschlossenen Wolkendecke auf eine heranziehende Front. Launisch. *Altostratus* (mittelhohe Schichtwolke): lässt anfangs als dünne Schichten die Sonne durchscheinen, ehe er mit Kollegen den Himmel großflächig verdunkelt. Meist Vorbote einer Warmfront. Tückisch. *Nimbostratus* (Regenwolke): konturlose, dichte Wolkendecke. Nimbostrati sind die grauen Herren unter den Wolken. Verhängen die Sonne komplett und sorgen für lang anhaltende Niederschläge. Verstecken sich oft hinter den tiefer gelegenen Stratocumuli. Schlecht gelaunt. *Stratocumuli* (Haufenschichtwolken): weiße oder leicht gräuliche Flecken oder Felder aus Wolken, wirken manchmal wie Schollen oder Ballen. Keine Fasern. Großflächig, lassen der Sonne dennoch eine Chance. Neigen zur Rudelbildung. Zeigen meist stabiles Wetter, können aber auch vor Fronten auftreten. Heimtückisch. *Stratus* (tiefe Schichtwolke): ähnelt im Auftritt der Nimbostratus. Hängt aber noch tiefer und ist nicht so nah am Wasser gebaut. Bringt höchstens etwas Nieselregen oder Schneeregen. Trist. *Cumulus* (Haufenwolke): isoliert, scharf abgegrenzt. Tritt bei schönem Wetter und leichter Luftfeuchtigkeit auf. Macht einen auf Schäfchen, Wattebäuschchen und Zuckerwatte. Die Bilderbuchwolke. Kann allerdings unkontrolliert wachsen und zur Cumulonimbus werden. Nett. *Cumulonimbus* (Gewitterwolke): entarteter Cumulus. Ambossartiger, bedrohlich wirkender Wolkenturm mit gewaltiger vertikaler Ausdehnung von bis zu 13 Kilometern. Kann bis zu 100 Millionen Tonnen Wasser enthalten. Muss keineswegs immer Hagel, Regen, Schnee oder Gewitter bringen. Tut es aber oft und heftig. - - - -

021 **ZAHLEN** 021

Lifte, Zahnradbahnen und Gondeln gelten als Vehikel für Fußlahme, Schönwettertouristen und Faulpelze. Für vernünftige Bergmädchen und -burschen gehört es sich natürlich, den Weg aus eigener Kraft zurückzulegen. Wenig ist peinlicher als auf Schussfahrten spezialisierte Mountainbiker, die sich in Sesselliften aufwärts gondeln lassen, um dann ins Tal zu stechen. Oder Kletterer, die an Steilwänden herumhangeln, aber die paar hundert Höhenmeter zum Fels nicht gehen wollen. Außerdem sind die Anlagen aus Stützen, Schienen und Seilen meistens hässlich und kosten Geld. Auf jeden Fall geht es bei Aufstiegshilfen vor allem um eines: Zahlen.

Minus 257 Meter hoch liegt die Talstation der Masadabahn in Israel. Die „Bergstation“ liegt immerhin auf 33 Metern über dem Meer. *0,169* Tote kommen auf 100.000.000 Skiliftmeilen. Das hat zumindest der US-amerikanische Verband der nationalen Skigebiete NSAA errechnet. Die Seilbahnen Schweiz kommen auf ähnliche Werte: Pro Milliarde Fahrgäste ist bei den Seilbahnen mit zwölf, bei den Skiliften mit sechs Unfalltoten zu rechnen. Damit gelten Seilbahnen als das sicherste Verkehrsmittel. *4,5* Stundenkilometer beträgt das Aufstiegstempo der Mount Washington Cog Railway, der ersten ihrer Art aus dem Jahre 1869. Der Wind hat hier im Jahre 1934 dagegen die Rekordgeschwindigkeit von 372 Stundenkilometern aufgestellt, ist also etwa 83 Mal schneller. *15* Minuten dauert die Fahrt mit der Saunagondel im Skigebiet Ylläs weit im Norden Finnlands. Die Sauna am Seil kann jedoch auch von Kleingruppen für zwei Stunden gemietet werden. *27* Gramm Kohlenstoffdioxid verbraucht eine Seilbahn bei einer Auslastung von 50 Prozent pro Person und Kilometer. Sie gilt damit laut einer Studie von ClimatePartner Austria als weit klimafreundlicher als Auto, Bus und Bahn. *43* Personen mussten im Januar 2010 aus der Brauneckbergbahn in Lenggries evakuiert werden. Eher kryptisch klingt die Begründung dafür: eine gelockerte Mutter. *48* Prozent Steigung hat die 1889 eröffnete Pilatusbahn bei Luzern. Sie ist damit die weltweit steilste Zahnradbahn. *95,5* Kilometer überbrückte die 1987 eingestellte Materialseilbahn Norsjö in der schwedischen Provinz Västerbotten. Heute ist sie „nur“ noch 13,163 Kilometer lang und transportiert Personen statt Erz. Sie ist damit die längste Personenseilbahn der Welt. *100* Stundenkilometer Windgeschwindigkeit reichen nicht aus, um die Seilbahn des Systems Funitel zu stoppen. Die Stabilität hängt an und mit zwei parallel laufenden Förderseilen zusammen. *180* Personen fasst die erste, 1995 eröffnete doppelstöckige Pendelbahn in Samnaun in der Schweiz. *200* Personen fasst die dritte, 2004 eröffnete doppelstöckige Pendelbahn in La Vanoise in Frankreich. *204,40* Schweizer Franken kostete eine reguläre Fahrkarte in der Saison 2016 von Interlaken auf das Jungfraujoch im Berner Oberland. Keine Angst: Sie werden dort oben trotzdem nicht alleine sein. *436* Meter schwebt die Peak 2 Peak Gondola bei Whistler in Kanada über dem Grund. Nirgendwo wäre der freie Fall einer Gondel so tief. *1908* wurde mit der Kohlerer Seilbahn in Südtirol die älteste Personenseilbahn der Welt eröffnet. Sie verbindet Bozen mit der Ortschaft Kohlern. *1950* plante Graf Dino Lora Totino eine Seilbahn von Cervinia zum Gipfel des Matterhorns. Durch eine Unterschriftenaktion des Alpinen Museums in Zermatt wurde der Bau verhindert. *3.883* Meter hoch liegt die höchste Bergstation Europas auf dem Klein Matterhorn bei Zermatt. *4.053* Meter hoch liegt die höchste in Betrieb befindliche Bergstation der Welt. Sie führt von Quito in Ecuador auf den Cruz Loma. Die Angaben variieren allerdings zwischen 3.996 und 4.100 Metern. Jedenfalls ist es verdammt hoch. *5.760* Meter weit führt die Seilbahn Tatev über das breite Tal des Flusses Voghj. Sie verbindet das auf 1.546 Meter gelegenen Dorf Halidzor mit dem auf 1.534 Meter – und damit niedriger – gelegenen Kloster Tatev. Keine andere Pendelbahn der Welt ist länger. Finanziert wurde das Projekt von einem reichen Auslandsarmenier. *197.000* Kilogramm Sprengstoff wurden für den Bau der Zugspitzbahn benötigt, um *245.000* Kubikmeter Erde und Fels zu bewegen. *617.000* Mark haben die Bauarbeiten für die Drachenfelsbahn einst gekostet. Sie hat in ihren ersten 130 Betriebsjahren mehr als

2.700.000 Kilometer zurückgelegt. Fast 300.000.000 beförderte Personen zählen die Seilbahnen der Schweiz jährlich. Rund 1.000.000.000 Personen werden pro Jahr von den europäischen Seilbahnen transportiert.

022 STEIGUNGEN BERECHNEN 022

Steigungen und Gefälle sind für viele Menschen nicht mehr als abstrakte Zahlen. Dabei begegnen sie dem Bergmenschen überall: auf der Anfahrt über Serpentinen zum Wanderparkplatz, in der Beschreibung im Mountainbikeführer, im Lawinenlagebericht, bei der Querung von Eisfeldern. Die Krux an der Sache ist, dass eine Steigung mal in Prozent – wie beispielsweise im Straßenverkehr – angegeben wird, ein andermal tauchen Steigungswinkel plötzlich in Grad auf, wie das üblicherweise im Bergsport der Fall ist.

Viele erliegen dem Irrtum, dass eine Steigung von 100 Prozent eine Senkrechte mit einem Steigungswinkel von 90 Grad ist. 100 Prozent entsprechen jedoch nur 45 Grad. Besonders Skigebiete geben ihre steilsten Pisten sehr gerne in Prozent an, weil der höhere Wert viel gefährlicher klingt. Beim Abenteuerreport zu Hause wissen viele Schussfahrtspezialisten dann gar nicht mehr genau, ob das nun Grad oder Prozent waren.

Die grundlegenden Formeln hierfür lernt man zwar schon in der Mittelstufe der Schule. Allerdings hat es der Mathematiklehrer sicher auch bei Ihnen mal wieder versäumt, die Thematik an einem realitätsnahen Beispiel wie einem Bergausflug zu erklären. Stellen Sie sich einmal den Berg im Querschnitt vor. Stark vereinfacht erhalten Sie dann folgendes Dreieck:

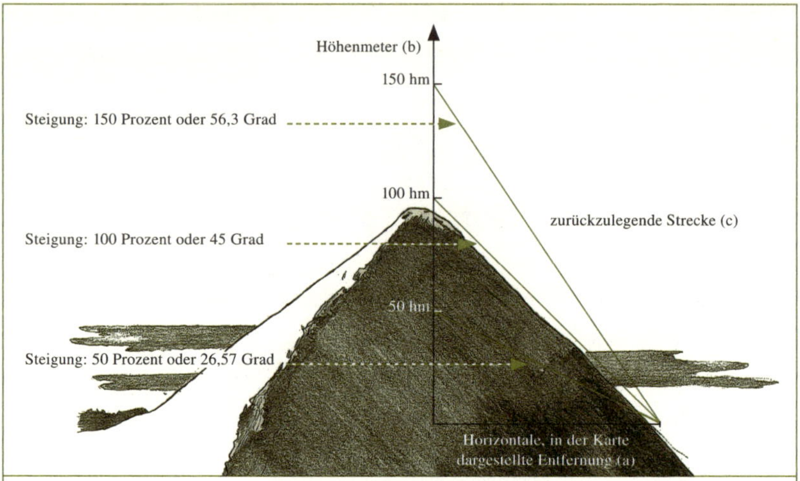

Steigung in Prozent = (b / a) x 100

▸ **Theoretisch:** Stellen Sie sich eine Karte mit dem Maßstab 1:25.000 vor. Vier Zentimeter in der Karte entsprechen einer Strecke von einem Kilometer in der Realität. Das ist noch relativ einfach. Dieser eine, über die Karte errechnete Kilometer bezieht sich auf die Horizontalentfernung (a). Wenn Sie auf 100 Metern Horizontalentfernung (a) 100 Höhenmeter erklimmen (b), so entspricht das einer Steigung von 100 Prozent oder einem Steigungswinkel von 45 Grad. Das ist verdammt steil. Die für die 100 Höhenmeter tatsächlich in der Natur zurückzulegende Strecke (c) beträgt hier 141 Meter, ist also erheblich länger als das, was mittels Karte abzulesen ist.

Wenn Sie auf der gleichen Horizontalentfernung (a) nur 50 Höhenmeter hinter sich bringen, sind das 50 Prozent oder 26,57 Grad. Schaffen Sie 150 Höhenmeter, sind das 150 Prozent oder 56,3 Grad. Ein Berg kann also durchaus steiler als 100 Prozent sein.

Mathematiker würden die Horizontalentfernung eine Ankathete (a), die Höhenmeter Gegenkathete (b) und die tatsächliche Wegstrecke Hypotenuse (c) nennen. Es gibt mehrere Möglichkeiten, die Steigung zu errechnen, je nachdem, welche Werte Ihnen vorliegen. Ganz einfach geht es so: Teilen Sie die Gegenkathete (b) durch die Ankathete (a) und Sie erhalten den Wert m. Multiplizieren Sie den Wert m mit 100, und Sie haben die Prozentangabe. *Steigung m = Höhenunterschied b / Horizontalentfernung a, Steigung in Prozent = m x 100*

Der Steigungswinkel, das ist der Wert in Grad, lässt sich wiederum aus der Steigung m (z. B. 0,2 bei 20 Prozent) über die Umkehrfunktion des Tangens, also die Arcustangensfunktion, von m bestimmen. Auf Ihrem Taschenrechner ist das die tan-1-Taste. *Steigungswinkel α (in Grad) = tan-1(m)*

Sofern Ihnen der Steigungswinkel bekannt ist, können Sie mittels Tangensfunktion die Steigung in Prozent errechnen. (Den Wert, den Ihr Taschenrechner ausspuckt, müssen Sie theoretisch mit 100 multiplizieren, um einen Prozentwert zu erhalten.) *Steigung in Prozent = tan α x 100*

In der Praxis werden Sie häufiger nicht die Horizontalentfernung kennen, sondern die Höhenmeter und die Strecke, die Sie zurücklegen müssen. Auch in diesem Falle brauchen Sie weder Experten noch Internet. Sie teilen einfach Gegenkathete durch Hypothenuse, errechnen mit der Umkehrfunktion des Sinus die durchschnittliche Steigung in Grad und kommen über den Tangens dann wieder auf den Prozentwert. Sollten Ihnen nur Steigung und Höhenmeter bekannt sein, ist es natürlich völlig problemlos möglich, durch den Sinus der Durchschnittssteigung das Verhältnis von Gegenkathete zu Hypothenuse zu eruieren und so die Wegstrecke zu errechnen. Sie sehen also: alles ganz einfach.

▸ **Praktisch:** Einfacher geht es mit folgender Tabelle.

Steigungswinkel in Grad	*Steigung in Prozent*	*Strecke in der Landschaft für 100 Höhenmeter (gerundet in m)*	*Klartext*
0	0,00	unendlich	Platt wie die See
5	8,75	1.148	Für Kinderwagen geeignet
6,05	10,6	949	Steilstes Stück des berühmten Tour-de-France-Anstiegs nach Alpe d'Huez
10	17,63	575	Grenze für Sonntagsradler
15	26,79	387	Für Kinderwagen nicht mehr geeignet
19,3	35	303	Steilste Straße der Welt (Baldwin Street)
25	46,63	237	Skitourengeher bereiten sich auf die erste Spitzkehre vor
30	57,74	200	Leeseite einer Sanddüne, Beginn des Steilhangs
37,95	78	163	Harakiri-Piste in Mayrhofen
40	84	156	Hoffentlich haben die Steigeisen Frontalzacken
40,4	85	155	Steilstes Stück der Streif bei Kitzbühel
45	100	141	Steigfähigkeit eines Geländewagens
50	119	131	Hände aus den Taschen!
55	143	122	Eisfelder der Eiger-Nordwand
60	173	116	Beginn des Wohlfühlterrains für Kletterer
90	unendlich	100	Senkrechte Wand
135	Minus 100	141	Überhang

Trainierte Berggänger haben jedoch eine ganz spezielle Fähigkeit: Sie können mit einem Blick die Steilheit des Geländes und damit den Grad der Anstrengung oder die Lawinengefahr erkennen. Und das lehrt sie keine mathematische Formel oder Tabelle und auch keine App der Welt, sondern nur eines: Erfahrung.

023 WANDERZEIT BERECHNEN 023

Heutzutage sind Wanderwegweiser fast allesamt mit Zeitangaben versehen, über die sich allerdings so manch ein Wanderer wundert. Der trainierte Alpinist braucht nicht selten nur wenig mehr als die Hälfte der angegebenen Zeit, Sonntagsausflügler packt wiederum der Frust, wenn der Marsch viel länger dauert als erwartet. Die auf den Schildern ausgewiesenen Zeiten sind oft am Schreibtisch errechnete Werte. Wurden dafür einst Karte, Zirkel und Marschzeittabelle verwendet, ist dies heute über digitales Kartenmaterial und geografische Informationssysteme am Computer möglich. Sie können mit Hilfe weniger Daten auch ohne Tafeln selbst die Wanderzeit bestimmen. Vor allem in kleineren Gruppen schinden Sie mächtig Eindruck, wenn Ihre Zeitangabe tatsächlich mathematisch fundiert wirkt – und Sie gleich mehrere Ansätze auf Lager haben.

▸ **Ihr Weg:** Sie müssen nur wissen, wie viele Höhenmeter vor Ihnen liegen, welche Wegstrecke Sie dabei zurücklegen und was Sie und Ihre Geher ungefähr leisten können. Die Wegstrecke abzuschätzen ist mit Hilfe einer Karte nicht allzu schwer. Bei einem Maßstab von 1:50.000 – kleiner sollte der Maßstab bei einer Wanderkarte auf keinen Fall sein – dürfen Sie pro Zentimeter einen halben Kilometer Fußmarsch erwarten. Falls Sie die Höhenmeter nicht kennen sollten, können Sie diese mittels der Höhenlinien aus einer Karte herauslesen. Höhenlinien sind meist braun, in Gletschergebieten und Gewässern blau, an Felsen manchmal schwarz.

- **Formel für jedermann:** Bei der einfachsten Formel wird angenommen, dass der eher gemütliche Sonntagswanderer etwa eine Stunde für vier Kilometer in der Ebene benötigt. An Höhenmetern werden pro Stunde etwa 300 veranschlagt. Dann ist er wirklich sehr gemütlich unterwegs. Ein Beispiel: Bei einem Aufstieg mit zehn Kilometer Länge und 1.500 Metern Höhenunterschied errechnen Sie in einem ersten Schritt die einzelnen Zeiten für Distanz und Höhenunterschied. *Wegstrecke Aufstieg:* 10 Kilometer : 4 Kilometer / Stunde = 2,5 Stunden *Höhenmeter Aufstieg:* 1.500 Höhenmeter : 300 Höhenmeter / Stunde = 5 Stunden

Sie halbieren anschließend stets die kleinere der beiden Zeiten und addieren das Ergebnis zu dem größeren Wert. Für unser Beispiel bedeutet das: *Gesamtzeit Aufstieg:* 5 Stunden + (2,5 Stunden : 2) = 6,25 Stunden

Beim Abstieg funktioniert die Formel genauso, nur erhöht sich die Anzahl der Höhenmeter pro Stunde bei unserem gemütlichen Geher auf 500. *Wegstrecke Abstieg:* 10 Kilometer : 4 Kilometer / Stunde = 2,5 Stunden *Höhenmeter Abstieg:* 1.500 Höhenmeter : 500 Höhenmeter / Stunde = 3 Stunden *Gesamtzeit Abstieg:* 3 Stunden + (2,5 Stunden : 2) = 4,25 Stunden

Gut trainierte Wanderer sind schneller unterwegs und schaffen beispielsweise fünf Kilometer, 600 Höhenmeter im Aufstieg und 900 Meter im Abstieg pro Stunde. Gemäß der Formel benötigen sie für den Aufstieg dann nur dreieinhalb Stunden, für den Abstieg nicht einmal drei. Natürlich wird hier von normalen Bedingungen und Wanderwegen ausgegangen. Zudem sollten Sie pro zwei Stunden Wanderzeit etwa 20 Minuten

Pause einkalkulieren. Mit vielen Rastzeiten, im extrem alpinen Gelände, auf Hochtouren oder im tiefen Schnee erhöht sich der Zeitbedarf.

▸ <u>**Die Schweizer Formel:**</u> Die Schweizer nehmen es bekanntermaßen etwas genauer als der Durchschnittstourist. Bevor die Zeitangaben für Wanderer mit Hilfe von Berechnungstabellen und speziellen Programmen am Computer berechnet wurden, stand aber auch hier der Schweiß. Gerhard Weber, Mitarbeiter der Landestopographie und viele Jahre Mitglied der Technischen Kommission der Organisation „Schweizer Wanderwege“, absolvierte in den 1940er-Jahren etliche Testmärsche. Er beging 162 Strecken mit unterschiedlichen, aber konstanten Neigungen und notierte die Zeiten. Aus diesen bastelte sein mathematisch begabter Sohn eine einheitliche Formel, die Höhendifferenzen und Steigungsverhältnisse berücksichtigt. Sie ist noch heute Grundlage für die Zeitberechnung durch modernste Software.

Generell wird dabei auf ebener Fläche eine durchschnittliche Wandergeschwindigkeit von 4,2 Kilometern pro Stunde angenommen. Bis in die 1980er-Jahre lag dieser Wert bei 4,5 Kilometern pro Stunde. Manchmal greifen die Schweizer Wanderwege noch immer auf das folgende Zeitberechnungsdiagramm zurück. Auch hier benötigen Sie nur Ihre Höhenmeter des Auf- oder Abstiegs und Ihre Distanz. Bei besonders schwierigem oder extrem steilem Gelände hilft ohnehin nur eines: schätzen.

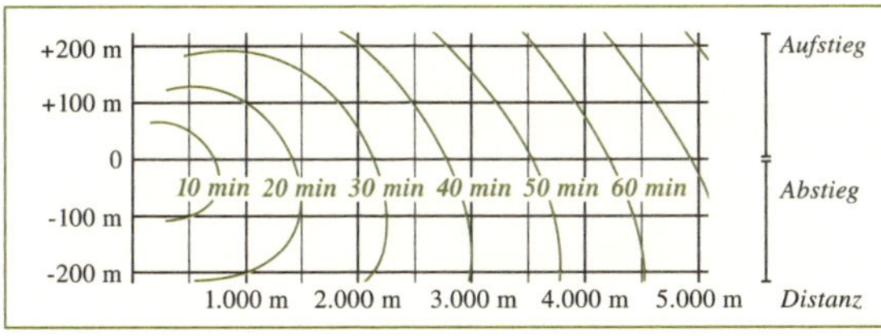

Zeitberechnungsdiagramm der Schweizer Wanderwege (stark vereinfachter Ausschnitt)

024 **GRÜSSEN** 024

Es gibt die gnadenlosen Allesgrüßer und die muffligen Schweiger, die Servus-Murmler und die Moinmoin-Schreihälse. Auch wenn die Berge nicht unbedingt der perfekte Nährboden für gutes Benehmen sind, treibt ganze Internet-Foren die Frage um, wann am Hang gegrüßt werden soll. Der in diesem Zusammenhang wertlose Knigge rät in üblich kryptischem Duktus nur sehr allgemein: „Gegrüßt werden grundsätzlich und auf jeden Fall auch Personen, die man nicht kennt und auch nicht kennen lernen wird, in Situationen, in denen man sich mit ihnen über längere Zeit auf engem Raum aufhält." Häufig kolportiert wird eine Aussage des Alpenvereins, dass ab 1.300 Metern Höhe ein beiläufiges Nicken mit einem kurzen Blickkontakt angesagt ist, während sich oberhalb von 1.800 Metern ein Gruß in Mundart gehört. Außerdem geziemt sich wie immer Respekt vor dem Alter. Aber was, wenn oben am Grödner Joch auf mehr als 2.000 Metern gerade zwei Reisebusse das Wochenend-Heer an rheinischen Kaffeefahrtteilnehmern entlassen haben? Und wenn man schon im Stile eines Tonbands grüßen muss, wie dann überhaupt: Hallo oder Guten Tag? Servus oder Grüß Gott? Berg Heil, Grüezi oder Buongiorno? Tatsächlich hat die Berggruß-Frage nicht nur bereits den geschätzten Österreichischen Rundfunk ORF und das mindestens ebenso geschätzte Magazin der Süddeutschen Zeitung gequält. Auch das Rucksackradio des Bayerischen Rundfunks, eine durchaus ernstzunehmende Instanz der alpinen Berichterstattung, hat sich des Themas angenommen – und Regeln aufgestellt, die künftig zum allgemeinen Kulturerbe zu erklären sind. - - -

1. Es gelten die althergebrachten Regeln abendländischen Zusammenlebens: Der Jüngere grüßt den Älteren, die Herren der Schöpfung grüßen die Bergsteigerinnen zuerst. In Zweifelsfällen grüßt analog zur Straßenverkehrsordnung der berg-

abgehende (entspannte!) Bergsteiger den aufsteigenden (keuchenden!) zuerst. Ausnahme: 80-jährige, schlohhaarige Bergfexe, die auf jugendliche Bergmaiden treffen, dürfen sich grüßen lassen. Immer. 2. Einzelne Bergsteiger, die gemischt-geschlechtlichen Wandergruppen begegnen, grüßen diese unabhängig vom Einzelalter der Gruppenangehörigen oder auch vom geschätzten Gesamtalter stets zuerst. 3. Gruppen sind im Allgemeinen mit einem lauten, pauschalen „Grüß Gott", beziehungsweise „Guten Morgen" bis zehn Uhr vormittags, nahe dem Gruppenersten anzusprechen. In Ausnahmesituationen wie akuter Steinschlaggefahr ist auch jedes Gruppenmitglied einzeln, dann jedoch verhalten grüßbar. Eine Anpassung der Grußformel an die jeweilige Landessprache ist wünschenswert, jedoch keineswegs Pflicht. 4. Das joviale „Servus" ist ausschließlich angezeigt in Fällen landsmannschaftlicher Übereinstimmung mit dem Grußpartner bei beabsichtigter Kontaktaufnahme mit dem / der zu Grüßenden und zum Ausdruck inniger und souveräner Verbundenheit mit der alpinen Natur. 5. Gruppen sind nicht in unmittelbarer Nähe zu Talorten oder Seilbahnstationen zu grüßen. Das ebenso zeitraubende wie lästige Grüßen von Scharen einhertrottender Halbschuhtouristen durch erfahrene Alpinisten entfällt damit künftig. 6. Alpenvereinsmitglieder haben am Berg Grußvorrang vor Nichtmitgliedern. Darüber hinaus haben langjährige Vereinsmitglieder (Kennzeichen: sichtbar getragene Mitgliedsnadel) unbedingtes Grußvorrecht. Bei groben und mutwilligen Verstößen droht Vereinsausschluss. 7. Die Pflicht zum Gegengruß entfällt, wenn mit „Guten Tag" gegrüßt wird. - - - - - - - - - - - -

025 VEGETATIONSZONEN DURCHSCHREITEN 025

Wenn Sie stetig aufwärts gehen, und das ist der Sinn des Bergsteigens, wird sich die Pflanzenwelt um Sie herum ständig verändern. Tatsächlich gewinnt man am Berg den Eindruck, als könnte man innerhalb weniger Stunden die verschiedenen Vegetations- und Klimazonen eines ganzen

Kontinents oder wenigstens die einzelnen Jahreszeiten durchmessen. Sie werden sich jedoch schwertun, genaue Grenzen zwischen diesen sogenannten Vegetations-Höhenstufen zu definieren. Der Übergang ist fließend. Auch mögen sich Namen und Ausdehnung der einzelnen Höhenstufen auf den verschiedenen Kontinenten unterscheiden. Doch die Abfolge der Wuchsformen, manche Autoren sprechen von „Bauplänen“, ähnelt sich bis auf wenige Ausnahmen in vielen Gebirgen dieser Erde. Bleiben wir doch einmal in den Alpen – und bei dem Vergleich mit den „Bauplänen“. Dann entsprechen die einzelnen Stufen Stockwerken. - - -

Stockwerke der Alpen

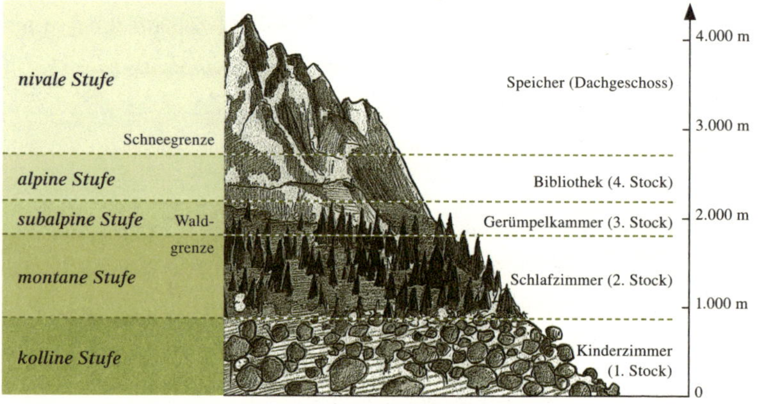

▸ **1. Stock:** In den Alpen heißt dieses Stockwerk unter Geografen kolline Stufe. Darunter gäbe es als Erdgeschoss zwar noch die planare Stufe, doch mit der werden Sie als ambitionierter Gipfelstürmer kaum in Berührung kommen. Die kolline Stufe reicht vom Tiefland bis zur oberen Grenze des Wein- und Obstanbaus auf etwa 500 bis 800 Meter. Sie bewegen sich in einer vielfältigen und diversen Kulturlandschaft, hier wachsen Eichen, Buchen und Rotbuchen, vielleicht Kastanien und Linden. Manche davon werden Sie auch noch im nächsten Stockwerk treffen. Die kolline Stufe entspricht in etwa dem Kinderzimmer: interessant und lebendig, aber etwas konfus und unübersichtlich.

- <u>2. Stock:</u> Sie betreten nun das, was die Geografen montane Stufe nennen. Dieses Stockwerk wird gerne noch unterteilt, beispielsweise in sub-, mittel- und hochmontan. Die hier aufgeführten Stockwerke ließen sich ohnehin problemlos auf neun oder mehr kleinere erweitern. Sie finden als Synonym für die montane Stufe außerdem die Begriffe „Mittellage", „Wald-" oder „Gebirgsstufe". Aus einem noch nicht näher erforschten Grund einigen sich Wissenschaftler nämlich sehr ungerne auf allgemeingültige Bezeichnungen. Das ändert nichts daran, dass die montane Stufe dem Berggeher meistens eintönig bis stinklangweilig vorkommt. Zumindest können Sie davon ausgehen, dass die montane Stufe Schatten spendet, denn sie besteht im Normalfall aus einem geschlossenen Wald. Erst wird dieser Waldbestand noch von Buchen bestimmt. Je höher Sie kommen, desto stärker werden die Laubbäume von winterharten Nadelbäumen wie Weißtanne, Kiefer und Fichte abgelöst. Noch weiter oben treffen Sie auf Lärche und Zirbe.

- <u>3. Stock:</u> Die subalpine Stufe ist ein über wenige hundert Höhenmeter reichendes Stockwerk auf etwa 2.000 Metern und wird manchmal vernachlässigt. In vielen Fällen ist es von Menschenhand und der Almwirtschaft geprägt. Die subalpine Stufe markiert den Übergang vom geschlossenen Wald zum alpinen Rasen und wirkt wie die Gerümpelkammer der Vegetation. Sie heißt auch Kampfzone des Waldes. Das Stockwerk beginnt etwa mit der Waldgrenze, der auffälligsten Höhengrenze. Diese wird von unterschiedlichsten Parametern wie Wärme, Feuchtigkeit, Wind, Hangexposition und Bodeneigenschaften bestimmt. Sie können sich darauf verlassen, dass die Durchschnittstemperatur des Monats Juli an der

Waldgrenze etwa 10 Grad Celsius beträgt. Oberhalb der Waldgrenze trotzen noch ein paar ungleichmäßig verteilte Zirben und Lärchen den hier schon harscher werdenden Bedingungen, am Boden ducken sich Alpenrosen und Preiselbeeren. Bald wirken die nur noch zwergenwüchsigen Bäume wie geprügelt und verkrüppelt, bis sie an der Baumgrenze schließlich gänzlich kapitulieren. Aus touristischer Sicht ist dieser Stock besonders reizvoll, weil er der Treffpunkt vieler alpiner Charakteristika ist. In den Zentralalpen erstrecken sich Gletscher teilweise bis hierher – oder taten dies zumindest bis vor einem Jahrhundert.

Baumgrenzen weltweit: Kilimandscharo (Tansania) 3.000 bis 3.500 Meter, Himalaya (Tibet) 4.500 Meter, Denali Nationalpark (USA) 800 Meter, Vulkan Fuji (Japan) 2.500 Meter, Bayerische Alpen (Deutschland) 1.800 Meter, Ortler-Region (Südtirol) 2.200 Meter, Wallis (Schweiz) bis 2.400 Meter, Brocken im Harz (Deutschland) 1.100 Meter, Yosemite (USA) 3.200 Meter, Feuerland (Argentinien) 300 Meter, Lappland (Schweden) 500 Meter, Chibiny-Gebirge (Kola-Halbinsel Russland) 300 Meter, Highlands (Schottland) 500 Meter, Mount Kinabalu (Malaysia) 3.800 Meter, Piemontesische Alpen (Italien) 2.400 Meter, Ladakh (Indien) 3.500 Meter, Mount Washington (USA) 1.300 Meter

- **4. Stock:** Sobald Sie die Baumgrenze passiert haben, sind Sie in der alpinen Stufe angekommen. Dies ist die Bibliothek des Berges und zwar eine, wo es wirklich Einzigartiges zu lesen gibt. Wenige, dafür umso interessantere Pflanzen haben sich an die klimatischen Extreme mit kurzen Vegetationszeiten angepasst. Hier oben wird weniger Biomasse produziert, es gibt weniger im Boden lebende Organismen und kaum Wasser. Dafür herrschen Frost, Wind und Schnee. Generell sinkt die Artenvielfalt wegen der schwierigen Bedingungen mit der Höhe. Je weiter Sie steigen, desto kleiner werden die Pflanzen, bis nur noch einige am Stein kauernde Flechten übrig bleiben.

▸ **Dachgeschoss:** Die nivale Stufe, der Bereich oberhalb der Schneegrenze, ähnelt Ihrem Speicher. Ein Mensch hat dort eigentlich nichts verloren, und wenn er doch einen Besuch wagt, möchte er letztlich nur eines: so schnell wie möglich wieder runter. Die Schneegrenze liegt in den Alpen zwischen 2.500 und 3.200 Metern, in West-Tibet und Teilen der Anden sogar auf über 6.000 Metern. Manche Pflanzen haben es sich sogar im Dachgeschoss der Berge gemütlich gemacht. Der Gletscherhahnenfuß wächst als höchste Blütenpflanze der Alpen auf 4.450 Meter knapp unterhalb des Dom-Gipfels, die Alpenscharten-Art Saussurea gnaphalodes wagt sich am Mount Everest sogar auf 6.400 Meter. Höher, und zwar immerhin 1.000 Meter, schaffen es dort nur einige Krustenflechten. - - -

Kämpfernaturen

Gletscherhahnenfuß *Krustenflechte* *Saussurea gnaphalodes*

026 DIE REDE WENDEN 026

▸ **Mit etwas hinterm Berg halten** ist eine Redewendung militärischen Ursprungs. Sie bezog sich auf Truppen oder Geschütze, die hinter einer Anhöhe dem Blick des Gegners entzogen waren. Heute geht es beim „Hinterm-Berg-halten" meist mehr um Ansichten als um Kriegswerkszeug. Ein Beispiel? „Der Gebirgler, besonders der im alpenländischen Raum, ist einerseits dafür bekannt, wortkarg und zurückhaltend zu sein, andererseits aber auch dafür, mit seiner Meinung nicht hinter dem Berg zu halten, wenn solcher Aufenthalt vor dem Berg ein größeres Ausmaß an Bewegungsfreiheit und Erfrischung verspricht.“ (Otto Grünmandl, österreichischer Schriftsteller und Kabarettist, 1924–2000)

▸ **Jemandem goldene Berge versprechen** tut man beispielsweise, wenn der Himmel voller Geigen hängt, man alles auf eine Karte setzt oder wegen der Schmetterlinge im Bauch in anderen Sphären schwebt. Es spielt jedenfalls fast in einer Liga wie das Lügen, bis sich die Balken biegen. Übergroße Versprechen als „goldene Berge“ zu bezeichnen war ein Gedankenblitz des römischen Komödiendichters Terenz im 2. Jahrhundert vor Christus. Menschen reagieren übrigens ganz unterschiedlich, wenn sie merken, dass es keine goldenen Berge gibt: Manche fahren aus der Haut, anderen stehen die Haare zu Berge.

▸ **Wenn der Berg nicht zum Propheten kommt, muss der Prophet zum Berg** stammt wohl aus dem Orientalischen, was schon die englische Form des Sprichworts „if the mountain won't come to Muhammad, Muhammad must go to the mountain“ vermuten lässt. Angeblich befahl Nasreddin Hodscha, Held der türkischen Volksliteratur mit komödiantischem Talent, einmal einem Berg: „Komm zu mir.“ Als der störrische Berg den Fuß still hielt, ging Nasreddin auf den Berg zu und erklärte, er sei kein eigensinniger Mann. „Kommt der Berg nicht zu mir, so gehe ich zu ihm.“ Einer muss ja den ersten Schritt tun.

▸ **Der Berg kreiste und gebar eine Maus** heißt es, wenn großer Aufwand, Versprechungen und viele Reden nur ein lächerliches Ergebnis bringen, was eine Schöpfung des römischen Dichters Horaz (65–8 v. Chr.) ist, der mit der Aussage „Es kreißen die Berge, zur Welt kommt nur eine lächerliche Maus“ (lateinisch: parturient montes, nascetur ridiculus mus) keineswegs den G8-Gipfel oder großspurige Bergsteiger kritisieren wollte, sondern jene, die mit Worten hantieren, ohne auf den Punkt zu kommen, die Mitmenschen in Wortkaskaden ertränken, ja, sie mit Schachtelsätzen so lange quälen, bis Zuhörer und Leser gar nicht mehr wissen, wie der Satz eigentlich begonnen hat. Gewissermaßen ging es also um seinesgleichen: Dichter, die um den heißen Brei herumreden.

▸ **Der Glaube kann Berge versetzen** steht in der Bibel geschrieben, und das gleich an mehreren Stellen. „Wenn ihr Glauben habt wie ein Senfkorn, so könnt ihr sagen zu diesem Berge: Heb dich dorthin!, so wird er sich heben; und euch wird nichts unmöglich sein“ (Mt 17,20) ist eine kolportierte Aussage Jesu und ein Plädoyer für den Glauben. Der erste Brief des Apostels Paulus an die Korinther (13,2) offenbart jedoch, dass es noch eine viel wichtigere Sache gibt: „ … und hätte (ich) allen Glauben, also dass ich Berge versetzte, und hätte der Liebe nicht, so wäre ich nichts.“

027 NACH THEMEN WANDERN 027

Mit einem stinknormalen Wanderweg lockt kein Tourismusverband mehr Gäste hinter dem Bildschirm hervor. Wege brauchen heute Zertifikate, Namen – und im besten Falle ein Thema. Alleine in Österreich soll es mehr als 300 Themenwanderwege geben – Tendenz steigend. Vor allem die Kinder als Kunden von morgen haben viele Touristiker im Visier. Wege mit Motto gelten als Langeweilekiller. Kaum zu glauben, was es inzwischen alles gibt. (mit Beispieldestination in Klammern)

Alpenblumenweg *(Hohe Tauern)* *Alpenbockweg* *(Diemtigtal)* *Anderl-Heckmair-Gedächtnispfad* *(Oberstdorf / Kleinwalsertal)* *Andreas-Hofer-Rundweg* *(Passeiertal)* *Auf Ötzis Spuren* *(Sölden)* *Auf Sisis Spuren* *(Salzkammergut)* *Baumzipfelweg* *(Saalbach-Hinterglemm)* *Bergwerkwanderung* *(Ridnauntal)* *Blütenwanderung* *(Südtirol)* *Burgen-Wanderung* *(Eppan)* *Dürer-Weg* *(Südtirol / Trentino)* *Exploratour* *(Bivio)* *Filmwanderung* *(Wilder Kaiser)* *Geisterwanderweg* *(Innsbruck)* *Gletscherlehrpfad* *(Langtaufers)* *Geotrail* *(Bletterbachschlucht Südtirol)* *Granatenwanderung* *(Ötztal)* *Häxewääg* *(Schwarzsee in der Schweiz)* *Heidipfad* *(Bad Ragaz)* *Heidiweg* *(Maienfeld)* *Holzweg* *(Baiersbronn)* *Jesus-Besinnungsweg* *(Naturns)* *Kapellenweg* *(Kitzbühel)* *Käsewanderung* *(Montafon)* *Kastanienerlebnisweg* *(Völlan)* *Lärchenweg* *(Alta Badia)* *Legendentrekking* *(Val di Fassa)* *Licht- und Wellnesswanderung* *(Großarltal)* *Lotharpfad* *(Schwarzwald)* *Märchenwanderung* *(Großarltal)* *Matterhorn Glacier Trail* *(Wallis)* *Meditationsweg* *(Ammergauer Alpen)* *Milchsteig* *(Fane-Alm)* *Murmeltierpfad* *(Betten)* *Museumsweg* *(Jochberg)* *Naturlehrpfade* *(überall)* *Orchideenlehrpfad* *(Schwarzwald)* *Ötziwanderung* *(Ötztal)* *Piccardwanderung* *(Ötztal)* *Planetenweg* *(Stuhleck)* *Sagenweg* *(Sarntal)* *Salzlehrpfad* *(Hall)* *Saurier-Spuren-Naturlehrpfad* *(Monte San Giorgio)* *Schmugglersteig* *(Allgäuer Alpen)* *Tru di artisć* *(Alta Badia)* *Uff d'r Alp* *(Alpwirtschaflicher Erlebnispfad am Nebelhorn)* *Vater-Unser-Weg* *(Tannheimer Tal)* *Waldlehrpfad* *(Villars-sur-Ollon)* *Walsersagen-Weg* *(Triesenberg)* *Wasserfallweg* *(Stubaital)* *Whiskytrek* *(Appenzell)* *Wichtelwanderweg* *(Osttirol)* *Wild- und Haustierweg* *(Grächen)* *Wildkräuterwanderung* *(Großarltal)* *Witz-Wanderweg* *(Appenzell)* *Zirbenweg* *(Patscherkofel)* *Zwergenweg* *(Graubünden)* - - - - -

028 LÜGEN 028

Am Berg gibt es Situationen, in denen die unverblümte Wahrheit einfach zu hart ist. Egal ob Sie die folgenden Sätze selbst anwenden wollen oder sie nur hören, weil Sie selbst ein schlechter Lügner sind, sollten Sie diese auf jeden Fall beherrschen. -

Das schaffst du locker! Könnte heißen: kein Problem für dich. *Die Wahrheit ist:* Keine Ahnung, ob du das locker schaffst. Aber die Tour ist mir zu schwer, um sie alleine zu gehen. *Kommt zum Einsatz:* beim Versuch, einen Bergpartner zu überzeugen. *Ich kenn' mich aus. Könnte heißen:* Ich weiß, wo es lang geht. *Die Wahrheit ist:* Einer muss ja so tun, als hätte er Ahnung. *Kommt zum Einsatz:* an Wegkreuzungen. *Gleich sind wir da. Könnte heißen:* Es ist nicht mehr weit. *Die Wahrheit ist:* Keine Ahnung, wie lange das noch dauert, aber hör' jetzt endlich mit der Jammerei auf. *Kommt zum Einsatz:* überall am Berg. *Steiler wird's nimmer. Könnte heißen:* Das steilste Stück ist geschafft. *Die Wahrheit ist:* Das steilste Stück ist geschafft. Das heißt aber nicht, dass es flacher oder das Terrain leichter wird. *Kommt zum Einsatz:* an der steilsten Stelle. *Da liegt kein Schnee mehr. Könnte heißen:* Der gesamte Schnee ist schon geschmolzen. *Die Wahrheit ist:* An manchen Stellen liegt wirklich kein Schnee mehr. Aber an anderen dafür noch umso mehr. *Kommt zum Einsatz:* im Frühjahr. *Da vorn reißt es auf! Könnte heißen:* Da vorne reißt die Wolkendecke auf. *Die Wahrheit ist:* Wenn man ganz genau hinsieht, erkennt man mit viel Fantasie, wie es ganz da hinten am Horizont hinter den sieben Bergen bei den sieben Zwergen etwas heller wird. Vielleicht jedenfalls. *Kommt zum Einsatz:* bei schlechtem Wetter. *Das hört gleich zu regnen auf. Könnte heißen:* Der Regen ist gleich vorbei. *Die Wahrheit ist:* Es hört sicher nicht auf zu regnen. Und wenn, dann ist es nur eine kleine Pause. *Kommt zum Einsatz:* bei richtig schlechtem Wetter. *Das hält schon! Könnte heißen:* Der Haken oder dieses Seil oder die Steigeisen oder dieser Stand oder das Wetter halten / hält sicher. *Die Wahrheit ist:* Bitte sag' du jetzt auch, dass es hält. Ich glaube nämlich nicht so recht dran. *Kommt zum Einsatz:* am Fels oder im Eis oder am Gletscher oder am Stand oder bei Gewitterwolken. *Ach, geh' weiter, das ist doch eine Leiter! Könnte heißen:* Hab dich nicht so, das ist nicht schwerer, als eine Leiter hochzusteigen. *Die Wahrheit ist:* Verdammt nochmal, ist das steil! *Kommt zum Einsatz:* im steilen Fels. *Gleich über der rechten Hand ist ein fetter Griff. Könnte heißen:* Da kann man sich problemlos festhalten. *Die Wahrheit ist:* Wenn man sich ganz weit streckt und noch ein bisschen abspringt, bekommt man mit den Fingerkuppen der rechten Hand einen schmalen Vorsprung zu fassen. Vielleicht jedenfalls. *Kommt zum Einsatz:* an der Wand. *Und da hinten ist der Großvenediger. Könnte heißen:* Der Berg da hinten ist der Großvenediger. *Die Wahrheit ist:* Keine Ahnung, was das für ein Berg ist. Jedenfalls ist er hoch und es liegt Schnee obendrauf und Großvenediger kommt immer gut. *Kommt zum Einsatz:* bei der Gipfelrast mit Ausblick. *Ab jetzt geht's nur mehr bergab. Könnte heißen:* Die Schufterei hat ein Ende. *Die Wahrheit ist:* Auf dem Weg runter kommen leider noch drei Gegenanstiege, die Bachüberquerungen und der ewig lange Weg durchs Tal. *Kommt zum Einsatz:* beim Mountainbiken. *Ich hab das leichter in Erinnerung! Könnte heißen:* Da habe ich mich wohl getäuscht. *Die Wahrheit ist:* Früher war ich fitter. *Kommt zum Einsatz:* im Alter. *Ich hab noch nie geschnarcht! Könnte heißen:* Ich schnarche nie! *Die Wahrheit ist:* Jedenfalls nicht, wenn ich wach bin. Außerdem ist einmal immer das erste Mal. *Kommt zum Einsatz:* auf der Hütte. *So schwer war's eigentlich nicht. Könnte heißen:* Ich habe schon Schwereres geschafft. *Die Wahrheit ist:* Es war die Hölle. Aber lieber sterben, als das zuzugeben. *Kommt zum Einsatz:* zehn Minuten nach der Tour. *Nächstes Mal machen wir was Leichteres. Könnte heißen:* Es war eigentlich doch so schwer, dass wir nächstes Mal eine Stufe zurückschalten. *Die Wahrheit ist:* Lass uns mal ein paar Tage drüber schlafen bis der Schleier der Erinnerung das Ganze verklärt. *Kommt zum Einsatz:* eine Stunde nach der Tour. - - -

029 KUHANGRIFFE VERMEIDEN 029

Kühe sind träge, langsam, ein wenig phlegmatisch und vielleicht sogar ein bisschen doof. Aber aggressiv, nein, das sind sie nicht. Kühe mit schlechtem, sprich: aggressivem, Charakter, werden meist recht früh geschlachtet. Bei den Männern unter den Rindviechern (vulgo: Stier) sieht das ein bisschen anders aus, weil der Stier generell ein geschlechtsspezifisches hormonelles Problem hat. Aber das ist eine andere Geschichte. Stiere jedenfalls werden Sie als Wanderer auf der Alm relativ selten treffen. Falls das passiert, machen Sie sicherheitshalber eine großen Bogen um das Tier.

Bei Kühen müssen Sie wegen deren gutmütigen Charakters im Normalfall kein Ausweichmanöver starten. Dennoch kommt es in seltenen Fällen vor, dass Kühe auf Wanderer losgehen. Das liegt fast immer daran, dass die Menschen die Grundregeln im Umgang mit dem Nutzvieh nicht kennen. Kühe sind eigentlich Fluchttiere und greifen nur an, wenn sie sich provoziert oder sonst irgendwie unwohl fühlen. Erschrecken Sie das arme Tier also nicht, sondern nähern Sie sich so, dass es Sie bemerkt. Ob Sie dabei rote Kleidung tragen, ist Rindern völlig egal, denn sie sind quasi farbenblind. Die Tiere haben sogar ziemlich schlechte Augen und wegen der Position ihrer Augen ein relativ eingeschränktes Blickfeld. Machen Sie eine Kuh also nicht von der Seite an. Laufen Sie auch nicht direkt in eine Herde hinein. Außerdem mag es eine Kuh nicht, wenn sie von einem Hund angebellt wird oder wenn sie ihr Kalb in Gefahr sieht. Dann gerät der ruhige Wiederkäuer in Rage.

Stier *Kuh*

Bevor eine Kuh angreift, gibt sie Warnsignale. Sie senkt den Kopf, schnaubt, brummt. Manchmal scharrt sie mit den Hufen, wie das aus Filmen bekannt ist. Spätestens jetzt sollten Sie den geordneten Rückzug antreten. Falls es dennoch zum Angriff kommt oder das Tier sogar in eine Art Trance verfällt und sich seiner Wut hingibt, hilft nur der ungeordnete Rückzug, sprich: rennen. Eine Kuh wiegt bis zu 800 Kilogramm und spielt damit in einer völlig anderen Gewichtsklasse als Sie. Die Augen und die Nase sind zwar sehr sensibel. Doch darauf mit einem Stock zu schlagen, ist nur jenen Menschen zu empfehlen, die auch Erfahrung im Umgang mit Rindern haben. Denn Sie haben nur einen einzigen Schlag. Und der muss sitzen.

030 FRAUEN IMPONIEREN 030

Annette Schmiede, Redakteurin einer namhaften deutschen Frauenzeitschrift, war mit einem Bergsteiger liiert und weiß, was Frauen am Berg brauchen – und was Männer leisten können.

Es kommt wahnsinnig gut, wenn man eine souveräne Ruhe behält, vor allem in Momenten etwaiger Panik. Etwa auf dem Pigne d'Arolla, wenn plötzlich ganz dichter Nebel aufzieht und man als naives Weiblein noch fröhlich weiterplappert, weil man denkt, das gehört so. Und dann plötzlich an seiner Stimme merkt, dass es gar nicht mehr gut ist und richtig brenzlig werden könnte. Und realisiert, dass man keinen der anderen Gipfelbesteiger mehr sehen kann und auch nicht die Hand vor Augen. Wenn man anfängt zu quengeln, dass man hier jetzt weg will, und wenn er dann ganz bestimmt und fast schon dominant, aber auf jeden Fall mit einer Aura von „Ich bin hier der Chef!" sagt: „Sei mal still, ich muss jetzt überlegen, wie wir hier wegkommen." Und man sich in dem Moment an den Grat erinnert, den man da vorne irgendwo gesehen hatte und, Mist, eine Heidenpanik kriegt. Wenn er einen dann mit sicherem Schritt von da oben herunterführt, dann ist das schon eine ziemliche Heldensache. Findet man. Sowas ist richtig richtiges Imponieren. Alles andere am Berg – immer Müsliriegel dabeihaben und Wasser, einer Anfängerin die Schuhe endlich so fest zubinden, dass alles zum ersten Mal richtig passt, sie motivieren, ihr den Tipp geben, einfach immer regelmäßig weiterzugehen und nicht das Tempo zu wechseln, weil es so irgendwann absolut mühelos und meditativ wird – ist dagegen Kleinkram.

031 MÄNNERN IMPONIEREN 031

Stefan Glowacz ist Deutschlands erfolgreichster Wettkampfkletterer und geht heute regelmäßig auf Expedition an die entlegensten Felswände der Welt. Ihn am Berg zu beeindrucken ist nicht einfach.

Ich gehe eigentlich selten mit Frauen in die Berge, mit meiner eigenen Frau eigentlich so gut wie nie. Vielleicht ist das gnadenloser Egoismus, aber ich will meinen Beruf und alle meine Hobbys auch nicht unbedingt mit meinem Partner teilen. Aber wenn ich mit einer Frau am Berg bin, beeindruckt es mich, wenn sie schlicht eine Frau bleibt, auch bei so schmerzhaften und nervenaufreibenden Disziplinen wie dem Klettern. Manche Frauen mutieren da zu Männern, schon vom Aussehen her mit ihren gewaltigen Muskelpaketen, aber auch was Verhalten und die Manieren betreffen. Sie muss – da bin ich klassisch Mann und wohl auch ein bisschen Macho – am Abend im Kleid beim Weggehen eine genauso gute Figur machen wie am Fels in Outdoor-Klamotten. Deshalb kommt auch beispielsweise Gerlinde Kaltenbrunner, die ja nicht umsonst von einem Kollegen Cinderella Caterpillar getauft wurde, bei den Leuten so gut an: Sie ist immer noch eine zierliche Person mit nettem Gesicht – und doch auf ihre Art eine Maschine.

032 TRAINIEREN II – AUF BERGE RENNEN 032

Felix Magath, Fußballtrainer mit dem Drang zum Konditionsbolzen, schickte die Fußballer des FC Bayern einst gerne auf den Wallberg am Tegernsee – und erzeugte mit diesem Berglauf ein gewaltiges Medienecho. Dabei gibt es den Berglauf schon länger als Magath. Das Ben Nevis Race auf Schottlands höchsten Berg wird bereits seit 1937 durchgeführt, der Lauf auf den Fuji San in Japan ist sogar noch ein paar Jahre älter. Mit der World Mountain Running Association existiert immerhin ein Berglaufweltverband. Einige Läufer sind wahre Spezialisten im Aufwärtsrennen. Der Streckenrekord des Neuseeländers Jonathan Wyatt beim Jungfraumarathon (1.829 Höhenmeter auf 42,195 Kilometer) liegt beispielsweise bei unglaublichen 2:49:01,6 Stunden. Die folgende Auswahl wurde so erstellt, dass Sie einen langsamen Formaufbau betreiben können und auch noch etwas von der Welt sehen. -

Hochfelln-Berglauf, Deutschland: 8,9 Kilometer, 1.074 Höhenmeter, von der Talstation Hochfellnseilbahn bis zum Hochfellngipfel (1.674 Meter) *Karwendel-Berglauf, Deutschland:* 10,6 Kilometer, 1.381 Höhenmeter, von Mittenwald bis nahe der Karwendelbahn-Bergstation (2.291 Meter) *Großglocknerberglauf, Österreich:* 12,67 Kilometer, 1.514 Höhenmeter, von Heiligenblut auf die Kaiser-Franz-Josefs-Höhe (2.369 Meter) *Skaala Uphill, Norwegen:* 8,2 Kilometer, 1.819 Höhenmeter von Tjugen bis zum Skaala-Gipfel (1.848 Meter) *Montée du Grand Ballon im Elsass, Frankreich:* 13,2 Kilometer, 1.241 Höhenmeter, von Willer-sur-Thur über den Grand Ballon (1.424 Meter) zum Hotel Grand Ballon (1.350 Meter) *The Ben Nevis Race, Schottland:* 14 Kilometer, 1.360 Höhenmeter, von Fort William auf den Ben Nevis (1.344 Meter) und zurück *Drei-Zinnen-Lauf, Italien:* 17,5 Kilometer, 1.350 Höhenmeter, vom Zentrum Sextens über die Büllelejochhütte zur Dreizinnenhütte (2.438 Meter) *Zugspitz-Berglauf, Österreich, Deutschland:* 16 Kilometer, 2.195 Höhenmeter, von Ehrwald in

Österreich bis fast zum höchsten Punkt Deutschlands (2.942 Meter) *Mount Kinabalu International Climbathon, Malaysia:* 21 Kilometer, 2.300 Höhenmeter, vom Timponon Gate zum Low's Peak (4.095 Meter) und zurück bis zu den Kinabalu Park Headquarters *Fuji Mountain Race, Japan:* 21 Kilometer, 3.006 Höhenmeter, vom Fujiyoshida Rathaus bis auf den Fuji San (3.776 Meter) *Zermatt-Marathon, Schweiz:* 42,195 Kilometer, 1.944 Höhenmeter, von St. Niklaus auf den Riffelberg (2.585 Meter) *Jungfrau-Marathon, Schweiz:* 42,195 Kilometer, 1.829 Höhenmeter, von Interlaken vor dem Dreigestirn von Eiger, Mönch und Jungfrau bis zur kleinen Scheidegg (2.095 Meter) *Restonica-Ultra-Trail auf Korsika, Frankreich:* 68 Kilometer, 5.000 Höhenmeter, von Corte über die Punta Alle Porta zurück nach Corte *Grand Raid de la Réunion:* 162 Kilometer, 9.643 Höhenmeter am Stück, quer über die Insel im Indischen Ozean *Ultra-Trail du Mont-Blanc (UTMB):* 170 Kilometer, 9.500 Höhenmeter, Dauer: zwischen 20 und 46 Stunden, vom Start in Chamonix um den Mont Blanc über Italien und die Schweiz zurück nach Chamonix in Frankreich.

033 BERGSAGEN SELBER BASTELN 033

Häufig werden Sie in Wanderführern auf verwunschene Wälder, mystische Bergseen und geheimnisvolle Almen stoßen. Die Begriffe stammen natürlich aus der Mottenkiste der Alpinliteratur, werden aber immer wieder hervorgezerrt, wenn dem lesenden Wanderer signalisiert werden soll: Vorsicht, Sagenwelt! Waren Sagen einst eine Möglichkeit für die Bewohner, merkwürdige Naturphänomene zu erklären, so dienen sie heute vor allem der Unterhaltung. Wenn Sie die immergleichen Erzählungen von König Watzmann, Frau Hitt oder Zwergenkönig Laurin satt haben, können Sie sich aus bekannten Sagen problemlos Ihre eigene Geschichte basteln. Sie werden merken: Der Aufbau ist meist ähnlich. Als Hilfe kann Ihnen folgender Bausetzkasten dienen.

Vor langer langer Zeit			
lebte	regierte	wohnte	herrschte
ein(e) hässliche(r)	ein(e) brutale(r)	ein(e) wunderschöne(r)	ein(e) hartherzige(r)
Drache	König namens Watzmann	Wasserfee	Herrin namens Frau Hitt
am Tappenkarsee.	im Berchtesgadener Land.	am Karersee.	im Karwendel nahe Innsbruck.
Er / Sie			
fraß am liebsten das Vieh der umliegenden Weiden,	schikanierte mit Hunden liebend gerne die Menschen der Umgebung,	flocht gerne, ein Lied summend, das Haar zu blonden Zöpfen,	liebte nichts so sehr wie sich selbst, die eigene Schönheit und den eigenen Reichtum,
als eines Tages			
die Kleinarler Wild- und Fischlieferanten des Salzburger Erzbischofs einen Plan schmiedeten.	die ganze Angelegenheit mit einem Bergbauern außer Kontrolle geriet.	ein Hexenmeister bei ihrem / seinem Anblick vom Pfeile Amors getroffen wurde.	eine Bettlerin mit ihrem abgemagerten Kind im Arm um etwas Brot fragte.
Ohne lange zu zögern			
wurde eine Kuhhaut	wurden die Hunde	wurde die Hexe Langwerda	wurden die / der Wegelagerer
mit Moos und Sprengstoff ausgestopft.	von der Leine gelassen.	um Rat gefragt.	mit einem Stein als Geschenk verhöhnt.
Nur wenig später			
fraß	verfluchte	erschuf	erhielt
der Drache	das Opfer	der Hexenmeister	sie
die Attrappe,	die Peiniger,	einen betörenden Regenbogen als Brautgeschenk,	die gerechte Strafe,
woraufhin			
der gefräßige Kerl	König Watzmann	die Fee	Frau Hitt
in tausend Stücke explodierte.	ein Berg von einem Mann wurde.	für alle Zeit verschwand.	zu Stein erstarrte.

			Zeitangabe
ratzte	residierte	kletterte	*Verb*
ein(e) abgehalftete(r)	ein(e) reiche(r)	der / die durchtrainierte	*Adjektiv*
Jüngling	Zwergenkönig namens Laurin	Eiger-Schorschi mit mir	*Protagonist*
am Fuße des Säuling im Allgäu.	inmitten der Dolomiten.	in der Eiger-Nordwand.	*Ort*
streckte spät abends mal wieder betrunken alle Viere von sich,	besaß eine Tarnkappe, einen Zaubergürtel mit der Kraft von zwölf Männern und einen Rosengarten,	vertraute mir und meinem eleganten Stil in Fels und Eis natürlich blindlings,	*Problem*
irgendetwas vor der Hütte am Berg einen ordentlichen Rabatz veranstaltete.	endlich auch mal ein Lebenspartner her sollte.	mit unheimlicher Schnelligkeit ein Gewitter auf- und uns sämtliche Kraft entzog.	*Noch mehr Probleme*
wurde der nächste Gipfel	wurde die nächstbeste Königstochter	wurde ein Felsen als schützender Biwakplatz	*Lösungsansatz*
bestiegen.	entführt.	ausgesucht.	
sah	bestellte	kochte	*Folge*
der Jüngling	der Vater der Entführten	ich	
Teufel und Hexen,	ein Befreiungs-kommando,	ein feines Drei-Gänge-Menü,	
der Jüngling	Laurin	der Eiger-Schorschi	
nie mehr einen Tropfen trank.	Tarnkappe, Zaubergürtel, Rosengarten und Gattin verlor.	wieder zu Kräften kam.	*Lehre*

034 8.000 MAL MOTIVIEREN 034

Es gibt unendlich viele Berge, die sich für eine schöne Bergtour eignen. Sie können sich aber auch ein Beispiel an Benno Schmidt nehmen und sich etwas häufiger dem gleichen Ziel widmen. Seit dem Mauerfall 1989 wandert er fast täglich auf den Brocken, den mit 1.141 Meter höchsten Berg des Harzes. Inzwischen (Stand: Januar 2017) ist er bei mehr als 8.000 Brockenbesteigungen und mehr als vier Millionen Höhenmetern angekommen. Weit über die Sichtweite des Brockengipfels hinweg ist er deshalb unter seinem Spitznamen Brocken-Benno bekannt. Falls Sie sich beim Bergsteigen schon nach wenigen Minuten fragen, warum Sie das tun: Brocken-Benno hat gleich sechs Motive parat, um einen Berg tausende Male zu erklimmen.

- **Motiv 1:** Erinnern. Wandern Sie mit Brocken-Benno gegen das Vergessen. Der Brocken lag im direkten Grenzgebiet der Deutschen Demokratischen Republik und der Bundesrepublik Deutschland. Nachdem dieses im August 1961 auch noch zum militärischen Sperrgebiet erklärt worden war, blieben der Zivilbevölkerung 28 Jahre lang Gipfelwanderungen auf jenen Berg verwehrt, den schon Heinrich Heine und Johann Wolfgang von Goethe besucht hatten. Als DDR-Bürger stand der Brocken-Benno erst am 3. Dezember 1989 wieder dort oben, mit hunderten Gleichgesinnten, und er rief mit ihnen die Worte des Widerstandes: Tor auf! Den Gedenkstein aufzustellen mit der Aufschrift: „Brocken wieder frei" ist seine Idee gewesen.

- **Motiv 2:** Natur erleben. Manche sehen die Schönheit des Brockens nicht mehr. Auch Brocken-Benno muss sich den Berg manchmal mit Scharen von Touristen in Wanderschuhen, auf Rädern, in Pferdegespannen und mit der schmauchenden Schmalspurbahn teilen. Zudem kann auf dem Brocken ein undurchdringlicher Nebel aufziehen. Heinrich Heine wur-

Aufstiegshilfe am Brocken

den gar die Worte in den Mund gelegt: „Viele Steine, müde Beine, Aussicht keine, Heinrich Heine." Doch der Brocken-Benno kennt die Geheimnisse des Berges, achtet auf die kleinen Wunder der Natur am Wegesrand, er weiß um das Mikroklima am Gipfel, wo kein Baum mehr wächst und eine Vegetation wie in Skandinavien herrscht. Er liebt den mit 1.800 Hochgebirgspflanzen bestückten Brockengarten.

▸ **Motiv 3:** Menschen begegnen. Der Brocken-Benno ist kein wortkarger Eigenbrötler. Er ist sehr gerne unter Menschen, und davon gibt es am Brocken etwa 1,6 Millionen im Jahr. Viele wollen ein Autogramm, ein gemeinsames Foto oder einfach ein paar Meter mit ihm gehen. Zudem trifft er sich bei seinen Wanderungen häufiger mit Prominenten. Bei seiner 1.003. Brockenbesteigung begegnete er dem damaligen Bundespräsidenten Roman Herzog. Er begleitete unter vielen anderen die Ministerpräsidenten Edmund Stoiber, Christian Wulff, Wolfgang Böhmer, Chorleiter Gotthilf Fischer und diverse Medienvertreter von Bild bis Superillu. Mit Reinhold Messner, der schon drei Mal den Brocken besuchte, verbindet ihn ein fast freundschaftliches Verhältnis.

▸ **Motiv 4:** Gesund bleiben. Während seiner üblichen Brockentour von Schierke durchs Eckerloch auf den Gipfel und zurück über die alte Bobbahn legt der Brocken-Benno mindestens 13 Kilometer zurück. Gelegentlich macht er Abstecher oder wählt längere Routen. Sein Hals-Nasen-Ohren-Arzt, bei dem er einst Stammgast war, sieht ihn gar nicht mehr, seitdem er den Brocken bei fast jedem Wetter auf sich nimmt. Eine durchaus heikle Krebs-Operation überstand er im Alter von 77 Jahren ohne Komplikationen. Mit Herz und Kreislauf hatte Brocken-Benno ohnehin noch nie Probleme.

▸ **Motiv 5:** Einen Rekord aufstellen. Natürlich ist der Brocken-Benno bei seiner Premiere am 3. Dezember 1989 nicht losgelaufen, um einen Rekord aufzustellen. Als jedoch der Brockenwirt einige Monate später begann, Brockenpässe zu verteilen, wollte er diese Leere mit Stempeln füllen. Und so nahm die Rekordjagd ihren Lauf. Anfangs verglich er sich mit anderen Wanderern, sah sich mit 60 zu 100 im Rückstand – und legte so richtig los. Einige Male lief er den Brocken sogar mehrmals täglich hoch. Bei jedem Wetter. Als er anfangs der Neunziger tagsüber keine Zeit hatte, lief er nachts auf den Gipfel und hinterließ dort einen Zettel mit der Uhrzeit: „Gruß von Benno. Hole mir den Stempel morgen." 1997 schaffte er es mit 1.111 Besteigungen das erste Mal ins *Guinness-Buch der Rekorde.* Zwei weitere Einträge folgten. Selbst im Urlaub in den Alpen vermisst er den Brocken manchmal. Seinen ersten Brockenpass hat er übrigens schon längst mit Stempeln gefüllt.

▸ **Motiv 6:** Andere motivieren. Brocken-Benno läuft nicht nur für sich selbst. Er möchte Vorbild sein. Seit Jahren ist er offizieller Botschafter der Harzer Wandernadel, Wanderführer im Harz und Waldführer im Nationalpark. Er erhielt die silberne Ehrennadel des Harzklubs und die Ehrennadel des Landes Sachsen-Anhalt. Der Harzer Grenzweg geht auf seine Idee zurück, die Gestaltung des Brockengipfels war ihm seit jeher eine Herzensangelegenheit. Ein Journalist bezeichnete ihn einmal als „ein Reklameschild des Harzes auf zwei Beinen". Brocken-Benno kann darüber schmunzeln. Denn letztlich stimmt es.

035 BERGSÜCHTIG WERDEN 035

Bergsteiger werden der Berge nicht überdrüssig. Im Gegenteil. Anders als bei einem guten Gericht, an dem man sich durch zu häufigen Genuss mit der Zeit satt essen kann, scheint der Berghunger mit jeder Tour weiter zu wachsen. Einige bezeichnen sich wegen dieses Verlangens sogar als „bergsüchtig". Der Begriff ist keineswegs so abwegig.

Endorphin statt Opium: Neurowissenschaftler erforschen schon seit Längerem mögliche Gründe für das Hochgefühl bei sportlicher Betätigung. Unter Ausdauersportlern wird dieser Zustand der Euphorie als *Runner's High* bezeichnet. Gewisse Abläufe funktionieren dann scheinbar automatisiert. Es gibt keine Mühen, keine Last, die Zeit spielt keine Rolle mehr. Häufig wird dies mit einer Ausschüttung von Endorphinen – ein körpereigenes, schmerzstillendes Opioid – begründet. Ein enger Verwandter des Endorphins ist der Opiumwirkstoff Morphin.

Anandamid statt Hanf: Arne Dietrich, Psychologieprofessor an der American University von Beirut, beschäftigt sich mit bewegungsinduzierten Bewusstseinsveränderungen. Er vertritt seit einem Versuch mit 24 Probanden die Ansicht, dass statt Endorphin viel eher Anandamid, eine im Körper produzierte und ungefährliche Substanz, das Hochgefühl bei Sportlern bewirken könnte. Das Wort Anandamid stammt von dem Sanskrit-Begriff Ananda – Glückseligkeit – ab. Ein ganz ähnlicher, ebenfalls Angst dämpfender Stoff findet sich mit dem Cannabinoid Tetrahydrocannabinol (THC) in der Hanfpflanze.

Flow statt Rausch: Die wunderbar verkopft anmutende „transiente Hypofrontalitätstheorie“ basiert auf der Überlegung, dass Bewegungen das Gehirn unheimlich viele Ressourcen kosten, viel mehr als beispielsweise gewisse Denkaufgaben. Motorische Prozesse sind nämlich derart kompliziert, dass Computer zwar Schachweltmeister schlagen, bislang aber keine Berge besteigen oder Wände hochklettern. Um die Anstrengung zu bewältigen, schaltet das Gehirn bei einem gewissen Belastungsgrad den präfrontalen Cortex, einen Teil der Großhirnrinde, ab, sozusagen als Sparmaßnahme. Damit fallen auch mentale Funktionen wie die Selbstwahrnehmung oder das Zeitgefühl aus. Es kommt zu jenem Rauschgefühl während einer Tätigkeit wie dem Klettern, das gemeinhin als „Flow“ bezeichnet wird.

Ob aber nun Endorphine, Anandamide, Großhirnrinde oder vielleicht doch einfach Natur und frische Luft für Ihre wundersame Erfahrung verantwortlich sind, bleibt eines immer gleich: Sie wollen mehr davon.

036 SAMMELN II – ACHT-TAUSENDER 036

▸ **Achttausender:** Das Großwild des Bergsteigens, der Ferrari des Alpinismus in Form der 14 höchsten Berge der Welt. Eignet sich als Sammlung vor allem für professionelle Bergsteiger, die mit dem Bergsport ihr Geld verdienen oder für Menschen, die genug Geld haben. Ein kleiner Achttausender wie der Shishapangma kostet bei einem Veranstalter ungefähr 10.000 Euro, der Mount Everest locker das Vierfache. Dabei ist die Achttausender-Geschichte schon ziemlich abgedroschen, nachdem Reinhold Messner die Sammlung 1986 als Erster komplettierte. Sie müssten sich also schon etwas Neues einfallen lassen, um Aufmerksamkeit zu erregen, wie etwa alle Achttausender einäugig und rückwärts mit Hund erklimmen, am besten auf allen Vieren oder so ähnlich. Es gab sogar Versuche, sämtliche Achttausender in einer Saison zu besteigen, wobei die Aspiranten jämmerlich scheiterten. Zehn der Achttausender befinden sich im Himalaya, die restlichen vier im angrenzenden Karakorum. Wenn Sie es wirklich ernst mit der Sammlung meinen und in der Bergsteigerwelt anerkannt werden wollen, nehmen Sie den Flaschensauerstoff jedenfalls nur für Notsituationen mit. Ansonsten lassen Sie es besser bleiben.

Die Objekte: *Mount Everest (8.848 Meter) K2 (8.611 Meter) Kangchendzönga (8.586 Meter) Lhotse (8.516 Meter) Makalu (8.485 Meter) Cho Oyu (8.188 Meter) Dhaulagiri (8.167 Meter) Manaslu (8.163 Meter) Nanga Parbat (8.125 Meter) Annapurna I (8.091 Meter) Gasherbrum I (oft auch Hidden Peak) (8.080 Meter) Broad Peak (8.051 Meter) Gasherbrum II (8.034 Meter) Shishapangma (8.027 Meter)*

▸ **Acht Tausender:** Die Acht Tausender liegen auf dem als Qualitätsweg zertifizierten Goldsteig im Bayerischen Wald und sind so etwas wie der Skoda unter den Sammelobjekten. Das stört Sie aber nicht im Geringsten, denn für den kleinen Zirkel teuer ausstaffierter Extremisten haben Sie als Gelegenheitswanderer nur ein müdes Lächeln übrig. Entsprechend haben Sie auch Ihre Ziele niedriger gesteckt und bescheiden sich mit ein paar schönen Tagen an der frischen Luft. Nervenkitzel haben Sie schon genug, wenn Ihre Kinder an der Hangkante des Fuchsweges herumturnen. Ihre Skatfreunde wird es zwar nicht gerade vor Ehrfurcht umhauen, wenn Sie von den Acht Tausendern erzählen, aber zumindest ist das Preis-Leistungs-Verhältnis unschlagbar.

Die Objekte: *Mühlriegel (1.080 Meter) Ödriegel (1.156 Meter) Schwarzeck (1.238 Meter) Reischfleck (1.140 Meter) Heugstatt (1.261 Meter) Enzian (1.285 Meter) Kleiner Arber (1.384 Meter) Großer Arber (1.456 Meter)*

„Der beste Bergsteiger ist derjenige, der den meisten Spaß hat."
(Alex Lowe, Bergsteiger, 1958–1999)

RUNTERKOMMEN

AM GIPFEL

IN EISIGEN HÖHEN

STEIL GEHEN

UNTER EINEM DACH

HANG ZUM ANDERSSEIN

AUF EINGETRETENEN PFADEN

DIE ERSTEN SCHRITTE

037 SICH WIE EINE GÄMSE BEWEGEN 037

Falls Ihnen in den Bergen gesagt wird, Sie würden sich „wie eine Gämse bewegen“, so dürfen Sie das getrost als Kompliment auffassen. Allerdings schwingt in diesem Gämsen-Lob auch viel Heuchelei mit, denn der Mensch wird aus verschiedenen Gründen niemals mit einer Gämse konkurrieren können.

▸ **Evolution und Kindheit:** Die Gämse hat sich über Jahrtausende an ihr Habitat – steile Felsregionen, Schuttkare, bewaldete Bergregionen – angepasst. Außerdem muss sie sich schon in der Kinderstube in dem schwierigen Terrain behaupten. Sie ist dabei wie alle Wildtiere um einiges weniger wehleidig als der Mensch. Gämsen können mit Schmerzen einfach besser umgehen. Hämatome durch einen herabgestürzten Felsbrocken? Kein Problem. Eine Zerrung wegen des Sturzes über die Kante? Ach, wird schon wieder. Wo der Wanderer nach Luft japst, kommt die Gämse erst richtig in Schwung. Ihr Herz ist größer und leistungsfähiger als bei anderen Säugetieren und übersteht höhere Pulsfrequenzen von 200 Schlägen pro Minute auch über längere Zeit. Das Fehlen eines Schlüsselbeins und ein sehr flexibles Schulterblatt erhöhen die Beweglichkeit. Bei der Gämse passt das Gesamtpaket.

▸ **Sinnesorgane:** Gämsen sehen etwa genauso gut wie Menschen, Gehörsinn und Geruchssinn sind sogar viel besser ausgeprägt. Während der Mensch bei Nebel ziemlich blind durch die Gegend stolpert, hört und spürt die Gämse Steinschläge und Erschütterungen. Den Tieren ist es möglich, allein durch die olfaktorische Wahrnehmung den ungefährlichsten Weg im Gebirge zu wählen, indem sie Absonderungen von Artgenossen folgen. Wanderer können sich hingegen nur in Ausnahmefällen riechen.

▸ <u>Die Beine:</u> Bei allen Paarhufern, zu deren Ordnung die Gämse zählt, sind die Hinterbeine kräftiger als die Vorderbeine. Doch ist dieser Unterschied bei Gämsen extrem stark ausgeprägt. Dadurch vereint die Gämse die Qualitäten eines ausdauernden Steppentieres mit der wuchtigen Antriebskraft eines Steinbocks: geländegängig und elegant zugleich. Die

Mensch *Pferd* *Gämse*

starke Muskulatur ihrer Hinterläufe erledigt die Hubkraft beim Klettern und Springen. Gämsen beschleunigen auch im unebenen Gelände kurzfristig auf 50 Kilometer pro Stunde. Die langen Beine zeigen dem Biomechaniker, dass sie auch über längere Strecken ein hohes Tempo gehen können. Ein Mensch wird ihre Werte niemals erreichen, erst recht nicht auf Felsplatten. Aber dessen Muskeln sind im Vergleich zu den Kraftwerken der Gämse auch mit Fett angereicherte Energieverschwender.

▸ <u>Die Klauen:</u> Hier steckt das wahre Geheimnis der Gämse. Was Laien auf den ersten Blick vielleicht als Knie interpretieren, ist das Sprunggelenk, das vermeintliche Schienbein der Mittelfußknochen – und die aus unempfindlichen Horn bestehenden Klauen sind nur die Zehen. Gämsen gehen also nicht auf der ganzen Fußsohle, sondern wie viele Paarhufer auf nur zwei Zehen, ja, gewissermaßen sogar auf den Zehenspitzen durchs Gelände. Die Klauen müssen an jedem Untergrund haften, ob glatter Fels, Felsspalten, Geröll, Eis, Schotter, Staub. Die schützenden

Außenseiten der Klauen sind hart und wirken im Winter wie Steigeisen oder Grödeln. Die weichen Innenseiten dagegen entsprechen Kletterschuhen mit elastischer Sohle, die sich wie ein Ballen fantastisch an jeden Untergrund anpassen. Indem sich die zwei Klauen pro Fuß auch noch extrem gut spreizen lassen – viel besser als etwa beim Hirsch oder Reh – kann die Gämse hervorragend abbremsen, Kanten umschließen, sich geradezu im Fels festkrallen. Im Schnee bedeuten die gespreizten Hufe wiederum eine größere Auflagefläche. Vor besonders riskanten Sprüngen sitzt die Gämse kurz auf den Läufen auf. Dann geben die Afterzehen, die etwas verkümmert an der Rückseite der Füße sitzen, zusätzliche Bodenhaftung und Sicherheit. An diese Vorrichtung der Natur kommt kein High-Tech-Bergschuh heran.

038 WIE HEIDI SEIN 038

Auch wenn in Ihnen etwas von der Romanheldin Heidi stecken mag, so ist es doch so gut wie unmöglich, *genauso* gut wie Heidi zu sein. Das liegt einmal schlicht an ihrem Aussehen. Im Jahre 1880 auf einem Schreibtisch geboren, hat sie inzwischen zwar ein biblisches Alter erreicht, wirkt aber trotzdem immer noch wie eine rotwangige, knuddelige Grundschülerin. Als Jungbrunnen dienen ihr die gute Bergluft, die Nächte im Heu und die gute Ziegenmilch, was Wasser auf die Mühlen all der ewige Jugend propagierenden Wellnesshotels im Alpenraum sein muss.

Aber Heidi sieht nicht einfach nur gut aus. Sie hat ganz unten anfangen müssen, legte einen unvergleichlichen Aufstieg hin und blieb doch immer auf dem Boden. Solche Erfolgsgeschichten lieben die Menschen. Als Waisenkind mitten in den Schweizer Alpen aufgewachsen, wurde das arme Mädchen schon früh zu ihrem Großvater, dem Alpöhi, auf die Alm abgeschoben – einem mürrischen, strengen Einsiedler ohne Kontakt zur Außenwelt. Jede andere hätte wahrscheinlich ein Leben in Anonymität und Depression geführt, wäre möglicherweise einsam eingegangen zwischen all den Bergen. Doch Heidi wurde von ihren früh verstorbenen Eltern nicht nur mit einer gesunden Portion Chuzpé, einem hellen Köpfchen und jeder Menge Ehrlichkeit ausgestattet. Sie vereint zudem alle guten Eigenschaften, ist geduldig, hilfsbereit und mutig.

Heidis größtes Verdienst ist es jedoch, auch ihren Mitmenschen das Beste zu entlocken. Dem schlichten Ziegenpeter, den andere Mädchen in Heidis Alter wegen seiner verranzten Hosen wahrscheinlich schlicht zum Heulen finden würden, bringt sie das Lesen bei. Sie öffnet ihm gewissermaßen die Augen. Das gehbehinderte Stadtkind Klara wiederum kann in Heidis Gegenwart auf einmal laufen. Und dem verbitterten Alpöhi, von Heidis Schöpferin Johanna Spyri genialerweise als Heidis Gegenpol entworfen, lehrt sie die Nächstenliebe. Nie vergisst sie dabei ihre Wurzeln, widersteht den Verlockungen der Stadt, den Verführungen der Zivilisation. Das historische Lexikon der Schweiz sieht in ihr „nicht nur ein unverbildetes Naturkind, sondern auch eine Art gute Fee“. Sie rettet die Romantik hinüber in eine aufgeklärte Welt.

Zugleich sollte man Heidi trotz ihres Rufs als Landei niemals unterschätzen. Sie besitzt eine hochprofessionelle PR-Abteilung, die Heidi eine beneidenswerte, aber unaufdringliche Präsenz verschafft. Allein ihre Biografie wurde in etwa 50 Sprachen übersetzt. Auf bessere Verkaufszahlen dürften mit ihrer Lebensgeschichte höchstens Hochkaräter wie der Dalai Lama, Nelson Mandela und vielleicht der liebe Gott kommen. Etliche Zeichentrickfilme, Spielfilme, Comics und Musicals beschäftigen sich mit Heidis Leben und Wirken. Bergdörfer streiten sich darum, wo Heidi wirklich aufgewachsen ist. In der Schweiz gibt es außer dem Heidi-Land unter anderem noch das Heidi-Dorf, das Heidi-Haus oder das Heidi-Hotel. In Marienfeld führt der Heidi-Pfad mit Informationstafeln durch die Heidi-Geschichte, ähnlich einem Kreuzweg an einigen Wallfahrtsorten. Ihr Ritterschlag aber kam von Hanspeter Danuser, dem ehemaligen Kurdirektor des mondänen Alpenorts St. Moritz: „Heidi bedeutet eine intakte Natur; ein Mädchen aus den Alpen, wo alles in Ordnung ist. Heidi ist ein Traum von etwas, was es leider heute nicht mehr gibt.“

Trotz ihrer Zurückhaltung hält sich Heidi nun schon seit mehr als 100 Jahren in der Öffentlichkeit. Spiel- und Castingshows, staatstragende Interviews, rote Teppiche – all das braucht sie nicht. Ihr Herz hängt an etwas anderem. Als ihr einst im Hause Sesemann der Alltag in Frankfurt einfach zu trubelig, zu städtisch wurde, machte sie das, was sich so viele Menschen manchmal wünschen: Sie sagte „Uf Wiederluege“ – und ging zurück in die Berge.

039 MIT BERGFÜHRERN SPRECHEN 039

Bergführer sind die Zehnkämpfer der Berge, versiert in Schnee, Eis und am Fels. Um überhaupt zur Bergführerausbildung zugelassen zu werden, brauchen Bewerber nicht nur ein ärztliches Attest, ein amtliches Führungszeugnis und den Nachweis einer Ausbildung in Erster Hilfe. Sie müssen auch einen Tourenbericht vorlegen, der mindestens drei Jahre umfasst und in dem Fels-, Eis-, und Skitouren aufgeschlüsselt sind. Nur wer schon über Jahre hinweg eigenverantwortlich unterwegs war, hat überhaupt eine Chance, Bergführer zu werden. Alpine Touren sind bis zum Schwierigkeitsgrad VI+ zu beherrschen, und zwar als Seilerster, was im Grund unzählige Routen voraussetzt. Bei Eistouren sollten Neigungen von durchschnittlich 60 Grad kein Problem darstellen, stellenweise müssen auch senkrechte oder gar überhängende Passagen geklettert werden – mit einem möglicherweise schweren Rucksack. Auf Skiern muss sich der Bergführeranwärter auch im hochalpinen, vergletscherten Gelände so sicher wie in Hausschuhen fühlen. Dazu hat er die Fachbegriffe in englischer und französischer Sprache zu beherrschen.

Die schwierigste Fremdsprache ist für die meisten Bergführer im Alpenraum jedoch das Hochdeutsche, da viele Bergführer ihr Idiom fleißig pflegen. Kunden von Bergführern aus den Ostalpen ist oft schon geholfen, wenn sie die wichtigsten bairischen Vokabeln beherrschen. Denn sprachwissenschaftlich zählen auch die Dialekte Südtirols und Österreichs (mit Ausnahme Vorarlbergs) zum Bairischen. Oder anders: Ein Bayer wird sich mit einem Norditaliener immer besser verstehen als mit einem Plattdeutsch schwadronierenden Nordlicht.

Abbodeggn	Erste-Hilfe-Set
a geh	kaum zu glauben
awo	im Gegenteil
auffi	aufwärts
Baam	Bäume
Brotzeit	Zwischenmahlzeit, Vesper, Jause, Essenspause
dabröseln	tödlich verunglücken
darennen	tödlich verunglücken
d'Berg	Gebirge
eischeissn	Angst haben
es ziagt si	ein wenig wird es wohl noch dauern

Fiass	Füße (genau genommen alles von der Hüfte abwärts, eine Unterscheidung zwischen Bein und Fuß gibt es nicht!)
gach	steil
Gipfikreiz	Gipfelkreuz
gmahte Wiesn	voraussichtlich problemlose Gipfelbesteigung
Grattler	Allzweckschimpfwort; Taugenichts, Tagedieb, heruntergekommener, schäbiger, verwahrloster, in ärmlichen Verhältnissen lebender Mensch, Kleingeist, beschränkter, engstirniger Mensch, unzuverlässiger Seilpartner, unfreundlicher Hüttenwirt
Griaß di	Guten Tag *vgl. 024 „Grüßen“*
haarig	heikel, kompliziert, schwierig
Habedeehre	Guten Tag *Höflichkeitsform*
Hatscher	langer Fußmarsch
Haxn	Beine *siehe Fiass*
Herrschaftszeiten!	Ausruf des Unmuts *siehe Zefix*
hi	kaputt fühlen
Hobtsas?	Seid ihr bereit?
Hoibe, a	ein halber Liter Bier
Hoit!	Halt!
Hosenbiesla	Angsthase
Host mi?	Alles klar? Verstanden?
Hots di?	Spinnst du?
Huberbuam	die inzwischen weltbekannten Söhne des Thomas Huber sen.
Hund, verreckter	zwischen Wohlwollen, Respekt und etwas Skepsis changierende Bezeichnung eines Mitmenschen
Ja verreck'!	Das hätte ich nicht gedacht!
Jagatee	Rum mit Teegeschmack
lätschert	kraftlos, schlapp, antriebslos

Leidl	Anrede für Gruppen
Kini, da	König Ludwig II.
Oibbm	Alpen *siehe d'Berg*
owe, owi, obi, abi	runter
owe-, owi-, obi-, abilassen	den Partner per Seil ablassen
Sammas?	*wörtlich:* Sind wir es? *Meist als Frage:* Seid ihr bereit? Wollen wir aufbrechen?
Scheißhaisl	scherzhaft für Toilette
Schleich	meist gebrauchte Wanderschuhe
Stiagn	geschlagene Stufen
Stoa, Stoana	Steine
Stoamandl	aus Steinen aufgeschichteter Wegweiser
Stoderer	Städter, Flachlandtiroler
Viech	urwüchsiger Mensch, kraftvoller Wandersmann
Weda, a	Gewitter
zach	zäh
Zefix!	universell anzuwendender Ausdruck im Falle eines Wutausbruchs, des Erstaunens, der Verwunderung oder echter Angst

040 EIN WANDERLIED SINGEN 040

Heute hört man kaum mehr einen Menschen beim Wandern singen, obwohl das eine lange Tradition hat. Eines der bekanntesten Bergwanderlieder „Im Frühtau zu Berge wir ziehn" wird im deutschsprachigen Raum gerne mit Walther Hensel in Verbindung gebracht, einem Förderer der Jugendmusikbewegung zu Beginn des 20. Jahrhunderts. Dank der Eingängigkeit des an Banalität grenzenden Liedtextes intonierte sogar der Komiker Otto Waalkes das Stück in mehreren Versionen – von Jazz bis

Country-Musik. Die Originalversion des Volksliedes stammt allerdings aus dem Schwedischen von Olof Thunman und ist auf langen Touren für alle nicht schwedisch sprechenden Wanderer ein garantierter Langweile-Killer. Übrigens: Lieder müssen laut gesungen werden.

Vi gå över daggstänkta berg, fallera'!,
som lånat av smaragderna sin färg, fallera'!
Och sorger ha vi inga,
våra glada visor klinga
när vi år över daggstänkta berg, fallera'!

De gamla och kloka må le, fallera'!,
vi äro ej förståndiga som de, fallera'!
Men vem skulle sjunga
om våren den unga,
om vi vore kloka som de, fallera'!

O mänskor förglömmen er gråt, fallera'!,
och kommen och följen oss åt, fallera'!
Si, fjärran vi gånga
att solskenet fånga,
ja, kommen och följen oss åt, fallera'!

Im Frühtau zu Berge wir gehn, fallera,
grün schimmern wie Smaragde alle Höhn, fallera.
Wir wandern ohne Sorgen
singend in den Morgen
noch ehe im Tale die Hähne krähn.

Ihr alten und hochweisen Leut, fallera,
ihr denkt wohl wir wären nicht gescheit, fallera.
Wer wollte aber singen,
wenn wir schon Grillen fingen
in dieser herrlichen Frühlingszeit?

Werft ab alle Sorgen und Qual, fallera,
und wandert mit uns aus dem Tal, fallera!
Wir sind hinausgegangen,
den Sonnenschein zu fangen:
Kommt mit und versucht es auch selbst einmal!

041 NATÜRLICH ALPHORN SPIELEN 041

Das Alphorn war so etwas wie das Handy des Mittelalters. Es diente der Kommunikation, und zwar nicht nur in der Schweiz, sondern weltweit. Heute erlebt das Alphorn eine Renaissance als Musikinstrument und ergänzt manches Orchester. Zudem integrieren Musiktherapeuten das Instrument vermehrt in ihre Arbeit, weil die archaischen Schwingungen wie auch die besondere Atemtechnik beim Spielen des Alphorns heilend wirken sollen. Die bekannte Schweizer Alphornmusikern Eliana Burki hilft beispielsweise an Mukoviszidose leidenden Kindern in Davos mit Alphornunterricht. Wenn Sie also im Gebirge das tiefe Brummen eines Alphorns hören: Entspannen Sie sich!

Allerdings hat ein Alphorn weder Klappen wie eine Klarinette noch die Züge einer Posaune oder die Ventile einer Trompete. Durch unterschiedliche Lippenspannung und Atemdruck lassen sich dem Instrument nur die sogenannten Naturtöne entlocken. Die Abfolge dieser Töne ist nicht so schön gleichstufig wie etwa beim Klavier, sondern entspricht einer Tonleiter, der vor allem im unteren Bereich so manche Sprosse fehlt. Richtige Profis beherrschen auf einem modernen Alphorn der Stimmung F von 3,60 Meter Länge 16 Töne der Naturtonreihe. Ein Laie kommt etwa auf zwölf Töne. Vor allem die extrem hohen Töne und der tiefste Ton sind nichts für Amateure.

Naturtonreihe und C-Dur-Tonleiter (Die Vorzeichen sind nur Näherungswerte)

Aber auch die besten Bläser können nicht verhindern, dass sich manch einer der 16 Naturtöne in unseren, von der wohltemperierten Stimmung verwöhnten Ohren ziemlich schräg anhört. Die Naturseptime, also der siebte Ton, klingt zu tief, lässt sich aber noch verkraften. Der 11. Ton, das sogenannte Alphorn-Fa zwischen F und Fis, und der 13. Ton – er liegt zwischen Gis und A – weichen jedoch so stark von unserem modernen Harmonieverständnis ab, dass diese Töne schlicht als falsch empfunden werden. Dabei sind sie eines: völlig natürlich.

042 DAS JODELDIPLOM MACHEN 042

Der Sketch „Die Jodelschule" des deutschen Humoristen Loriot handelt von der Vorbereitung einer Schulklasse auf das sogenannte Jodeldiplom. Ein ausgesprochen oberlehrerhaft dreinblickender Herr Dr. Vogler lässt sehr ernste Menschen Silbenreihungen wie „Hol-la-ri-du-dö-del-di di-ri-di-ri-dö-del-du" repetieren. Die Stunden finden in einem tristen Zimmer statt, die Schüler sind reich an Lebensjahren und arm an Farben und Freude.

Heute liegt das antiquiert wirkende Jodeln wieder voll im Trend. Der eidgenössische Jodlerverband, die Dachorganisation aller Schweizer Vereine von Jodlern, Alphornbläsern und Fahnenschwingern, hat 25.000 Mitglieder – Tendenz steigend. Das Hüttendorf Maria Alm nannte seine periodischen Mitteilungen *Rundjodler* statt *Newsletter*. Der Schweizer Peter Hinnen schaffte es ins *Guinness-Buch der Rekorde*, als er 1992 mit 22 Jodeltönen in einer einzigen Sekunde den Weltrekord im Schnelljodeln aufstellte. Dafür hat die Chiemgauerin Andrea Wittmann einen Weltrekord im Dauerjodeln mit unüberjodelten 15 Stunden 11 Sekunden aufgestellt. Professionelle Jodler verständigen – ganz ohne Diplom – mit ihrem Gesang längst nicht mehr nur die Kollegen auf der nächsten Alm, sondern verdienen damit richtig Geld.

Dabei ist Jodeln keine Wissenschaft. Es gibt nicht einmal Aufzeichnungen darüber, woher das Jodeln stammt und wann es erstmals praktiziert wurde. 1902 veröffentlichte der Österreicher Josef Pommer seine Jodler-Sammlung unter dem Titel *444 Jodler und Juchezer*. Mit ziemlicher Sicherheit aber war Jodeln schon lange vorher ein Mittel der Verständigung für Menschen in abgelegenen Regionen wie eben den Bergen. Durch einen Jodler konnte beispielsweise dem Almbauer auf dem ge-

genüberliegenden Hang mitgeteilt werden, dass die Kuh Frieda demnächst kalbt oder heute Abend wieder die Schafkopfrunde mit dem Sensenschorschi und dem Steilhangsepp stattfindet. Romantische Gemüter glauben an Sennerinnen, die wildernde Liebhaber durch einen Jodler vor dem nahenden Jäger warnten.

Moderne Jodellehrerinnen wie jene des Salzburger Volksliedwerkes halten beim Erlernen des Jodelns nicht viel von Schulatmosphäre und Prüfungsdruck. Jodeln ist ein Ausdruck reiner Lebensfreude und die Alm das beste Klassenzimmer. Durch den Ortswechsel und das Hinaufgehen in die österreichischen Alpen schütteln Sie zugleich den Alltag ein wenig ab. Auch muss sich niemand wie in Loriots Sketch gleich zwei Jahre dem Jodeln hingeben. Eineinhalb Tage sollten Sie sich bei einem Seminar als angehender Jodler aber schon Zeit nehmen.

Bei einem Kurs auf der Alm jodeln Sie nicht nach Noten, sondern bekommen die Inhalte wie früher mündlich überliefert. Zuvor wärmen Sie sich mit einigen Atemübungen auf. Entscheidend ist, dass Sie aus dem Bauch heraus atmen. Das Jodeln kommt nämlich von ganz tief innen heraus. Menschen, die gerne singen oder dies sogar richtig gut können, wissen um die Bedeutung der Atemtechnik und tun sich deshalb etwas leichter.

Anschließend starten Sie mit einem ganz einfachen, leicht einprägsamen Jodler – natürlich erst einmal einstimmig. Ein Einstiegsjodler wäre beispielsweise: *Hol-lar-i, hol-la-ro, Hol-la-rei-tul-jo.*

Wenn Sie den beherrschen, haben Sie es nicht mehr weit bis zum „s'Lära Brett“ (das lärchene Brett), einem Jodler aus dem steirischen Salzkammergut. Er wurde 1991 von Lois Neuper, dem Leiter des Goiserer Viergesanges, aufgezeichnet. Dieser hat den Jodler vom „Prem-Vater" gelernt. Möglicherweise ist er in anderen Alpenregionen unter einem ganz anderen Namen bekannt. Sie merken schon, dass hier Traditionen und lokale Besonderheiten viel wichtiger sind als ein universell gültiges Standardwerk. *Hoi-da re-i djo-i, hoi-da re-i dje-i, hoi-da re-i dje-i, hoi-da re-i dje-i / hoi-da ri-je ri-je, hoi-da ra-e dje-i, hoi-da re-i dje-i, hoi-da re-i dje-i / hoi-da ri-je i-je, hoi-da ra-e dje-i, hoi-da re-i dje-i, djo.*

Sie üben Ihre Jodler so lange, bis Sie diese auswendig können. Zwar erhalten Sie am Ende des Kurses die Noten und möglicherweise eine CD, noch besser aber ist es, wenn Sie den Klang in den Ohren und nicht auf dem Papier haben. Sobald Sie einfache Jodler einstimmig beherrschen, probieren Sie es mehrstimmig. Eine Oberstimme ist beim modernen Alpenjodler eigentlich immer dabei. Auch ein Bass macht sich nicht schlecht, ist aber Männern vorbehalten.

Während eines Seminars lernen Sie etwa zehn Jodler, gute Gruppen schaffen auch 15 oder 17. Das ist selbstredend nur ein Bruchteil aller existierenden Jodler, die zudem von Tal zu Tal verschieden sein können. Auch beim Jodeln gibt es verschiedene Dialekte. Es geht letztlich auch gar nicht darum, möglichst viele Jodler zu lernen. Sie sollen bei dem Kurs ein Gefühl für das alpenländische Jodeln entwickeln. Keine Scheu, viel falsch machen können Sie dabei nicht.

043 DEM EDELWEISS HELFEN 043

Das Edelweiß oder *Leontopodium alpinum,* was so viel wie „Alpines Löwenfüßchen" heißt, ist heute das Alpensymbol schlechthin. Es taucht unter anderem auf in den Logos des Deutschen, Österreichischen und Südtiroler Alpenvereins sowie der Südtiroler Volkspartei. Schweiz Tourismus schmückt sich ebenso damit wie die deutsche Bergwacht und der Bergrettungsdienst Österreich. Es war auf dem Schilling abgebildet, ziert heute die österreichische Zwei-Cent-Münze, das Schweizer Fünf-Franken-Stück und findet sich bei diversen Militäreinheiten der Alpenländer als Abzeichen. Dabei ist das Löwenfüßchen alles andere als eine genuin alpine Pflanze, sondern ein Einwanderer, genauer gesagt ein leicht verfilzter Zentralasiate, der nach der letzten Eiszeit den Absprung nach Mitteleuropa schaffte.

Ein Schilling

Zwei Eurocent

Fünf Franken

Wie viele Zuwanderer hatte es weniger Schwierigkeiten bei der Anpassung an Umgebung und Klima als mit den Einheimischen. Die fielen in Massen über das vielerorts prächtig gedeihende Pflänzchen her. Spätestens seit der junge Kaiser Franz Joseph seiner Sisi ein Edelweiß pflückte, gilt die sternförmige Pflanze aus der Familie der Korbblütler auch als perfekter Liebesbeweis. Das im Steilhang wachsende Edelweiß avancierte zum Symbol für Draufgängertum und Mut, war Ausdruck eines alpinen Männlichkeitskultes und der Todesverachtung. Ob verknallte Älpler ihren Angebeteten einst tatsächlich Edelweißsträuße als Zeichen der Zuneigung überreichten, wird heute stark angezweifelt. Möchte man die Dezimierung des Edelweißbestandes allein damit erklären, muss sich die Alpenbevölkerung vor dem ersten Weltkrieg jedenfalls in einem kollektiven Liebestaumel befunden haben. Anfang des 20. Jahrhunderts entwickelte sich eine regelrechte Edelweißindustrie. Die weißen Blüten wurden gepresst zu Tausenden verschickt oder landeten mit Wurzeln und Stiel in Gärten des Spießbürgertums. Obwohl das Edelweiß in Österreich beispielsweise schon 1886 unter Naturschutz gestellt worden war, brauchte es an manchen Edelweißstandorten radikale Schutzmaßnahmen seitens der Bergwacht. Einer dieser Standorte war die Höfats im Allgäu.

Die Höfats ist ein 2.259 Meter hoher Berg mit steilen, von Gras bewachsenen Flanken. Das Edelweiß wucherte dort wie Unkraut, doch Mitte der 1920er-Jahre war wegen des oben besagten Raubbaus nur noch ein Zehntel des Bestandes aus dem Jahre 1900 übrig. Besonders zur Zeit der Inflation waren die Pflanzen sträußeweise gepflückt worden, um sie dann in Oberstdorf am Bahnhof den Touristen anzudrehen. In den 1930ern richtete die Allgäuer Bergwacht daher eine Art Leontopodium-alpinum-Schutzposten auf etwa 2.000 Metern Höhe ein. In den Sommermonaten war das Zelt ständig – bei wöchentlicher Ablösung – von zwei Bergwachtlern besetzt. Sie bewahrten das Edelweiß letztlich vor der Ausrottung an der Höfats. Der Nebeneffekt: Zugleich ging die Zahl der tödlichen Abstürze von Edelweißräubern rapide zurück. Erst 2007 wurde der Posten aufgegeben. Denn Bergsteiger sind heute in jeder Hinsicht schlauer.

044 SICH VOM EDELWEISS HELFEN LASSEN 044

In dem herrlichen Comic *Asterix bei den Schweizern* müssen die unbezwingbaren Gallier für ihren Dorfdruiden Miraculix ein Edelweiß auftreiben, um den vergifteten Quästor Claudius Incorruptus vor dem Tod zu retten. Auch in der Volksmedizin wurde das Edelweiß zusammen mit

Milch und Honig als Heilkraut gegen Magenerkrankungen und Durchfall verwendet. Dem Leontopodium alpinum brachte das den Beinamen Bauchwehbleaml, also Bauchschmerzblume, ein. Mancherorts wurde der Pflanze eine heilende Wirkung gegen Tuberkulose attestiert. Sogar für Liebeszauber musste das arme Ding herhalten. - - - - - - - - - - - - - -

Miraculix war seiner Zeit jedenfalls weit voraus. Heute ist die pharmazeutische Wirkung von Edelweiß so gut wie unumstritten. Es gibt einige wissenschaftliche Abhandlungen darüber. Schweizer Forscher haben vor einigen Jahren festgestellt, dass die Pflanze dank ihres Gehalts an Antioxidantien einen Beitrag zur Krebsprävention leisten könnte. Demnach wurden im Edelweiß 40 dafür in Frage kommende Moleküle entdeckt, wovon 20 noch vollständig unbekannt waren. Die Druiden der Gegenwart wie der Innsbrucker Leontopodium-Experte Professor Hermann Stuppner versichern zudem, dass der in den Edelweißwurzeln enthaltene Stoff Leoligin die Haltbarkeit von Bypässen verbessern könnte sowie wohltuend auf Herz und Kreislauf wirkt. Und selbst Kosmetikhersteller werben mit Anti-Aging-Cremes auf Edelweiß-Basis. - - - - - - - - -

045 KUNSTWERKE BEWUNDERN 045

Berge sind tatsächlich auch ein Terrain für Künstler. Oft lässt sich an der Kunst am Berg besonders gut ablesen, mit welchen Themen, Göttern und Herrschern sich die Menschen gerade besonders beschäftigen. - - - - - - -

Tiere. Die Fakten: Früher wagten sich die Menschen selten auf, aber dafür umso öfter in die Berge. Dafür gibt es Zeugnisse. An unzähligen Felsen und Höhlen haben sich Steinzeitbewohner schon vor vielen Jahrtausenden künstlerisch betätigt. Dargestellt sind Menschen, Rituale und insbesondere Tiere. Oft sind die Zeichnungen noch in hervorragendem Zustand. Bekannte Beispiele finden sich in der Gebirgskette Tassili n'Ajjer in Algerien, dem Brandbergmassiv Namibias oder im Valcamonica in Norditalien. *Die Nachricht für die Nachwelt:* Wir denken.

Ein Hase. Die Fakten: Im Jahr 2005 platzierte die Wiener Künstlergruppe Gelatin einen rosafarbenen Hasen – 65 (in Worten: fünfundsechzig) Meter lang, bis zu sechs Meter hoch und mit einem Loch im mit Stroh ausgestopften Hasenbauch – auf dem etwa 1.600 Meter hohen Colletto Fava oberhalb des italienischen Dorfs Artesina. Ins-

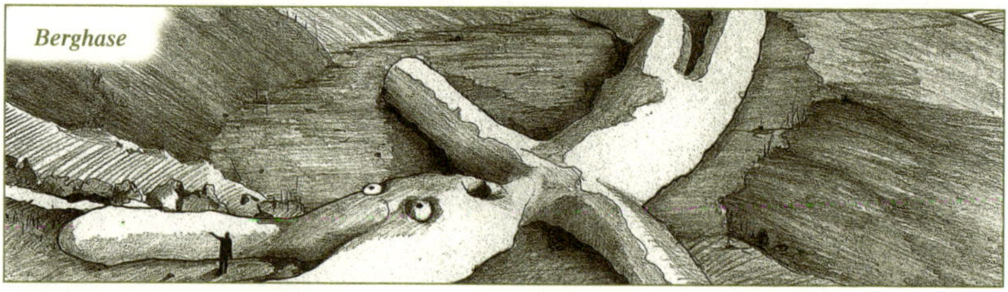
Berghase

gesamt wirkt er so, als hätte ein wirklich riesiges Riesenbaby das gestrickte Geschenk seiner Oma einfach ins Piemont geworfen. Ist aber Kunst. Der Hase soll dort oben bis 2025 vor sich hin vegetieren, allerdings war der Verwesungsprozess schon 2015 nach nur zehn Jahren schon recht weit fortgeschritten.*Die Nachricht für die Nachwelt:* Ein rosa Riesenhase mit Loch im Bauch in der Landschaft. Soso.

Schöpfung. Die Fakten: Der Mount Tai (oder Taishan) ist der wohl wichtigste der fünf heiligen Berge des Daoismus in China und von größter Bedeutung für die chinesische Kultur. Er ist mit seinen 22 Tempeln, 97 Ruinen und 819 Steintafeln aber auch ein Berg der Kunst. Der Berg erfüllt sagenhafte sechs von sechs Kriterien, um sich als UNESCO-Weltkulturerbe zu qualifizieren. Die UNESCO sieht die dortigen „künstlerischen Meisterwerke in perfekter Harmonie mit der natürlichen Landschaft". Seit gut 2.000 Jahren ist der Berg eine Pilgerstätte, 2003 bestiegen den 1.545 Meter hohen

Berg sechs Millionen Touristen über eine neun Kilometer lange Treppe von 6.293 Granitstufen (manche Quellen sprechen von 6.600). Kaum weniger beeindruckend sind andere Jahrtausende alte Tempelberge Chinas wie beispielsweise der Mount Emei (3.099 Meter) mit seiner 71 Meter hohen Buddha-Statue. *Die Nachricht für die Nachwelt:* Da ist noch was anderes.

Evolution. Die Fakten: Zusammen mit dem Kunsthaus Bregenz verteilte der britische Künstler Antony Gormley 100 lebensgroße Eisenabgüsse seines Körpers im Hochgebirge. Das Projekt mit dem Namen *Horizon Field* wurde 2010 als die bis dahin größte Landschaftsinstallation in Österreich eröffnet und verteilte sich bis 2012 auf einem Gebiet von 150 Quadratkilometern. Für Gormley geht es um die Frage, welche Rolle der Mensch in der Evolution spielt, oder anders: wie und ob er überhaupt in die Landschaft passt. Die Figuren wurden alle auf einer Höhe von exakt 2.039 Metern aufgestellt. *Die Nachricht für die Nachwelt:* Ich, ich, ich, und das überall.

Flüchten. Die Fakten: Auf Wunsch von König Ludwig II. wurde zwischen 1869 und 1872 auf der Schachenalpe unweit von Garmisch-Partenkirchen das Königshaus am Schachen errichtet. Während das Erdgeschoss mit seinen fünf Räumen und der Zirbenholzvertäfelung beinahe langweilig anmutet, entführt der 1. Stock mit dem Türkischen Saal zu Tausendundeiner Nacht. Die farbigen Bleiglasfenster tauchen den Raum mit bestickten Textilien, Pfauenfedern und goldenen Kandelabern in diffuses Licht. Das Schloss im Hochgebirge war des Königs doppelte Flucht aus dem Alltag – hoch in die Berge und noch ein paar Stufen weiter in den Orient. *Die Nachricht für die Nachwelt:* Es lebe der König – und seine Inszenierungen.

Formen. Die Fakten: Der Schweizer Künstler Heinz Julen hatte schon diverse ungewöhnliche Ideen. So skizzierte er einst eine Pyramide, mit deren Hilfe das Klein Matterhorn (3.883 Meter) um 120 Meter aufgestockt und so künstlich in einen Viertausender verwandelt werden sollte. Auch bei seinem Projekt *Bergwürfel* stehen Formen im

Vordergrund. Dabei wirft er Metallkuben mit einer Seitenlänge von 30 Zentimetern von verschiedenen Gipfeln wie dem Matterhorn. Julen interessiert sich besonders für die dabei an den Würfeln durch den Felskontakt auftretenden Deformationen. *Die Nachricht für die Nachwelt:* Es lebe der Künstler – und die Inszenierung der Berge.

046 AN GESTIRNEN ORIENTIEREN 046

So wichtig Kompass und GPS abseits der Pfade und im Hochtourenbereich auch sind, würde ihre korrekte Anwendung den Umfang dieses Buches doch bei Weitem sprengen. Es gibt hervorragende Literatur zum richtigen Gebrauch von GPS und Kompass, wobei man spätestens bei Begriffen wie Missweisung, magnetische Deklination und geografischer Nordpol die Technik zu verfluchen beginnt. Im Notfall müssen Sie sich ohne die Errungenschaften der Zivilisation zurechtfinden. Bewahren Sie die Ruhe, falls Sie sich verirren. Die Natur stellt jede Menge Hilfen zur Verfügung. Und das auch noch gratis!

- **Sonne:** Sie ist auf der Nordhalbkugel um etwa 6 Uhr im Osten zu sehen, um 12 Uhr im Süden (auf der Südhalbkugel steht sie um diese Zeit im Norden) und um 18 Uhr im Westen – jedenfalls im Winter. Zur Sommerzeit verschiebt sich das System auf 7, 13 und 19 Uhr. Zudem hängt der genaue Stand davon ab, wo Sie sich in der jeweiligen Zeitzone befinden. Die Sonne liefert also nur eine grobe Richtung. Noch etwas präziser lassen sich die Himmelsrichtungen mit einer analogen Uhr bestimmen: Auf der Nordhalbkugel richten Sie den Stundenzeiger der waagrecht gehaltenen Uhr auf die Sonne. Süden liegt zur Winterzeit in der Mitte zwischen Stundenzeiger und 12-Uhr-Marke. Während der Sommerzeit liegt Süden zwischen Stundenzeiger und 1-Uhr-Marke. Auf der Südhalbkugel läuft es anders. Dort muss die verlängerte Linie der 12-Uhr-Marke auf die Sonne zeigen. Die Winkelhalbierende zwischen 12-Uhr-Marke und Stundenzeiger zeigt in Richtung Norden. Je weiter Sie sich allerdings dem Äquator nähern, desto ungenauer wird diese Methode.

- **Mond:** Sich am Mond zu orientieren, lohnt sich nur bei Vollmond. Das Prinzip funktioniert analog zur Sonne – nur zeitversetzt. Um 18 Uhr steht der Vollmond im Osten, um 24 Uhr im Süden, um 6 Uhr im Westen. Sommer- und Winterzeit, Nord- und Südhalbkugel sind wie bei der Sonne zu beachten. Die Methode mit der Zeigeruhr funktioniert ebenfalls. Bei anderen Mondkonstellationen wird das Ganze schon etwas komplizierter. Betrachten Sie den zunehmenden Halbmond als Beispiel: Der steht um 12 Uhr im Osten, um 18 Uhr im Süden und um 24 Uhr im Westen. Der abnehmende Kollege beginnt wiederum um 24 Uhr, seine Runde zu drehen (wobei dies natürlich die Erde für ihn tut). Für ein Viertel abnehmende und fünf Zwölftel zunehmende Monde dürfen Sie das nun selbst berechnen.

- **Und Sterne:** Auch hier muss zwischen Nord- und Südhalbkugel unterschieden werden. Nördlich des Äquators ist der Polarstern – er weist den Weg nach Norden – der beste Anhaltspunkt. Am einfachsten ist er mit Hilfe des Sternbilds Großer Wagen zu finden, indem Sie den Abstand zwischen den beiden Sternen am hinteren Teil des Wagens fünfmal verlängern. Im Süden hilft Ihnen das Kreuz des Südens, die Orientierung zu finden. Verlängern Sie die längere Achse, das ist die Linie zwischen Gacrux und Acrux, etwa viereinhalb Mal, und Sie landen ziemlich genau am südlichen Horizont.

- **Ohne Himmelszelt:** Bei starker Bewölkung, Vulkanausbrüchen oder riesigen Vogelschwärmen müssen Sie sich an anderen Dingen als dem Himmel orientieren.

Wind: Machen Sie sich mit den lokalen und regionalen Windsystemen Ihrer Wanderregion vertraut. Diese sind bei vielen der Orientierungshilfen ohne Himmel Grundlage. Im Nordalpenraum kommt schlechtes Wetter meist aus West bis Nordwest. In den Südalpen meist aus Südwest. Falls sich der Wind gerade nicht an Regeln halten will, so können Sie zumindest Ihre Laufrichtung konstant halten, indem Sie gegen den Wind gehen. Falls der Wind tatsächlich ständig wechselt: viel Glück. *Bäume:* neigen sich, bedingt durch Wind und Wetter, meist in die windabgewandte Richtung, in Deutschland nach Südosten. *Moos:* wächst an einzeln stehenden Bäumen häufig auf der schattigen und feuchten Nordwestseite. *Raureif:* wächst gegen den Wind. Wobei Sie auch hier wieder die Windrichtung wissen müssen. *Wechten:* bilden sich normalerweise auf der von der vorherrschenden Windrichtung abgewandten Seite. *Satellitenschüsseln:* sind meist nach Süd-Südost ausgerichtet. Aber wenn Sie eine Satellitenschüssel in den Bergen entdecken, sind Sie ziemlich sicher gerettet.

047 ALPEN-VIAGRA NEHMEN 047

Der Steinbock, man darf das in diesem Zusammenhang so hart sagen, war eigentlich schon immer eine arme Sau. Denn der *Capra ibex* galt als

Allheilmittel – von den Haaren bis zu den Hörnern wurde fast jedem seiner Körperteile eine Wirkung gegen diverse Krankheiten zugeschrieben. Herz und Mark wurden als Stärkungsmittel eingesetzt, sein Blut gegen Blasen- und Nierensteine. Die Magenkugeln aus Haaren und Pflanzenfasern schützten angeblich gegen Gelbsucht. Dem Herzkreuz, einer Verknöcherung an der Herzschlagader, wurden wahre Wunder attestiert. Sogar für die Exkremente gab es eine medizinische Verwendung. Die Hörner sollten pulverisiert nicht nur Koliken und Krämpfe lindern, sondern einigen Überlieferungen zufolge die Manneskraft stärken.

Den mit Phallussymbolen bewehrten Kraftprotz der Berge hat dieser Aberglaube an den Rande der Ausrottung gebracht. Anfangs des 19. Jahrhunderts wurden die letzten 100 Exemplare des Alpenraums am Gran Paradiso unter Schutz gestellt. Von dieser kleinen, italienischen Population stammen heute alle in den Alpen lebenden Steinböcke ab.

Längst ist das imposante Tier dank eines Wiederansiedlungsprogrammes zahlreich in vielen Regionen des Alpenbogens vertreten. Und mit dem Bestand scheint auch der alte Glaube an die aphrodisische Wirkung der Hörner zu wachsen. In dem Schweizer Kanton Graubünden, wo der Steinbock das Wappen ziert und mittlerweile wieder zum Abschuss freigegeben ist, entwarf die Schweizer Apothekerin Isabella Mosca ein Steinbockspray. Dreimal drei Spritzer täglich in den Mund sollen, nunja, die Standkraft des Steinbockhorns gewissermaßen auf das beste Stück des Mannes übergehen lassen. Einige Medien berichteten sogar vom „Alpen-Viagra“. Zudem steht der Steinbock nicht nur für sexuelle Energie, sondern kraft des gleichnamigen Sternzeichens für Stolz, Ausdauer und Zielstrebigkeit. So soll das Steinbockspray auch die geistige und seelische Belastbarkeit steigern und die Lebenskräfte heben.

Laut Experten gebe es für eine aphrodisische Wirkung des Hornes keine Beweise. Während Steinbockhorn in dem Spray auch nur in Spuren enthalten ist, machen pflanzliche Extrakte den Großteil der leicht alkoholischen Essenz aus – und wohl auch deren kolportierte Wirkung. Das stimulierende Yohimbe ist darin ebenso enthalten wie die lange als Heilmittel bekannten Pflanzen Eleutherococcus, Schöllkraut und Meisterwurz, dazu Sägepalme gegen Prostatabeschwerden und Hopfen zur Entspannung. - - -

Wie groß der Steinbockanteil in der Essenz auch sein mag, so wirkt allein der Name Steinbockspray auf alle Fälle anregender als andere Alpenbewohner wie beispielsweise „Murmeltier“. Wer möchte schon den Esprit eines Tieres inhalieren, das mehrere Monate im Jahr tief unter der Erde dauerschläft. Beim Kunden scheint der Energiebedarf trotz des Preises von 40 Franken für 50 Milliliter groß zu sein. Genaue Verkaufszahlen verraten die Hersteller zwar nicht, doch sei man vom Erfolg überrascht gewesen.

048 EIN MURMELTIER VERARBEITEN 048

Das Murmeltier hat es weit gebracht, jedenfalls besiedelt ein gutes Dutzend Unterarten des Marmota etliche Gebirge der Nordhalbkugel. In Mitteleuropa werden Sie beispielsweise auf das Alpenmurmeltier treffen, in Sibirien auf das Schwarzhut-Murmeltier und in Kanada auf das Waldmurmeltier. Der Bewohner unterirdischer Bauten ist heute als typischer Vertreter des Kindchenschemas – große Augen, kurze Arme, Babyspeck – in den Alpen gern gesehen. Er hat aber auch eine Karriere als Nutztier hinter sich. Inzwischen werden die Langschläfer in Österreich und der Schweiz wieder zu Tausenden gejagt – und meistens einfach entsorgt. Dabei lässt sich von dem goldigen Nager fast alles verwerten. - - - - - -

▸ Murmelfell: Der große Renner waren Felle des Murmeltiers zwar noch nie, doch galt das Murmelfell einst als sehr halt- und durchaus brauchbar. In Mitteleuropa erlebte das Murmeltier seine schwerste Phase als Felllieferant vor allem während des II. Weltkriegs in der Schweiz. Wegen des Mangels an sonstigen Fellen wurden damals pro Jahr immerhin 14.000 Stück zu Mänteln verarbeitet. Doch während die Murmelfellverarbeitung in den Alpen immer ein regionales Phänomen blieb, musste das Steppenmurmeltier zu Zeiten der sowjetischen Vorherrschaft in Asien so manchen Kalten Krieger wärmen. Allein in der Mongolei soll der jährliche Murmelfellumsatz bei bis zu 2,5 Millionen Stück gelegen haben. Heute sind die Felle meistens dort, wo sie hingehören: am Murmeltier.

▸ Murmeltieröl: Auch wenn der Gedanke, sich mit dem Winterspeck eines Nagetiers einzureiben, etwas ungewöhnlich sein mag, verarbeiten viele Spezialisten für Naturprodukte das aus dem Fett gewonnene Murmeltieröl seit vielen Jahrhunderten als Heilmittel in diversen Salben. Denn unter dem Pelz des Tieres versteckt sich die Kraft heilender Alpenkräuter – und damit eine ganze Apotheke. Murmeltieröl enthält Vitamin E, dazu Fettsäuren wie Ölsäure und Linolsäure, sowie in geringer Menge Corticosteroide, Verwandte des Cortisons. Laut dem ergötzlichen Aufsatz „Allerlei Ergötzliches und Wissenswertes über das Alpenmurmeltier" soll Murmeltierfett in der Volksmedizin unter anderem schon gegen Rheumaleiden, Hodenbrüche, Asthma und Koliken geholfen haben. Nach dem Sport – und hierzu ist explizit das Bergsteigen zu zählen – trägt es angeblich zur schnellen Regeneration bei. Das Öl kann prinzipiell relativ einfach in Heimarbeit hergestellt werden, indem Sie das Fett in sehr kleinen Stücken in einem Wasserbad kochen. Nur sollten Sie beim Schneiden wegen der corticoiden Wirkung Gummihandschuhe benutzen – und wegen des Geruchs keine allzu empfindliche Nase besitzen.

▸ **Murmeltierragout:** Als Gericht ist das Murmeltier von den meisten Speisekarten verschwunden, denn es bereitet dem Koch viel Arbeit. Schuld daran ist die dicke Fettschicht, die es erst einmal abzutragen gilt. Einige Köche servieren Murmeltiere allerdings wieder als echte Delikatesse. Auch die Schweizerischen Bundesbahnen (SBB) boten vor einigen Jahren ein edles Murmeltieressen im Rahmen einer „exklusiven Gruppenreise" als „Happening der Sonderklasse" an. Im SBB-Spezialwagen „Le Salon de Luxe" gab es Murmeltierragout mit Bündner Polenta, Rotkraut, Rahmkastanien, Eierschwämmli, Speck und Croûtons, dazu Rotwein sowie einen ehemaligen Skirennfahrer, einen Koch und einen Winzer – alles passionierte Jäger – als Unterhalter. Die Vorstellung, ein Murmeltier zu verzehren sei vor allem für die Frauen manchmal etwas gewöhnungsbedürftig, hieß es seitens des Veranstalters. Wer den Geschmack von Wild nicht mag, hatte bei dem Menü generell ein Problem. Denn außer Murmeltier standen Blumenkohlsüppchen mit Gewürzkaninchen, Königstaube auf Rahmwirsing und Kürbis sowie eine herbstliche Gemüsesuppe mit Hirschtrockenfleisch auf dem Programm. Garniert wurde das Menü mit: allerlei Jagdgeschichten.

Murmeltier-Ragout (Zutaten für 5 Personen)

1,5 kg Murmeltierfleisch mit Knochen
350 Gramm Wurzelgemüse (Karotten, Zwiebeln, Knollensellerie, Petersilienwurzeln)
6 Knoblauchzehen
3 El Kräuter gemischt (Rosmarin, Thymian) plus 3 Lorbeerblätter
3 El Wachholderbeeren und Pfefferkörner zerdrückt plus 4 Nelken ganz
6 El Erdnussöl
2 El Tomatenpüree
1,5 l kräftiger trockener Rotwein
60 Gramm Heidelbeeren (auch tiefgekühlt)
2 El Balsamicoessig oder 1 El Balsamicocreme
20 Gramm Weizenmehl Type 405
20 Gramm Kochbutter
Salz und Pfeffer

Husch, husch in den Topf!

1. Das Murmeltierfleisch gründlich von Fett und Drüsen trennen. Es ist empfehlenswert, diese Arbeit einem Fachmann zu übergeben. – Das fettlose Fleisch in beliebig große Stücke schneiden (wie Kaninchen-Ragout). Die Knochen am besten mit einer Säge zerteilen, da mit dem Messer oft unerwünschte Knochensplitter entstehen!

2. Das geschälte Gemüse in zentimetergroße Würfel schneiden und mit den Kräutern, Gewürzen und dem Fleisch für etwa 4 Stunden im Rotwein einlegen. – Fleisch und das Gemüse aus der Beize nehmen und gut abtropfen lassen. – Beize aufkochen und durch ein Tuch oder ein feines Sieb passieren.

3. Erdnussöl in einer großen Bratpfanne gut erhitzen, die Fleischstücke beigeben. – Allseitig anbraten und auf ein gelochtes Ofenblech legen. – Das Fleisch im 150°C vorgeheizten Ofen für ca. 8 Minuten weiterbraten. Das abgetropfte Fett abschütten und die Fleischstücke mit Küchenpapier gut abtupfen, mit Salz und Pfeffer würzen.

4. Gemüse, Kräuter und das Tomatenpüree mit dem Erdnussöl in einem Bräter kurz rösten. Fleisch beigeben und mit der Beize ablöschen. – Im Ofen bei 120 Grad etwa 2,5 bis 3 Stunden zugedeckt ziehen lassen. Das Fleisch soll sich von den Knochen lösen.

5. Fleisch aus der Sauce nehmen, die Heidelbeeren der Sauce beigeben und 5 Minuten aufkochen. – Sauce durch ein Spitzsieb passieren, nochmals aufkochen, mit der Mischung von der Kochbutter und dem Mehl „beurre manié" nach Belieben abbinden und mit dem Balsamicoessig, Salz und Pfeffer abschmecken. Das Fleisch wieder dazugeben.

6. Das Ragout / Wildpfeffer über Nacht kühl stellen. Die eventuell noch vorhandenen Fette bilden an der Oberfläche des Ragouts eine Kruste, welche mühelos entfernt werden kann.

7. Das Murmeltier-Ragout gut erhitzen (nicht mehr kochen). Auf vorgewärmten Tellern anrichten. Mit den klassischen Beilagen von Wildgerichten wie Spätzli, Grießgnocchi, Schupfnudeln oder Polenta servieren. Dazu passen auch Rotkraut, Rahmwirsing, Maroni, pochierte Äpfel oder Birnen mit Preiselbeerkompott. Das Ragout mit gerösteten Speckwürfeln, Brotcroutons und wenig gehackter frischer Petersilie garnieren.

049 KOMISCHE VÖGEL BEOBACHTEN 049

Die Berge sind der Lebensraum von wenigen, dafür umso bemerkenswerteren Vögeln mit hochinteressanten Verhaltensweisen. Hin und wieder kommt es sogar zum direkten Kontakt mit Menschen.

▸ **Weibchen werben:** In seinem Gebaren erinnert das Auerhuhnmännchen manchmal an einen Halbstarken, zumindest während der Balz im Frühjahr. Im Dunkeln bezieht der Auerhahn *(Tetrao urogallus)* schon in der Nacht Position auf einem traditionellen Balzbaum im lichten Waldgebiet und macht sich dort recht wichtig. Er stellt seine Schwanzfedern, den Fächer, steil auf, reckt den Kopf nach oben – und intoniert erst einmal die Balzarie. Eine Strophe, auch Gstanzl oder Gsetzl genannt, dauert etwa sechs Sekunden und besteht aus Knappen, Triller, Hauptschlag, Wetzen. So nennen Spezialisten seine Lockrufe. Später wird die Balz am Boden fortgesetzt, meist mit ein paar Artgenossen, wobei der Auerhahn des Öfteren wie bei einem Freudensprung in die Luft flattert. Während der Bodenbalz kommt es auch zum Tretakt, der Paarung des besten Aufschneiders mit der Henne.

Im Zuge der Brautwerbung steigt der Testosteronspiegel des Auerhahns auf das Vielfache – nach manchen Quellen sogar das Hundertfache – des normalen Werts an. Auerhähne verwandelt dieser Schub in aggressive Kampfhühner, die sich auch mit viel größeren Störenfrieden wie dem Menschen anlegen. In einem solchen Fall sollten Sie etwas nachsichtig mit dem armen, hormongesteuerten Kerl umgehen und nicht selbst den Auerhahn spielen. Schließlich ist es sein Revier. Außerdem mag das Auerwild als größte europäische Hühnerart zwar ein gewaltiger, bis zu fünf Kilogramm schwerer Vogel sein. Doch ist er wie viele imposante Erscheinungen ganz tief drinnen doch ein Sensibelchen, vor allem während der Balz. Eingriffe in seinen Lebensraum stressen ihn bis zum Tode. In vielen Mittelgebirgen Deutschlands ist er bereits ausgestorben, sein Bestand trotz etlicher Schutzmaßnahmen gefährdet. Niemand wird gerne bei der Fortpflanzung gestört.

▸ **Jägerlatein erleben:** Steinadler *(Aquila chrysaetos)* sind imposante Jäger mit ganz unterschiedlichen Strategien. Mal gehen sie von einem Ansitzposten auf bis zu 3.000 Meter Höhe auf Beutezug, mal versuchen sie es reflexartig aus dem Suchflug heraus. Oft gleiten sie dicht an Hängen entlang, suchen im bodennahen Flug Deckung an Kuppen und Hügeln und überraschen so vor allem Murmeltiere oder Raufußhühner. Schalenwild wie kleine Gämsen werden teilweise am steilen Fels angegriffen, ein Stück in den Luftraum getragen und schließlich fallen gelassen. Die etwa fünf Kilogramm schweren Vögel sollen so bereits Tiere mit dem dreifachen Kampfgewicht zur Strecke gebracht haben. Bei der Verteidigung des Horsts fürchten sich Adler nicht einmal vor Gleitschirmfliegern. Manche Steinadlerpärchen kooperieren sogar.

Dabei darf nicht vergessen werden, dass es sich bei manchem Adler nicht nur um ein furchtloses, sondern auch ein frustriertes Tier handelt. Der Steinadlerexperte und Leiter des Schweizer Nationalparks Heinrich Haller schreibt in dem Standardwerk des Alpen-Ornithologen *Der Steinadler in Graubünden* von nur drei Erfolgen bei 47 Jagdmanövern aus dem Ansitz. Außerdem dokumentiert Haller, wie sich die Gejagten ihrem Schicksal keineswegs einfach ergeben. Ein Steinbockkitz überlebte beispielsweise einen Absturz aus den Krallen eines Adlerweibchens im Fedoztal auf ein Schneefeld aus 15 Metern Höhe, worauf der Vogel wahrscheinlich große Adleraugen machte. Eine andere Adlerdame in der

Gemeinde Trin wiederum hatte eine Begegnung der anderen Art, als sie sich in den Rücken einer jungen Gämse krallte. Als Adler tut man das normal nicht, sondern packt die Viecher am Schädel. Jedenfalls ritt der Vogel 30 Meter lang mit, ehe die Gämse wegen eines Schocks bewegungslos liegen blieb. Als die Adlerdame der Beute schon einige Haarbüschel gerupft hatte, um mit chirurgischer Präzision den Brustraum zu öffnen, sprang die Gämse auf und entkam mit offenbar nur leichten Verletzungen.

Am meisten schockiert dürfte aber jener Adler gewesen sein, der nach einem erfolglosen Versuch, ein Murmeltier zu schlagen, frustriert am Boden sitzen blieb. Das kommt häufig vor. Doch der arme Steinadler musste neben der Enttäuschung noch eine Erniedrigung verkraften. Das Murmeltier griff an.

▸ **Dichter erschlagen:** Der Bartgeier *(Gypaetus barbatus)* hatte lange Zeit ein gewaltiges Imageproblem. Seine Spannweite von fast drei Metern war einschüchternd, seine rotgeränderten Augen furchterregend. Er wurde als Lämmergeier dämonisiert, stand in dem Ruf massenweise Schafe zu fressen, hie und da auch ein Kind zu entführen oder Ziegenhüter auf Almen zu zerfleischen. Auf den Kopf des Bartgeiers wurden sogar Prämien ausgesetzt. Bereits Anfang des 20. Jahrhunderts war er in den Alpen ausgestorben.

Wiederansiedlungsprojekte verliefen in vielen Teilen der Alpen erfolgreich, unter anderem in den Hochsavoyen, im Engadin und in den Hohen Tauern. In Kals am Großglockner mündete seine Freilassung im Jahr 2010 sogar in einem Medienspektakel. Sein Ansehen wurde inzwischen aufpoliert, er gilt heute als weitgehend friedlicher Zeitgenosse. Landwirte und Jäger können sich in Zuchtstationen davon überzeugen, dass sich

Auerhahn *Steinadler* *Bartgeier*

Bartgeier nicht einmal an Nagern im gleichen Gehege vergreifen. Im Alpenzoo Innsbruck lassen sich die Tiere – anders als übrigens die Steinadler – ohne lästige Gitterstäbe beobachten. Etwa 80 Prozent seiner Nahrung bezieht der riesige Vogel aus Knochen von toten Tieren, die ein ausgewachsener Bartgeier bis zu einer Größe von etwa 20 Zentimeter Länge und drei Zentimeter Dicke einfach verschluckt. Zu große Knochen sprengen die Müllmänner der Gebirge durch den Abwurf auf große Felsplatten während des Fluges. Solche Knochenschmieden sehen nach einiger Zeit ziemlich makaber aus.

Ein prominentes Opfer der Menschheitsgeschichte soll jedoch tatsächlich auf die Kappe des Bartgeiers gehen: Der Legende nach erschlug den griechischen Tragödiendichter Aischylos 456 vor Christus eine Schildkröte auf Sizilien. Ein Greifvogel hatte sie auf den Kopf des Dichters fallen gelassen.

050 LILA KÜHE VERGESSEN 050

Die Berge sind eine Welt voller Missverständnisse. So galten Winterbegehungen an der Eiger Nordwand früher beispielsweise als Wahnsinn bis einfach nicht machbar – doch ziehen Alpinisten wie der Schweizer Ueli Steck die kalte Jahreszeit dem Sommer inzwischen vor, weil dann die

Steinschlaggefahr geringer ist. Der Cerro Torre in Patagonien trug einst den Namen „unmöglicher Berg“ – und ist heute bei Kletterern extrem beliebt. Viele Jahre waren sich die Mediziner und Alpinisten sogar weitgehend einig, dass eine Besteigung des Mount Everests ohne Flaschensauerstoff gar nicht oder nur mit schweren Folgeschäden möglich sei. Seit 1978 wird diese Annahme regelmäßig widerlegt.

Eines der liebsten Missverständnisse ist relativ neu. Angeblich glauben viele Kinder der heutigen Hochhauszivilisation, Kühe wären lila. Als Beweis dient ein Malwettbewerb aus den 1990er-Jahren in Bayern, an dem 40.000 Schüler teilnahmen. Als die Schüler eine Kuh ausmalen sollten, wählte fast jedes dritte Kind die Farbe Lila. Schuld daran war natürlich die böse Milka-Werbung mit ihrer auf der Alm flanierenden lila Kuh.

Es ist jedoch ein Irrtum der Zeigefingergesellschaft deshalb zu glauben, die Großstadtjugend wüsste nicht um die Farbe von Rindern. Der Malwettbewerb zeigte nur, dass die Werbung offenbar wirkt und Kinder das ungewöhnlich gefleckte Vieh witzig finden. Praktisch alle Kinder sind sich nämlich vollauf bewusst, dass Kühe in Wirklichkeit nicht lila sind. Dies wurde 1997 in einer Studie mit dem Namen „Lila Kuh“ belegt. Die Spielkonsolengeneration hat ein anderes Problem: Im Jahr 2003 ermittelte der „Jugendreport Natur“, dass etwa jedes zehnte Kind glaubt, Enten seien gelb.

051 MATTERHÖRNER ERKENNEN 051

Das Matterhorn im Schweizer Kanton Wallis ist mit Sicherheit nicht nur einer der prägnantesten Berge, sondern zugleich ein verkaufsförderndes Markenzeichen. Unzählige Berge werden mittlerweile mit dem Beinamen „Matterhorn“ geschmückt. Auch der Südtiroler Extrembergsteiger Hans Kammerlander nennt das Matterhorn den Inbegriff eines schönen Berges. Ein Berg, der seiner Meinung nach die Bezeichnung Matterhorn verdient, muss allein stehend und dominant sein. Und er muss diesen typischen pyramidenförmigen Gipfel haben. Nicht nur seiner Meinung nach gibt es weltweit jede Menge Matterhörner. Hier sind zehn davon.

Wer hat's erfunden?

1. Matterhorn: 4.478 Meter *2. K2:* Matterhorn Pakistans, 8.611 Meter *3. Jasemba:* Matterhorn Nepals, 7.350 Meter *4. Ama Dablam:* Matterhorn Nepals, 6.856 Meter *5. Shivling:* Matterhorn Indiens, 6.543 Meter *6. Alpamayo:* Matterhorn Perus, 5.947 Meter *7. Belalakaja:* Matterhorn des Kaukasus, 3.861 Meter *8. Cimon della Pala:* Matterhorn der Dolomiten, 3.184 Meter *9. Hochvogel:* Matterhorn des Allgäus, 2.592 Meter *10. Stetind:* Matterhorn Norwegens, 1.392 Meter

052 IN EINEM BERGSEE BADEN 052

Ein Sprung in einen kühlen Bergsee gehört zu den romantischeren Vorstellungen des Wanderers. Allerdings ist es auch eine sehr kalte Angelegenheit und somit garantiert nichts für Warmduscher, Altweibersommerwanderer und Steilhangverweigerer. Der Taubensee zwischen Bayern und Tirol bringt es in Rekordsommern zwar auf erstaunliche 24 Grad Celsius, allerdings liegt er auch nur auf 1.140 Metern. Außerdem stammt die Temperaturangabe vom örtlichen Tourismusverband und darf deshalb zumindest angezweifelt werden. Der als ausgesprochen warm geltende Falkertsee in Kärnten auf 1.872 Metern erwärmt sich beispielsweise nur auf 13 Grad Celsius, der Funtensee im Berchtesgadener Land auf etwa zehn bis zwölf Grad Celsius. Letzterer ist ein Kaltluftsee und im Winter wegen seiner Lage in einer Senke zugleich der Kältepol Deutschlands. Hier sank die Temperatur bereits im Oktober einmal auf minus 24,3 Grad Celsius, an Weihnachten 2001 wurde der deutschlandweit absolute Tiefstwert von minus 45,9 Grad gemessen.

Generell wird bei Bergseen zwischen Mittelgebirgsseen, die unterhalb der Waldgrenze liegen, und Hochgebirgsseen – sie haben ihren Platz dementsprechend oberhalb der Waldgrenze – unterschieden. Hochgebirgsseen sind meistens abscheulich kalt. Wie warm ein See ist, hängt aber nicht nur von der Höhe ab; auch die Beschattung, die Windexposition und vor allem die Wassertiefe spielen eine Rolle. Seen mit nur zwei oder drei Metern Wassertiefe können im Sommer einigermaßen erträglich sein, während ein anderes Gewässer auf gleicher Höhe eisig kalt ist. Sofern Sie ein harter Hund sind, können Sie prinzipiell auch in einem vom Gletscherwasser gespeisten See baden, der möglicherweise nur drei Grad hat. Aber beschweren Sie sich hinterher nicht, Sie hätten nichts gewusst. Außerdem sollten Sie auf mögliche Verbote achten, die es beispielsweise in Schutz- oder Schongebieten gibt.

Aus rein gesundheitlichen Aspekten spricht laut Hubert Gassner, Leiter der Abteilung Seenkunde beim österreichischen Bundesamt für Wasserwirtschaft, nichts gegen ein Bad im Bergsee. Die meisten Bergseen sind nährstoffarm, ihr Wasser von guter Qualität. In Almgebieten sind die Nährstoffwerte allerdings manchmal höher, als sie sein sollten. Vielleicht haben Sie auch schon einmal etwas von Schwermetallbelastung in Zusammenhang mit Bergseen gehört. In Kalkgestein ist diese laut Gassner überhaupt kein Faktor. Im Urgestein, wie beispielsweise dem Granit, kann der Bergsee jedoch bis zu einem gewissen Grad versauern. Einer Studie der Umweltorganisation Greenpeace Österreich zufolge sind Fische aus Hochalpenseen auch mit mehreren Dauergiften belastet. Diese lagern sich jedoch in der Niere der Fische ab, die normalerweise ausgenommen wird. Für den Badenden sind die Schwermetalle auch hier angeblich kein Problem.

Übrigens gehören Fische – jedenfalls oberhalb von 1.500 Metern – keineswegs zur natürlichen Ökologie eines Bergsees. Sie wurden teilweise bereits im Mittelalter von Knappen oder Hirten in den Seen als Proteinlieferanten eingesetzt, wachsen im Hochgebirge jedoch viel langsamer als ihre Artgenossen in tiefer gelegenen Gewässern und sind zumeist als kleinwüchsige Kümmerformen vertreten. Auch rein ökologisch ergibt das Aussetzen von Fischen in Bergseen wenig Sinn, da sie die sensiblen Ökosysteme schlagartig aus dem Gleichgewicht bringen. Immerhin kann aber manch ein Angler sein Glück vor großartiger Bergkulisse versuchen.

053 SAMMELN III – DIE BERGE DER ANDEREN 053

- <u>Sowjetische Siebentausender:</u> Die Sowjetunion existiert schon lange nicht mehr, doch die sowjetische Auszeichnung für herausragende Bergsteiger gibt es noch immer. In verschiedenen UdSSR-Nachfolgestaaten wird der Sneschnij bars – zu Deutsch Schneeleopard-Orden – für die Besteigung der fünf Siebentausender auf ehemaligem UdSSR-Territorium verliehen. Die fünf gewaltigen Berge liegen im Pamir- und dem Tianshan-Gebirge, zwei Berggruppen auf dem riesigen asiatischen Kontinent, die weniger bekannt sind als die Achttausender-Herbergen Himalaya und Karakorum. Der Kasache Denis Urubko, erfolgreicher Achttausender-Sammler, Gewinner des Bergsteiger-Oscars Piolet d'Or im Jahr 2010 und einer der überragenden Höhenbergsteiger der Gegenwart, komplettierte die Siebentausender-Sammlung innerhalb von nur 40 Tagen. - - -

Die Objekte: *Pik Ismoil Somoni (7.495 Meter, Tadschikistan) Dschengisch Tschokusu (7.439 Meter, Kirgisistan/China) Pik Lenin (7.134 Meter, Tadschikistan/Kirgisistan) Pik Korschenewskaja (7.105 Meter, Tadschikistan) Khan Tengri (7.010 Meter, Kirgisistan/China)* -

▸ **Schottische Dreitausend-Füßer:** Berge mit einer Höhe von mehr als 3.000 Fuß (914,4 Meter) Höhe heißen in Schottland Munros, benannt nach einem der Gründer des Scottish Mountaineering Club und dem ersten Munro-Sammler himself Sir Hugh Thomas Munro. Heute gibt es in Schottland 283 offiziell anerkannte Munros und eine eigene Munro Society. Sie führt penibel Buch über das inzwischen zum schottischen Volkssport aufgestiegene Munro-Bagging. Sir Munros erste Liste *Tables of the 3.000 ft Mountains of Scotland* aus dem Jahre 1891 wurde mehrere Male überarbeitet. Eine Änderung betraf Herrn Munro selbst: Ihm fehlten am Ende nämlich nur drei Berge. Weil einer der drei Munros namens Carn Cloich-mhuilinn, den sich der Pionier als Finale aufgehoben hatte, im Jahre 1980 zum Nebengipfel degradiert wurde, wären es sogar nur zwei gewesen. Der erste von inzwischen weit mehr als 3.000 sogenannten Munroisten war im Jahre 1901 Reverend Archibald Robertson. - - - - - -

---

Die Objekte (Die Top Ten): *Ben Nevis (1.344 Meter) Ben Macdhui (1.309 Meter) Braeriach (1.296 Meter) Cairn Toul (1.291 Meter) Sgor an Lochain Uaine (1.258 Meter) Cairn Gorm (1.244 Meter) Aonach Beag (1.234 Meter) Aonach Mòr (1.221 Meter) Càrn Mòr Dearg (1.220 Meter) Ben Lawers (1.214 Meter)* - - - - - - - - - - - - - - - -

▸ **Die höchsten Europas:** Udmurtien, Mordwinien, Kalmückien – nie gehört? Wie steht es mit Gagausien oder Tschuwaschien? Auch nicht? In Europa gibt es, je nach Definition und Grenzziehung, zwischen 45 und 50 Staaten. -

Der deutsche Rentner und ehemalige Chemiker Wolfgang Schaub hat die jeweils höchsten Gipfel aller europäischen Staaten bestiegen, vom Elbrus in Russland bis zum Møllehøj in Dänemark. Aber mit dieser Sammlung gab sich Schaub nicht zufrieden. Zu den höchsten Bergen Europas zählt er auch die markantesten Erhebungen aller autonomen Gebiete wie Südtirol, Elsass oder oben genannte Regionen. Schaub kommt so auf 135 Sammelobjekte. Zuletzt biss er sich am Großen Jamantau (1.640 Meter), dem Höhepunkt Baschkortostans im Süd-Ural, die Zähne aus. - - - - - -

Die Objekte (Auswahl der fünf höchsten und zehn niedrigsten; nach Schaub): *Elbrus (Russland, 5.642 Meter) Ararat (Türkei, 5.137 Meter) Kasbek (Ossetien, 5.047 Meter) Mont Blanc (Frankreich, 4.810 Meter) Courmayeur (Italien, 4.748 Meter) Kapellenberg (Memelland, 73 Meter) Pinneberg (Helgoland, 61,3 Meter) Suite 212 im Claridge's Hotel (Jugoslawische Enklave in London, 31 Meter) Namenloser Punkt an der Gierle Straat (Enklaven von Baarle, 28,8 Meter) Via Condotti 68, Rom (Souveräner Malteserorden, ca. 20 Meter) Erhebung über Hall's Ledge (Rockall, 19,1 Meter) Namenloser Punkt (Camp Zeist, 17,8 Meter) Oben Winkelhörne (Saterland, 13,1 Meter) Laderampe (Tschechische Enklave im Hamburger Hafen, 7,1 Meter) Namenloser Unterwasserberg (Ferdinandea, minus 8 Meter)* -

„Mit dem Liebsten kann man auch in der kleinsten Hütte glücklich sein.“
(Lew Nikolajewitsch Tolstoi, Schriftsteller, 1828–1910)

RUNTERKOMMEN

AM GIPFEL

IN EISIGEN HÖHEN

STEIL GEHEN

UNTER EINEM DACH

HANG ZUM ANDERSSEIN

AUF EINGETRETENEN PFADEN

DIE ERSTEN SCHRITTE

054

DIE ALPEN ERSCHLIESSEN

054

Die Fundamente zahlreicher Alpenhütten wurden während der Belle Époque gelegt, die vom Ende des 19. Jahrhunderts bis zum Ausbruch des Ersten Weltkriegs reichte. In dieser Phase der allgemeinen Euphorie erlebte der Alpentourismus seine erste echte Blüte – und mit ihm kam die Erschließung des Hochgebirges. Symbolisch für die Ausweitung des Lebensraumes im Gebirge steht die Berliner Hütte auf 2.042 Meter in den Zillertaler Alpen. Das mondäne Refugium mit Zirbenholztäfelung, Damensalon und Kronleuchtern wurde 1879 eröffnet und bis kurz vor dem Ausbruch des Ersten Weltkriegs innerhalb von 32 Jahren fünfmal erweitert. Anschließend wurde die Hütte zwar immer wieder saniert und modernisiert, doch die Grundmauern sind noch dieselben. Seit 1997 steht die Hütte unter Denkmalschutz.

Expansionspolitik zur Jahrhundertwende

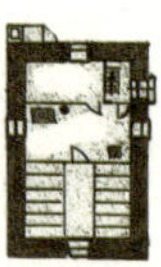

Berliner Hütte 1879

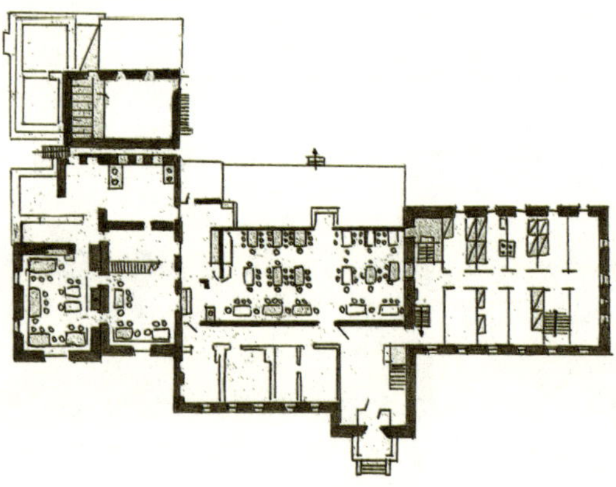

Berliner Hütte 1911

055 HAUPTSTÄDTE ERWEITERN 055

Ein vernünftiges Domizil in den Bergen gehörte früher einfach zum guten Ruf. Vor allem die Alpenvereinssektionen größerer Städte griffen früh in die touristische Nutzung der Alpen ein, bauten Unterkünfte – und markierten ihr Terrain mit dem entsprechenden Hüttennamen. Abgesehen von Eisenstadt und Schwerin sind sämtliche österreichische und deutsche Landeshauptstädte zumindest namentlich durch alpine Unterkünfte in den Alpen vertreten – auch wenn manche den Besitzer wechselten. (Höhe, Standort und Besitzer in Klammern) - - - - - - - - - - - - - - - - - - -

Deutschland: Berliner Hütte (2.042 Meter, Zillertaler Alpen, DAV-Sektion Berlin) *Bremer Hütte* (2.413 Meter, Stubaier Alpen, DAV-Sektion Bremen) *Dresdner Hütte* (2.308 Meter, Stubaier Alpen, DAV-Sektion Dresden) *Düsseldorfer Hütte* (auch Rifugio Serristori, 2.721 Meter, Suldental, autonome Provinz Südtirol AVS, CAI) *Erfurter Hütte* (1.834 Meter, Rofangebirge, DAV-Sektion Ettlingen) *Hannoverhaus* (2.719 Meter, Ankogelgruppe Kärnten, DAV-Sektion Hannover) *Hamburger Skihütte* (1.970 Meter, Goldberggruppe im Salzburger Land, DAV-Sektion Hamburg und Niederelbe) *Hamburger Hütte* (heute Berglhütte, 2.188 Meter, Ortlergebiet, CAI-Sektion Meran) *Kieler Wetterhütte* (2.809 Meter, Verwallgruppe, DAV-Sektion Kiel) *Neue Magdeburger Hütte* (1.633 Meter, Karwendelgebirge, DAV-Sektion Geltendorf) *Alte Magdeburger Hütte* (heute Rifugio Cremona alla Stua, 2.423 Meter, Pflerschtal, CAI-Sektion Sterzing) *Mainzer Hütte* (heute Schwarzenberghütte, 2.269 Meter, Glocknergruppe, Österreichischer Gebirgsverein des OeAV) *Münchner Haus* (2.959 Meter, Zugspitze, DAV-Sektion München) *Potsdamer Hütte* (2.020 Meter, Stubaier Alpen, DAV-Sektion Dinkelsbühl) *Saarbrücker Hütte* (2.538 Meter, Silvretta, DAV-Sektion ASS Saarbrücken) *Stuttgarter Hütte* (2.305 Meter, Lechtaler Alpen, DAV-Sektion Schwaben) *Wiesbadener Hütte* (2.443 Meter, Silvretta, DAV-Sektion Wiesbaden) -

Österreich: Innsbrucker Hütte (2.369 Meter, Stubaier Alpen, OeAV-Sektion TK Innsbruck) *Bregenzer Hütte* (1.300 Meter, Bregenzerwaldgebirge, Naturfreunde Bregenz) *Salzburger Hütte* (1.860 Meter, Hohe Tauern, Privatbesitz) *Linzerhaus* (1.371 Meter, Totes Gebirge, OeAV-Sektion Linz) *St. Pöltner Hütte* (2.481 Meter, Granatspitzgruppe, OeAV-Sektion Sankt Pölten) *Klagenfurter Hütte* (1.664 Meter, Karawanken, OeAV-Sektion Klagenfurt) *Grazer Hütte* (1.897 Meter, Schladminger Tauern, OeAV-Sektion Graz) *Südwiener Hütte* (1.802 Meter, Radstädter Tauern, OeAV-Sektion Österreichischer Gebirgsverein)

056 PATEN KENNEN 056

Viele Hütten sind nach Personen benannt – nach Politikern, Industriellen oder verdienten Mitgliedern von Alpenvereinssektionen. Manche Hütten erinnern an große Alpinisten des 19. und 20. Jahrhunderts.

- **Die Simonyhütte** am Fuß des hohen Dachsteins auf 2.205 Metern geht auf Friedrich Simony (1813–1896) zurück. Wie so viele Menschen, die sich Mitte des 19. Jahrhunderts in den Bergen herumtrieben, war Simony Wissenschaftler. In den 1840ern interessierte sich der Geograf insbesondere für das Dachsteingebiet. Er erkundete dort unter anderem Gletscher und Bodenbeschaffenheit, war 1843 maßgeblich am Bau des ersten Klettersteigs in Europa beteiligt und wählte 1876 – er war zu diesem Zeitpunkt schon 25 Jahre Geografieprofessor an der Universität Wien – höchstpersönlich den Standort der Simonyhütte. 1885 ging Simony in den Ruhestand, fünf Jahre später bestieg er ein letztes Mal den Dachstein.

- **Das Refugio Edward Whymper** steht auf 5.000 Meter am Chimborazo in Ecuador, der mit „nur“ 6.268 Metern Höhe einmal als weltweit höchster Berg galt. Chimborazo-Pionier Edward Whymper gehörte jener Garde englischer Bergsteiger an, die Mitte des 19. Jahrhunderts die prestigeträchtigen Alpengipfel im Sturmlauf eroberte. Whymper setzte sich in einem Zweikampf um die Erstbesteigung des Matterhorns am 14. Juli 1865 gegen den Italiener Jean-Antoine Carrel durch. Seine Siebener-Seilschaft wählte dabei den Hörnligrat, an dem heute noch der Normalweg verläuft, als Aufstiegsroute. Vier seiner Gefährten kamen beim Abstieg ums Leben. Mit dem Wettlauf endeten die „Goldenen Jahre" des Alpinismus; die Phase der großen Erstbesteigungen in den Alpen war vorüber.

▸ **Die Hermann-von-Barth-Hütte** liegt umgeben von wunderbaren Kletterfelsen auf 2.129 Metern in den Lechtaler Alpen. Im Jahre 1900 erbaut, ist sie bereits ein Vielfaches älter als ihr Namensgeber wurde. Hermann von Barth beging 1876 im Alter von nur 31 Jahren in Angola Selbstmord. Und doch hat er als einer der bekanntesten Erschließer der nördlichen Kalkalpen große Fußstapfen hinterlassen. Im Sommer 1870 bestieg er insgesamt 88 Gipfel – alleine. Neben der Hütte ist nach von Barth zudem ein Weg an der Partenkirchener Dreitorspitze benannt. Am kleinen Ahornboden im Karwendel, seinem Lieblingsterrain, erinnert ein Denkmal an ihn. - - -

▸ **Das Purtschellerhaus** (1.692 Meter) hat seinen Sitz in den Berchtesgadener Alpen auf der Grenze zwischen Österreich und Deutschland. Als hauptberuflicher Lehrer war Ludwig Purtscheller nicht nur ein schlauer Kerl, er zählte auch zu den ersten führerlosen Bergsteigern. Mit 1.700 Eintragungen in seinem Tourenbuch galt der Tiroler im 19. Jahrhundert als einer der besten Kenner der Alpen. Vom 6. Oktober 1889 an durfte er sich als einer von drei Erstbesteigern des Kilimandscharo, damals auf deutschem Kolonialgebiet, feiern lassen. Von größerem alpinistischem Wert waren die Besteigungen von Ortler und Matterhorn und die Überschreitung der Meije in den Dauphiné-Alpen 1885. Seine Begleiter hießen zumeist: Otto und Emil Zsigmondy. -

▸ **Zsigmondy-Hütte:** Der Wiener Bergsteiger Emil Zsigmondy entstammte einer ziemlich bekannten Familie. Emils vier Jahre jüngerer Bruder Richard gewann sogar den Nobelpreis in Chemie, der sieben Jahre jüngere Bruder Karl verewigte sich als Namensgeber einer Zahlentheorie, der 19 Monate ältere Otto war Zahnarzt. Nach Emil wurden neben der Hütte immerhin eine Spitze in den Zillertaler Alpen und eine Scharte an der Meije benannt. Nachdem er etwa 100 Drei- und Viertausender bestiegen hatte, viele davon mit seinem Bruder Otto, aber ohne Bergführer, starb er 1885 erst 24-jährig an jenem Berg, deren Längsüberschreitung seinen Ruhm bedeutete: der Meije. Die Hütte auf 2.224 Metern in den Sextener Dolomiten hieß zwischenzeitlich Rifugio Benito Mussolini und ist heute im Italienischen unter dem Namen Rifugio Zsigmondy Comici bekannt – obwohl Herr Comici noch eine eigene Hütte hat. - - - - - - - -

▸ **Das Rifugio Emilio Comici** am Langkofel bei Wolkenstein auf 2.140 Metern trägt den Namen jenes Kletterers, der Anfang des 20. Jahrhunderts als einer der ersten den sechsten Schwierigkeitsgrad bewältigte. Viele Jahrzehnte lang stellte dieser Grad die Grenze des Machbaren dar. 1940 stürzte Comici 39-jährig ab. Wegen einer verrotteten Reepschnur an einer kaum haushohen Übungswand. -

▸ **Die Paul-Preuß-Hütte** gibt es gleich zweimal. Die eine hat ihren Standort auf 1.560 Metern im Salzkammergut und nur neun Schlafplätze. Die andere dient seit Preuß' Todesjahr 1913 als Rifugio Paul Preuss in den Dolomiten auf 2.243 Metern als Herberge. In Wurfweite thronen die spektakulären Vajolettürme mit ihren vielen klassischen Routen. Preuß stürzte 27-jährig am Mandlkogel in der Dachsteingruppe in den Tod. Heute gilt er mit seinen 150 Erstbegehungen als Visionär und Pionier des Free-Solo-Kletterns. Bekannt sind unter Alpinisten seine Kletter-Grundsätze, die im Grunde noch heute Gültigkeit besitzen. Sie lauten: - - - - -

1. Bergtouren, die man unternimmt, soll man nicht gewachsen, sondern überlegen sein. 2. Das Maß der Schwierigkeiten, die ein Kletterer im Abstieg mit Sicherheit zu überwinden im Stande ist und sich auch mit ruhigem Gewissen zutraut, muss die oberste Grenze dessen darstellen, was er im Aufstieg begeht. 3. Die Berechtigung für den Gebrauch von künstlichen Hilfsmitteln entsteht daher nur im Falle einer unmittelbar drohenden Gefahr. 4. Der Mauerhaken ist nur eine Notreserve und nicht die Grundlage einer Arbeitsmethode. 5. Das Seil darf ein erleichterndes, niemals aber das alleinseligmachende Mittel sein, das die Besteigung der Berge ermöglicht. 6. Zu den höchsten Prinzipien gehört das Prinzip der Sicherheit. Doch nicht die krampfhafte, durch künstliche Hilfsmittel erreichte Korrektur eigener Unsicherheit, sondern jene primäre Sicherheit, die bei jedem Kletterer in der richtigen Einschätzung seines Könnens zu seinem Wollen beruhen soll. - - - - - -

▸ Das Rifugio Walter Bonatti auf der italienischen Seite der Walliser Alpen auf 2.025 Meter trägt den Namen eines italienischen Bergsteigers und Reiseschriftstellers. Selbst zurückhaltend urteilende Chronisten zählen Bonatti zu den besten Bergsteigern aller Zeiten. Bonatti durchstieg als Erster etliche Pfeiler und Wände an den großen Bergen der Alpen. Er überlebte während einer K2-Expedition 1954 ein Biwak ohne Schutz und Verpflegung auf 8.000 Metern sowie 60 Stunden in einem Unwetter am Frêneypfeiler (Mont Blanc), bei dem vier seiner sechs Kollegen starben. Nach einer Wintertour in der Matterhorn-Nordwand beendete er 1965 seine bergsteigerische Karriere. Die Route wurde erst 1994 wiederholt. Bonatti, Romantiker und Individualist, bereiste fortan die

Kontinente, erarbeitete sich einen Ruf als großartiger Buchautor und gewann 2009 den Bergsteiger-Oscar Piolet d'Or für sein Lebenswerk. Er starb im September 2011 in einem für risikobereite Bergsteiger wie ihn hohen Alter von 81 Jahren.

057 **RICHTIG ÜBERNACHTEN** 057

Wenn Sie am Berg auf einer Hütte übernachten, dürfen Sie außer Zahnbürste und Ihrer Schlafmütze drei Dinge nicht vergessen. Das bisschen Mehrgewicht lohnt sich.

- **Hüttenschlafsack:** Sie müssen sich einer Sache bewusst sein: Auf den meisten echten Berghütten gibt es zwar Bettdecken, aber meistens keine Bettwäsche und auch keine Dusche. Das ist gut für die Umwelt, aber für viele auch ein bisschen eklig. Deshalb hüllen Sie ihren verschwitzten und verdreckten Körper am besten in einen Hüttenschlafsack. Das schützt Sie vor einem direkten Kontakt mit der Bettdecke – und die Bettdecke vor Ihnen. In Matratzenlagern ist ein Hüttenschlafsack sogar Pflicht. Hüttenschlafsäcke sind meist aus Baumwolle oder Seide und kosten zwischen zehn und 60 Euro. Notfalls tut es auch ein Reiseschlafsack oder ein vernähtes Bettlacken. Gewicht: ca. 200 bis 600 Gramm.

- **Ohrenstöpsel:** Vor allem im Matratzenlager kann es nachts zu gewissen Störgeräuschen kommen. In einem Raum mit 30 Personen scheinen durchschnittlich 15 zu schnarchen. Der Rest leidet an Flatulenzen. Ohrenstöpsel, oft als Ohropax (Pax = Frieden) bezeichnet, schützen Sie zumindest ein wenig vor diesen Geräuschen. Mit einem weichen Schaumstoff-Ohropax in den Gehörgängen können Sie beispielsweise 100 Dezibel – das entspricht beinahe einem Presslufthammer in Betrieb – auf 70 Dezibel und damit etwa auf Rasenmäherlautstärke herunterdimmen. Laut Hersteller können Ohrstöpsel bis zu fünfmal gereinigt und danach wieder verwendet werden. Waschen Sie die Stöpsel nach Gebrauch mit milder Seife und warmem Wasser. Nicht auswringen! Anschließend lassen Sie diese 48 Stunden an der Luft trocknen. Gewicht: wenige Gramm. - - - -

- **Einen der folgende Hüttenschuhe:** In den meisten Hütten ist es verboten, Bergschuhe in den Schlafgemächern zu tragen. Auf der Hütte geliehene oder mitgebrachte Hüttenschuhe sind dann die beste Alternative. Es gibt keine Ausrede: Der Markt hat für jedes Gemüt das passende Modell. Gewicht: 100 bis 300 Gramm. -

1 Modell Hüttensocke 2 Modell Hoteldieb 3 Modell Strandhütte 4 Modell Filzpantoffel 5 Modell Öko 6 Modell Croc 7 Modell Adilette 8 Modell Trekkingsandale 9 Modell Daune 10 Modell alte Socke 11 Modell Biwak

058 **EIN GUTER GAST SEIN** 058

Auf den meisten Berghütten herrscht ein anderes Wirt-Gastgeber-Verhältnis als in den Gastronomiebetrieben unten im Tal. Sie sind hier weniger Kunde und König als Teil eines sozialen Systems. Besonders an Sommerwochenenden, wenn sich auf relativ kleinem Raum bis zu 300 Menschen drängeln, ähneln manche Hütten einem Ameisenhaufen. Folglich gibt es gewisse Regeln, an die sich der Gast halten sollte. Die Hüttenwartsvereinigung Schweizer Hütten hat dafür sogar einen Hüttenknigge erstellt, der Deutsche Alpenverein hat die Leitlinien in seiner Hüttenordnung verankert.

- **Reservieren:** Es ist ein wissenschaftlich noch nicht geklärtes Phänomen, dass unglaublich viele Menschen gleichzeitig auf die Idee kommen, ausgerechnet immer am selben Tag dieselbe Hütte zu besuchen wie man selbst. Reservieren Sie deshalb mindestens einen Tag im Voraus, besser früher, die benötigten Schlafplätze und Mahlzeiten. Der Hüttenwirt wird Sie ohne Reservierung zwar sicher nicht in die Dunkelheit schicken, aber so verringert sich die Gefahr auf eine Nacht im Notlager. Informieren Sie das Hüttenpersonal auch über Änderungen Ihrer Buchung, vor allem dann, wenn Sie überhaupt nicht kommen oder Sie sich gravierend verspäten.

- **Mitbringsel I:** Machen Sie sich während der Reservierung gleich einmal beliebt, indem Sie den Hüttenwirt fragen, ob Sie etwas mitbringen sollen. Im Gebirge gibt es weder Postboten noch Supermarkt oder Obststand. Bei Hütten mit Seilbahnanschluss oder Teerstraßenverbindung können Sie sich diesen Großmut allerdings sparen. Denken Sie außerdem an Bargeld.

▸ **Mitbringsel II:** Nachdem Sie gefragt haben, ob Sie etwas mitbringen sollen, können Sie jetzt nachhaken, ob Sie etwas mitbringen dürfen, beispielsweise Allergien, eine Großfamilie oder eine Horde hungriger, militanter Vegetarier. Falls Sie Hunde im Schlepptau haben, klären Sie das ebenfalls besser vorab mit dem Hüttenwirt. Gegen einen wohlerzogenen Husky mit treuem Dackelblick wird er weniger Einwände vorbringen als gegen einen aggressiven Kampfhund. In Schlaf- und Küchenräume dürfen Tiere nicht mitgenommen werden.

▸ **Ankommen:** Betreten Sie eine Hütte mit der inneren Einstellung: Der Wirt ist hier der Chef! Wenn Sie dann auch noch sofort nach Ihrer Ankunft Ihre Schuhe, Eispickel, Steigeisen und Stöcke im Schuh- oder Vorraum deponieren, kann wenig passieren. Viele Hütten stellen Hüttenschuhe zur Verfügung. Oder Sie verwenden Ihre eigenen *vgl. 057 „Richtig übernachten“.* Melden Sie sich oder Ihre Gruppe nun beim Chef an. Auch wenn der keine Uniform trägt, ist er eigentlich immer zu erkennen. Wenn der Chef gut gelaunt ist, haben Sie sicher Ihren Spaß. Wenn nicht: viel Glück!

▸ **Essen:** Zeigen Sie Demut! Auf vielen Hütten gibt es feste Essenszeiten, an die Sie sich halten sollten. Die meisten Wirte reagieren nicht wirklich begeistert, wenn Sie auf einem Gaskocher Ihr eigenes Fünf-Gänge-Menü zubereiten. Manche Bergunterkünfte trennen sogar klar zwischen Premiumgästen – das sind jene, die Halbpension gebucht haben – und dem Fußvolk. Die Auswahl der Gerichte ist manchmal gewaltig, hin und wieder überschaubar; das Essen schmeckt aber fast immer überraschend gut. Die Zigarette nach dem Essen rauchen Sie natürlich vor der Hütte – wenn Sie als Sportsmann dieses Laster überhaupt nötig haben.

- **Abendprogramm:** Hütten sind auch die Herbergen von Traditionen und so etwas wie die letzten Bastionen gegen den Elektrokommerz. MP3-Player, Handy oder mobile Rundfunk- und Fernsehgeräte stören da eher. Auf der Terrasse der Tegernseer Hütte steht beispielsweise ein Holzklotz samt Hammer bereit mit der Aufschrift: Handy bitte hier ausschalten. Wenn Sie mit Ihrem Mundharmonika-Club, dem Oxn-Aug'n Trio oder einer Panflötencombo aus den Anden ein Ständchen geben wollen, kommt das sicher besser an. Auch hier gilt: erst den Chef fragen.

- **Alkohol:** Trinken Sie pro 500 Höhenmeter mindestens ein Glas weniger alkoholhaltige Getränke, als Sie im Tal vertragen würden *vgl. 069 „Hoch schlafen“*.

- **Sanitäre Anlagen:** Diese sind so zu benutzen, wie es der Menschenverstand empfiehlt. Wenn dieser nicht mehr funktioniert, sollten Sie dem vorangegangenen Punkt noch einmal erhöhte Aufmerksamkeit widmen.

- **Schlafen:** Auf den meisten Hütten herrscht ab 22 Uhr Hüttenruhe. Das heißt: Sie kriechen in Ihren Hüttenschlafsack *vgl. 057 „Richtig übernachten“*, lassen Ihrem Nebenmann oder der Nebenfrau ausreichend Platz und verhalten sich bis mindestens sechs Uhr so still und gesittet wie nur möglich. Sollten Sie morgens schon vor sechs Uhr aufbrechen, haben Sie abends schon gepackt, um nicht die gesamte Hütte mit Ihrem Geraschel zu wecken.

- **Abmarsch:** Tragen Sie sich spätestens nach Zahlung der Rechnung in das Hüttenbuch ein. Nehmen Sie Ihren eigenen Abfall wieder mit ins Tal. Vergessen Sie auch sonst nichts!

- **Im Winterraum:** Hier gelten die gleichen Regeln zwischenmenschlichen Miteinanders, nur, dass es weder einen Chef noch sanitäre Anlagen oder Essenszeiten gibt. Sie legen deshalb ein paar Münzen in die Hüttenkasse oder nehmen Einzahlungsscheine mit. Am besten verlassen Sie den Winterraum noch sauberer, als Sie ihn angetroffen haben. - - - - - -

059 EINEN LEGALEN ONE-NIGHT-STAND EINLEGEN 059

Manche Menschen übernachten lieber irgendwo im Gelände als in einer Hütte. Bevor Sie ein Zelt aufschlagen, sollten Sie sich mit den lokalen Regeln vertraut machen und die Frage klären, ob wildes Campen überhaupt erlaubt ist. Die Gesetze unterscheiden sich von Land zu Land, von Region zu Region, manchmal sogar von Gemeinde zu Gemeinde. Deshalb sind nur wenige allgemein gültige Aussagen möglich. - - - - - - - -

Kein Recht. Einer Sache dürfen Sie sich sicher sein: In Deutschland und in Österreich ist Campen auf öffentlichem Gelände außerhalb der speziell gekennzeichneten Plätze verboten. Dies ist in den Landes- und Bundeswaldgesetzen geregelt. In Frankreich und Italien sind die Behörden kaum toleranter. -

Jedermannsrecht. Das „Jedermannsrecht" erlaubt in den skandinavischen Ländern Schweden, Finnland und Norwegen ein Zelten auf unkultiviertem Land für ein bis zwei Nächte. Ein ähnliches Gewohnheitsrecht existiert in der Schweiz und Schottland. - - -

Naturrecht. In Schutzgebieten wie Nationalparks oder Jagdbanngebieten herrschen generell sehr strenge Regeln, egal ob in Schweden, der Schweiz oder Österreich. Hier hat die Natur Vorrang vor Ihren Bedürfnissen. Auf Privatgrund müssen Sie sich stets die Erlaubnis des Eigentümers einholen. Je nach Land und Mentalität steht möglicherweise der Großgrundbesitzer morgens mit einer Tasse Kaffee vor Ihrem Zelt – oder mit der geladenen Schrotflinte. -

Ihr gutes Recht. Es existiert eine Grauzone, die Sie sich als Bergsteiger zunutze machen können. Außerhalb von Schutzgebieten ist ein Biwakieren im alpinen Gelände für eine Nacht so gut wie überall erlaubt – auch in Deutschland und Österreich. Der Übergang von Campen zu Biwakieren ist dabei fließend. Ein provisorischer Regenschutz über dem Kopf wird im Zweifelsfall sicher anders gewertet als ein mannshohes Familienzelt mit Vorraum und zwei Schlafkammern unweit der nächsten Schutzhütte. Wenn Sie sich mit ihrem Lebenspartner, zwei Schlafsäcken und einem Biwaksack irgendwo an eine Steilwand im Gebirge kauern, wird wohl selbst der strengste Regelhüter ein Auge zudrücken. Viel wichtiger ist dann, dass Sie auch den richtigen Platz finden. Bei Regen können sich Rinnsale in Sturzbäche verwandeln, und unerwarteter Steinschlag hat eine viel verheerendere Wirkung als der Strafzettel wegen wilden Campens.

060 VERWEICHLICHEN 060

Hütten gelten gemeinhin als Ort der Askese. Das Abendessen besteht aus Erbseneintopf mit Dosenwurstscheiben, die Nacht wird auf einer 60 mal 170 Zentimeter messenden Hartschaummatratze in einem olfaktorisch eher gewöhnungsbedürftigen Knarzholzgewölbe verbracht, und zum Frühstück serviert der bärtige Gastgeber nuschelnd zwei trockene Brotschreiben mit einem Klecks Butter und Marmelade. Soweit das Klischee.

Besonders in Tirol firmieren manche Unterkünfte zwar immer noch unter dem Namen Hütte, bedienen inzwischen aber eine ganz andere Klientel als die Wursteintopf-Matratzenlager-Fraktion; das Angebot wurde auf Besucher wie russische Oligarchen und deutsche Präsidentenpaare abgestimmt. Sie können bei einer echten Berghütte ja einmal eines der folgenden Extras, die ein Domizil mit dem Beinamen Hütte auf 2.350 Metern in Tirol aufbot, beim Wirt anfordern. Nur so als Mutprobe. Wundern Sie sich dann aber nicht über eine Nacht auf dem Stubenboden. - - - - - -

Kostenlose Parkgarage an der Talstation Abholung des Gepäcks an der Bergstation im Skigebiet Begrüßungsgetränk in der Premium Lounge Superbequeme Filzpantoffeln zum Mitnehmen Quellfrisches Bergwasser im Zimmer Quellfrisches, „gezirbtes" Bergwasser zum Abendmenü Playstation 3 und Wii mit großer Spieleauswahl Große Bücherauswahl, Zeitschriften und Tageszeitungen Familienspiele, Pokerset, Kartenspiele, Kleinkinderspielzeug Reservierter Mittagstisch im Restaurant, Terrasse auf Wunsch iPod Docking Station in den Zimmern Personenlift Finnische Stubensauna, Dampfsauna, Raindance-Schneckendusche, Schwallbrause, Wärmebank Schneebalkon-Terrasse mit privatem Whirlpool Ruheraum mit Vitamin- und Saftbar Gratis WLAN-Internetzugang mit Ihrem Laptop in der Lobby Suiten mit integrierten Infrarotkabinen großzügiges Frühstücksbuffet für das Gourmet-Sportlerherz inkl. Eierküche und ital. Kaffeespezialitäten bis 10.15 Uhr Skifahrerjause süß und/oder pikant ab 15.30 Uhr 4-Gang-Feinspitz-Menü am Abend wöchentliche Weindegustation mit Diplomsommelier Schneeschuhwanderung oder Skitour mit dem Hausherrn Massagen mit Körperkneter Franz Cocktailabend mit „Margaritha" und „Tom Collins" Live-Musik auf der Sonnenterrasse mit „offtang 2" Vernissage - - - - - - - - - -

061 APRÈS-SKI VERSTEHEN 061

Im Winter kann es Ihnen auch als Bergsteiger passieren, dass Sie während einer Skitour auf eine Hüttenparty namens „Après-Ski" stoßen. Das ist prinzipiell noch nichts Unanständiges. Möglicherweise verstehen Sie das, was dort vor sich geht, aber nicht. Dafür müssen Sie sich nicht schämen. Vielleicht hilft Ihnen als Grundlage das folgende Lexikon mit den wichtigsten Grundbegriffen.

Anfang, der; war vom gemütlichen Beisammensitzen nach dem Skifahren geprägt. Ist heute Vergangenheit. *Bar, die;* unumstrittene Schaltzentrale und Grundausstattung für Après-Ski. Wird mancherorts von leicht bis gar nicht bekleideten Damen wild tanzend zweckentfremdet. *Charme, der;* das gewisse Etwas. Fehlt den meisten, oft als Hütten camouflierten Après-Ski-Stätten wie auch den darin als Skifahrer getarnten Feiernden. Gefragt sind stattdessen Trinkfestigkeit und Textsicherheit beim *Liedgut. Disc Jockey, der;* engl. für menschlicher Plattenwechsler; Synonym für hyperaktiver Hampelmann, der auf Tonträgern gespeicherte Musik in unwillkürlicher Reihenfolge abspielt. Muss beim Après-Ski die richtige Mischung zwischen schlüpfrigen Durchsagen und dem unsäglichen *Liedgut* finden. *Einkehrschwung, der;* scheinbar unverzichtbarer Bestandteil des Skifahrerwortschatzes. Prägnantes, kurzes Synonym für das letzte Abbremsen mit anschließendem Hüttenaufenthalt. In manchen Fällen die letzte kontrollierte Aktion des Tages. *Friedle, Gerry;* Deckname eines blonden Österreichers, der in Wahrheit DJ Ötzi heißt und sich auf platte, repetitive Rhythmen versteht. Schöpfer des „Anton aus Tirol". Erhielt in Großbritannien tatsächlich eine Gold- und Platinauszeichnung. *Grölen, das;* unverkennbarer Indikator für den Zustand kollektiver Unzurechnungsfähigkeit. *Hüttentee, der;* in 192 Staaten strikt zu verwendendes Pseudonym für den Après-Ski-Klassiker Jagertee, der wegen einer EU-Etikettierungsrichtlinie ausschließlich in seinem Heimatland Österreich so heißen darf. *Hüttenzauber, der;* gilt als sanfte Form des vielgesichtigen Après-Ski. Soll Gemütlichkeit suggerieren, indem Assoziationen mit Kaminfeuer, Speckknödel und Stub'nmusi geweckt werden. *Ischgl;* ehemaliges Tiroler Bergbauerndorf an einem Hang ohne Sonnenlicht. Macht deshalb im Winter die Nacht zum Tag. Synonym für Après-Ski. *Jagertee, der;* wie *Friedle, Gerry* österreichisches Nationalheiligtum. Steht mit den Namen Jagatee oder Jägertee unter strengem EU-Schutz. Heiße Mischung aus diversen aufgebrühten Gebirgskräutern, Wurzeln, Nelken und Zimt plus einer nach eigenem Gutdünken zu wählenden Menge an Obstler und/oder hochprozentigem Rum, Rotwein, Orangen- und Zitronensaft. Wobei nach dem dritten J. keinen Menschen mehr interessiert, wie viel wovon wirklich drin ist. *Kuhstall, der; 1.* Neben „Almrausch" und „Tenne" der Lieblingsname für Après-Ski-Lokale. Den K. gibt es unter anderem in den Partyzentren Ischgl, Sölden, Saalbach-Hinterglemm; *2.* Obdach für Rindviecher. *Liedgut, das;* im nüchternen Zustand unerträgliche Mischung aus Partykrachern, Evergreens, Chartstürmern und Superhits. Das L. des Après-Ski besteht aus von schlichten Melodien untermalten sinnfreien Texten. Bekannte Titel sind beispielsweise *Ich bin ein Döner, Der ganze Bus muss Pipi, Komm hol das Lasso raus, Düp Düp* oder *Zehn nackte Friseusen.* Blieb bislang von EU-Richtlinien leider unbehelligt. Wird sogar konzentriert in Form von CDs angeboten. *Mooserwirt, der;* trotz diverser Kuhställe, Almräusche und Tennen die wohl berühmteste Après-Ski-Bar der Alpen. Zudem angeblich die Gaststätte mit dem höchsten Quadratmeter-Bierumsatz in Österreich. Wirbt mit dem sympathischen Slogan: „Wahrscheinlich die schlechteste Skihütte am Arlberg." *Niederländer, die;* aus dem Flachland stammendes Volk mit einem Faible für Fußball und Feiern. Neben den Deutschen die wichtigste Zielgruppe alpiner Partymacher. Pendeln bösen Gerüchten zufolge während des Skiurlaubs weniger zwischen Berg und Tal als zwischen *Bar* und Wohnwagen. *Oma, heiße; 1.* verfänglicher Google-Suchbegriff; *2.* heißes Misch-

Zwei Varianten der „heißen Oma"

getränk auf der Basis von Milch und derart viel Eierlikör, dass selbst der Oma der *Kuhstall* wieder Spaß macht. *Pipelines, die;* engl. Bezeichnung für Erdöl- und Erdgas-Rohrleitungen, um einen schnellen und kostengünstigen Transport von Sprit zum

Kunden zu gewährleisten. Das Prinzip der P. wurde mittlerweile von Après-Ski-Barbetreibern auf Schnaps aus Schläuchen übertragen. *Quietschen, das;* Umschreibung für das Grölen von Menschen ohne *Y-Chromosom*. *Schirmbar, die;* zweckmäßige Vorrichtung für Après-Ski in der Form eines kleinen Zirkuszeltes. Ist meist früher zu hören als zu sehen. *Skifahren, das;* unvermeidliche Übung vor dem Après-Ski. *St. Anton;* zum Anglizismus Stanton verballhornte Heimat des *Mooserwirts* in Tirol. Nicht zu verwechseln mit dem ganz und gar nicht heiligen Anton aus Tirol. Reicht dennoch bei Weitem nicht an die Après-Ski-Zentren Ischgl und Sölden heran. *Tirol;* *1.* Region in Mitteleuropa; *2.* österreichisches Bundesland; *3.* wichtigster Profiteur und Förderer des Après-Ski. *Umsatz, der;* wichtigster Grund für die Existenz des Après-Ski. *VIP-Lounge, die;* Inbegriff des Versuchs, dem Après-Ski durch Abtrennung gewisser Räume vom Fußvolk einen elitären Anstrich zu verpassen. *Willi, der;* Kurzform für den aus Williams Christbirnen hergestellten Birnenbrand. Wird wie andere Aspirin-Absatz-Beschleuniger in niedriger Qualität, dafür zu hohen Preisen ausgeschenkt. *XL-Sonnenbrille, die;* gemäß der Zeitschrift *Elle* neben Pelzmütze und glamourösem Make-up für Frauen Pflicht nach der letzten Abfahrt – und am nächsten Morgen. *Y-Chromosom, das;* geschlechtsdefinierender Genträger, auf dem neben dem Drang zur Raserei auf Pisten noch mehr der Drang nach Après-Ski enthalten ist. *Zillertaler Schürzenjäger, die; der Anfang* vom Ende und symbolisch für die Entwicklung des Après-Ski: mit traditioneller Musik als regionales Phänomen gestartet; mit üblem Getöse als Wirtschaftsfaktor geendet.

062 HÜTTENWIRT WERDEN 062

Etliche Bergbegeisterte träumen davon, einen Sommer auf einer Berghütte zu verbringen. Passenderweise beschäftigen viele Hüttenwirte während der Sommersaison Gehilfen oder Praktikanten. Die Stellen werden auf Hütten-Plattformen wie www.sentiero.ch ausgeschrieben, auch der Alpenverein vermittelt Jobs und Praktika. Manchmal lohnt es sich, direkt bei einer Hütte anzufragen. Oft reicht eine Mail mit Ihren persönlichen Angaben und etwas Erfahrung im Gastronomiegewerbe. Sie müssen es allerdings schaffen, den Hüttenbesitzer oder -pächter davon zu überzeugen, dass Sie es wirklich ernst meinen. Viel häufiger als die Liebe zu den Hüttenbesuchern ist nämlich die romantische Vorstellung vom Ausstieg auf Zeit der Antrieb. Wenn Sie nur günstig Urlaub machen wollen, bleiben Sie besser zu Hause. Davon haben Sie, der Hüttenwirt und dessen Gäste mehr. Prüfen Sie doch erst einmal, ob folgendes Profil auf Sie zutrifft:

Hüttenhilfe gesucht

Sie sind mit zwei flinken Händen gesegnet und können richtig zupacken. Den Abwasch zu erledigen liegt genauso wenig unter Ihrer Würde wie Schnee schippen, Holz hacken oder die Reinigung der Toiletten. Bei einer kaputten Glühbirne, einer rauchenden Kaffeemaschine oder einem verstopften Abfluss lösen Sie das Problem selbst, statt gleich die Handwerker zu alarmieren. Sie haben im besten Falle kurzzeitig in einem Hotel gearbeitet, sind möglicherweise sogar schon einmal mit einer Registrierkasse vertraut gewesen und können idealerweise selbst abrechnen. Sie sind nicht nur körperlich einigermaßen höhentauglich, sondern auch psychisch stabil genug, um bei schlechtem Wetter ohne Lagerkoller ein paar Tage alleine auf der Hütte im Hochgebirge zu überstehen. Wenn Sie noch dazu bei schlechter Bezahlung eine Woche am Stück 16 bis 18 Stunden täglich arbeiten können, dann bewerben Sie sich. Sofort.

Falls Sie nach einem temporären Einsatz eine eigene Hütte führen wollen und sich für ein Dasein als Hüttenwirt entscheiden, können Sie beispielsweise einen Hüttenwartskurs des Schweizer Alpenclubs belegen. Gegen die Bezeichnung Wirt wehren sich die Warte in der Schweiz übrigens vehement, da ihnen der Begriff zu nahe am Gastgewerbe liegt.

Um die Ausbildung sollten Sie sich frühzeitig kümmern, denn die aus mehreren Modulen bestehenden Kurse sind trotz der Kosten von rund 4.000 Franken schon oft lange im Voraus ausgebucht. Während des aus mehreren Modulen bestehenden Kurses (insgesamt etwa 15 Tage) treffen Sie auf die unterschiedlichsten Charaktere, von jungen Universitätsabsolventen bis zu Hüttenwartsanwärtern kurz vor ihrer Pensionierung.

Während der Schulung lernen Sie, mit den speziellen Anforderungen auf einer Hütte umzugehen. Sie werden sich unter anderem betriebswirtschaftlichen Themen widmen, denn Sie sind gewissermaßen freier Unternehmer. Außerdem machen Sie sich mit der Gesetzeslage vertraut – und wie Sie Ihren dadurch festgezurrten Handlungsspielraum nutzen. Sie werden beispielsweise Ihren Angestellten die rechtlich zustehenden freien Tage in sonnigen Sommermonaten nicht gewähren können. Auch die Wahrung der Lebensmittelbestimmungen ist im Hochgebirge oft schwierig, da sich die Kühlkette nur bedingt einhalten lässt. Sie lernen, Ihren Essensplan darauf abzustimmen. Überhaupt werden Sie vor allem darauf vorbereitet, wie Sie Ihr Angebot der jeweiligen Situation anpassen. Jede Hütte hat eine spezielle Infrastruktur und besondere Gegebenheiten. Wo es beispielsweise kein fließendes Wasser gibt, wie auf der Britanniahütte, muss Schnee geschmolzen werden. Andernorts müssen Sie ein Motorrad über Wanderwege lenken können.

Was das Einkommen betrifft, sollten Sie sich keine Illusionen machen. Auf einigen Hütten lässt sich ein guter Verdienst für eine ganze Familie erwirtschaften. Bei vielen kleineren Hütten zählt vor allem eines: Idealismus.

063 EIER KOCHEN 063

Kochen in der Höhe ist eine Wissenschaft für sich, denn der Luftdruck nimmt mit zunehmender Höhe ab. Damit sinkt auch die Siedetemperatur von Wasser – und zwar pro 300 Meter um etwa ein Grad. Auf 1.500 Meter liegt die Siedetemperatur folglich nicht mehr bei 100, sondern nur noch bei 95 Grad Celsius. Durch die geringeren Temperaturen von kochendem Wasser verlängern sich auch die Garzeiten – beispielsweise von Eiern. Werner Gruber vom Institut für Experimentalphysik der Universität Wien hat eine Formel für das perfekte Eierkochen erstellt. Diese berücksichtigt die Eigröße, die gewünschte Konsistenz – und die Höhe. Die Formel ist auf den ersten Blick ein wenig, nun ja, einschüchternd, was vor allem mit der Logarithmusfunktion zu tun hat. Die findet sich aber in jedem besseren Taschenrechner.

$$t = 0{,}0016 \cdot d^2 \cdot \ln\left(\frac{2 \times (T_{Wasser} - T_{Start})}{T_{Wasser} - T_{Innen}}\right)$$

t = Kochzeit in Minuten
d = Ei-Durchmesser in Millimeter
ln = natürlicher Logarithmus
T_{Wasser} = Wassersiedetemperatur (höhenabhängig)
T_{Start} = Ei-Ausgangstemperatur
T_{Innen} = gewünschte Ei-Temperatur
(entscheidet über die Konsistenz, weich = 57°C, medium = 70°C, hart = 84,5°C)

Allerdings gibt es eine chemisch bedingte Höhengrenze. Das Eiweiß besteht zu zehn bis elf Prozent aus Proteinen, von denen das sogenannte Ovalbumin wiederum einen Großteil ausmacht. Ovalbumin gerinnt erst ab einer Temperatur von 84,5 Grad Celsius. Wird diese Wassertemperatur – wie beispielsweise schon im Basislager der Mount Everest auf etwa 5.400 Metern – durch den geringeren Siedepunkt nicht erreicht, bleibt das Eiweiß glibberig. Der Dotter stockt dagegen schon ab 65 Grad und würde hart. Wenn Sie also oberhalb von 4.800 Metern nicht auf ein hart gekochtes Frühstücksei verzichten wollen, müssen Sie einen Schnellkochtopf mitschleppen: Der verschiebt die Siedetemperatur durch einen höheren Druck nach oben. Ansonsten gelten die Werte der folgenden Tabelle.

Wo kochen Sie Ihr Ei?

Standort	*Höhe*	*Siedepunkt*
Meereshöhe	0 m	100°C
Haus Egerland	510 m	98,3°C
Brockenhaus	1.141 m	96,2°C
Karwendelhaus	1.765 m	94,1°C
Kristallhütte	2.147 m	92,8°C
Erlanger Hütte	2.550 m	91,5°C
Kulmhotel Gornergrat	3.100 m	89,7°C
Erzherzog-Johann-Hütte	3.454 m	88,5°C
Capanna Regina Margherita	4.554 m	84,8°C

064 ENZIAN BRENNEN 064

Am Berg mögen Früchte für einen vernünftigen Schnaps rar gesät sein, doch gibt es auch hier eine einzigartige Quelle für einen Almrausch: den Enzian. Die bitteren bis gewöhnungsbedürftigen Enzianschnäpse werden heutzutage im Normalfall ganz unromantisch fabriziert: aus Wurzeln des Gelben Enzians *(Gentiana lutea),* der dank allerlei Forschungsarbeit auch im Flachland gedeiht und auf ganzen Feldern kultiviert wird. Doch oben, auf einigen Hütten im Nationalpark Berchtesgaden zwischen 1.300 und 1.700 Metern, brennt Hubert Ilsanker den Hochprozentigen wie vor Hunderten von Jahren. Begleiten Sie ihn.

▸ **Das Recht:** Ilsanker ist nicht nur ein Anachronismus in Peter-Lustig-Gedächtnishose, sondern auch privilegiert. Wenn Sie anfangen, Enzianwurzeln auszugraben, noch dazu im Nationalpark Berchtesgaden, haben

Wie möchten Sie Ihr Ei? (Angaben in Minuten / Ei-Durchmesser in mm)

Weich			*Medium*			*Hart*		
M (42 mm)	L (45 mm)	XL (48mm)	M (42 mm)	L (45 mm)	XL (48mm)	M (42 mm)	L (45 mm)	XL (48mm)
4:13	4:51	5:31	5:14	6:01	6:51	7:06	8:09	9:17
4:17	4:55	5:36	5:21	6:09	7:00	7:23	8:28	9:38
4:22	5:01	5:43	5:30	6:19	7:12	7:47	8:56	10:10
4:28	5:07	5:50	5:41	6:31	7:25	8:16	9:30	10:48
4:31	5:11	5:54	5:47	6:39	7:34	8:38	9:55	11:17
4:35	5:16	5:59	5:55	6:48	7:44	9:05	10:26	11:52
4:41	5:22	6:07	6:07	7:01	7:59	9:53	11:21	12:54
4:45	5:27	6:12	6:15	7:10	8:09	10:34	12:08	13:49
4:58	5:42	6:29	6:45	7:45	8:49	17:43	20:20	23:09

Sie ganz schnell ein Problem. Denn das ist verboten. Ilsanker aber darf das. Er nutzt dabei ein uraltes Recht seines Arbeitgebers, einer Enzianbrennerei aus Berchtesgaden. Ilsanker hat die Lizenz zur Nutzung von Holz, zum Graben von Wurzeln und zum Schöpfen von Wasser. - - - - -

▸ Das Graben: Am Anfang jedes Enzianschnapses steht das Wurzelgraben mit der Wurzenhaue, die nicht viel anders aussieht als eine ganz normale Gartenhacke. Die Wurzeln werden bis zu 1,20 Meter lang, brechen aber beim Graben meist schon nach 30 Zentimeter ab. Durch das im Boden verbleibende Stück kann der Enzian nachwachsen. Ein geübter Wurzelgraber schafft etwa 30 Kilogramm Enzianwurzeln am Tag, eher weniger. Am besten sind die Wurzeln des pflegeleichten Gelben Enzians, doch muss sich Ilsanker in seiner Region mit dem Pannonischen *(Gentiana pannonica)* oder Punktierten Enzian *(Gentiana punctata)* zufriedengeben. Einer Sache dürfen Sie sich jedoch sicher sein: Blau blüht der Schnapslieferant nicht. -

▸ **Die Maische zubereiten:** Die Wurzeln müssen gewaschen und dann gehäckselt werden. Mit der Hand ist das eine aufreibende Arbeit, denn die Wurzeln sind verdammt hart, teilweise unterarmdick und sollten mindestens auf Kaffeebohnengröße, bestenfalls auf Weizenkorngröße verkleinert werden. Einfacher geht es mit einer Häckselmaschine, die wegen des gewaltigen Zuckeranteils wiederum recht schnell verklebt. Irgendwie schafft es Ilsanker aber immer. 160 Kilogramm gehäckselte Wurzeln kommen in einen 450-Liter-Bottich, der dann mit Wasser aufgefüllt wird. Etwa ein Pfund Bäckerhefe setzt bei 30 Grad Celsius Raum- und Maischetemperatur den Gärprozess in Gang.

▸ **Der Gärprozess:** In dem Maischebehälter geht es erst dann richtig ab, wenn die Hefe auf die Gentianose, den Dreifachzucker im Enzian, anspringt. Das Wurzel-Wasser-Hefe-Gemisch braucht dazu Luft – und einen Brennmeister mit viel Gefühl. Denn sobald die Hefe aktiv ist, heißt es: rühren. Nach Gutdünken. Vier Tage lang. Manchmal sechs. Sobald es richtig gärt, wird das Gebräu sich selbst überlassen und luftdicht verschlossen. Niemand möchte in der Maische Schimmelpilze züchten. Nach drei Wochen bei konstanten 30 Grad Celsius ist der Gärprozess – die Verwandlung des Zuckers in Alkohol – abgeschlossen. Das Produkt ist quasi ein sehr bitterer und leichter Enzianwein.

▸ **Der Rohbrand:** Nun wird destilliert. Ilsanker nutzt dafür eine kupferne 150-Liter-Brennblase. Damit die Maische nicht anbrennt, kommt zwischen das Holzfeuer und den Kupferkessel ein Wasserbad. Dann wird eingeheizt. Der erste Brennvorgang dauert drei Stunden, die Maische erreicht dabei eine Temperatur von etwa 90 Grad. Alkohol verdunstet schon bei 78,3 Grad. Der erste Brand, der Roh- oder Raubrand, steigt noch mit viel Wasser und allerlei Harzen und Fetten über den Gegenstromkühler auf. Das Destillat hat nur etwa 10 bis 12 Prozent Volumenalkohol, was nicht weiter tragisch ist, weil dieser Prozess vor allem Flüssiges von Festem trennen soll.

▸ **Der Feinbrand:** Von jetzt an geht es weniger rau zu. Die Feinabstimmung muss passen. Der nächste Brennvorgang dauert weit länger, außerdem ist die Temperatur geringer; nur der Kessel ist derselbe. Der Alkoholgehalt erhöht sich auf 60 bis maximal 80 Prozent. Wie bei anderen Spirituosen ist aber vor allem die Qualität des Alkohols entscheidend. Durch langsames Erhitzen verdampft das nicht brauchbare Methanol zuerst. Diese als Vorlauf bezeichnete Substanz kann Ilsanker ebenso wenig verwenden wie den mit Fetten und Fusel angereicherten Nachlauf. Er möchte nur den wertvollen Mittellauf, das Filetstück namens Äthylalkohol. Wann auf den Vorlauf der Mittellauf und Nachlauf folgen, ist reine Erfahrungssache – und taugt zur Legendenbildung. Jeder Schnapsbrenner wird Ihnen diesbezüglich einen anderen Trick verraten.

Enzianpflanzen = 1 kg Enzianwurzeln = sechs Stamperl = ein beschwipster Bergsteiger

▸ **Das Abfüllen:** Das 80-prozentige Destillat wird durch Zugabe von Quellwasser auf einen Alkoholgehalt von etwa 45 Prozent verdünnt. Von den 160 Kilogramm Wurzeln bleiben damit am Ende zwischen 20 und 25 Liter feinster Enzianschnaps. Durch die siebenjährige Lagerung in Eschenholzfässern reduziert sich im Laufe der Zeit der Alkoholgehalt ein wenig. Aber auch 42 Prozent sind wahrlich genug.

065 WEIN VERKOSTEN 065

Im Oktober 2011 trafen sich die Weinkenner des Österreichischen Sommelierverbandes und der Deutschen Sommelier-Union, um Weine zu verkosten. Sie tranken dieselben Weine aus denselben Flaschen bei der gleichen Serviertemperatur aus den gleichen Gläsern – einmal auf der Zugspitze auf 2.962 Metern und einmal in der Ortschaft Ehrwald fast 2.000 Meter tiefer. Der Geschmack veränderte sich gravierend.

Nun haben die Sommeliers diesen Eindruck zwar subjektiv, aber keineswegs exklusiv. Wissenschaftler des Fraunhofer Instituts haben herausgefunden, dass die Höhe einen signifikanten Einfluss auf die Wahrnehmung hat. Der Luftdruck und der Sauerstoffgehalt sinken, Ihre Nase wird trockener. Geschmacksnerven und Nase sind daher weniger leistungsfähig, ungefähr so, als hätten Sie Schnupfen. Die Wissenschaftler sprechen hier von verschobenen Geruchs- und Geschmackswellen. Es ändert sich also nicht das Getränk, sondern das Empfinden der Trinker durch die Höhe.

Wegen der weniger sensiblen Nerven braucht der Wein mit steigender Seehöhe scheinbar viel länger, um sein Aroma überhaupt zu entfalten. Das Dekantieren kann daher mitunter etwas länger dauern, ehe die Nase den üblichen Geruch wahrnimmt. Noch stärker beeinträchtigt die Höhe den Geschmack. Mit sinkendem Luftdruck findet gewissermaßen ein Filterprozess statt, bestimmte Eigenschaften treten stärker hervor.

Dezente Weine schmecken noch milder als im Tal. Ein Steinfeder aus der Wachau oder ein deutscher Riesling sind in der Höhe zurückhaltender, ein leichter Silvaner könnte Sie gar enttäuschen. Bei einem schweren

Bordeaux, der von ausgeprägten Tanninen, seiner Frucht und der Mineralität lebt, tritt die Frucht in den Hintergrund, während sich die Tannine mehr Platz in Ihrem Gaumen verschaffen und beinahe bitter wirken. - - -

In Flugzeugen, wo in der Kabine ein ähnlicher Luftdruck herrscht wie auf einem Zweieinhalbtausender, haben sich die großen Airlines längst auf diese veränderte Wahrnehmung eingestellt. Vor allem in der Business Class wird Wert auf die richtige Getränkeführung, so der Fachjargon, gelegt. Mittels bauchiger Weingläser, die oben enger zusammenlaufen, trifft die Flüssigkeit zuerst auf die Zungenspitze. Dort behauptet die Süße ihren Geschmack. Bitterstoffe werden abgemildert. Auch vertragen Menüs über den Wolken etwa 20 Prozent mehr Salz und Zucker. Dies deckt sich mit Erfahrungen von Köchen auf Gourmethütten der Alpen.

Zertifizierte Feinschmeckerinnen wie Annemarie Foidl, Präsidentin des Österreichischen Sommelierverbandes, stellten nicht nur fest, dass Weine in der Höhe anders wahrgenommen werden. Auch die Lagerung in der Höhe hat Einfluss auf den Wein. Der geringe Luftdruck bremst den Reifeprozess. In der Ebene entwickeln sich Weine hingegen schneller.

Mag sich die Wahrnehmung am Berg auch ändern, das Nachfrageverhalten der Gäste tut es nicht. Laut Foidl trinken und essen die Menschen auf Hütten das, was sie kennen. -

066 SICH INFIZIEREN 066

Berge sind ein gefährliches Terrain. Auf der Rappenseehütte, einer der wichtigen Tourenstützpunkte in den Allgäuer Alpen, litten im August

2009 mehr als 140 Wanderer an heftigen Magen-Darm-Infektionen und Kreislaufbeschwerden. Nach Polizeiangaben wurden 35 von ihnen mit dem Helikopter ausgeflogen und im Krankenhaus teilweise stationär behandelt. Insgesamt waren vier Rettungshubschrauber während des Einsatzes auf der 2.091 Meter hoch gelegenen Hütte im Einsatz. Schuld an der kollektiven Darmgrippe waren der sich sehr schnell ausbreitende Noro-Virus und womöglich eine defekte Trinkwasseraufbereitungsanlage. Die Polizei ermittelte wegen des Verdachts der fahrlässigen Körperverletzung. Am 6. Juli 2010 wurde das Verfahren gegen Zahlung einer Geldbuße in Höhe von 2.000 Euro eingestellt. Auf ihrer Webseite wirbt die Rappenseehütte mit dem Slogan: „Dem Himmel ein Stückchen näher."

067 RICHTIG SCHMARRN MACHEN 067

Die großartige Hütten-Süßpeise Kaiserschmarrn ist Legenden zufolge den ungelenken Köchen des Kaisers Franz Joseph I. von Österreich (1830–1916) zu verdanken. Der soll ein wahrer Fan von Mehlspeisen gewesen sein. Besonders die Palatschinke, die österreichische Form des Pfannkuchens, stand bei Franz Joseph hoch im Kurs. Missglückte dem Koch die Palatschinke, trat der Kaiser das zerrissene Endprodukt angeblich seinem Personal ab mit dem Kommentar: „A Schmarrn, des am Kaiser zu servieren." Ein Blödsinn, das einem Kaiser zu servieren. Was einst als Unfall begann, hat längst Eingang in die Sterneküche gefunden. Heute gibt es allerlei Kaiserschmarrn-Varianten. Er wird geeist und gewürzt serviert, mit Rum und Rosinen, mit Apfelkompott und Preiselbeeren. Das folgende Rezept stammt von dem vielfach prämierten Fernsehkoch Johann Lafer, der wissen muss, wie man richtig Schmarrn macht. Er ist ein Landsmann von Kaiser Franz Joseph I.

Kaiserschmarrn (Rezept für 4 Personen)

2 EL Rosinen
3 cl brauner Rum (oder heißer schwarzer Tee)
4 Eier Größe M
125 ml Milch
120 Gramm Mehl
50 Gramm Zucker
1 EL saure Sahne
Feines Salz
50 Gramm Butter
50 Gramm Butterschmalz
weitere 50 Gramm Zucker
Puderzucker zum Bestreuen

Zubereitung

1. Alle Zutaten abwiegen bzw. abmessen und bereitstellen. Die Rosinen in Rum (oder Tee) einweichen. Die Eier trennen. Eigelbe in eine große Schüssel geben. Eiweiße bis zur Verwendung kalt stellen.

2. Die Milch zu den Eigelben gießen und mit dem Schneebesen verquirlen. Dann Mehl, 50 Gramm Zucker und saure Sahne dazugeben und alles zu einem glatten Teig verrühren. Die Eiweiße mit einer Prise Salz mit den Quirlen des Handmixers steif schlagen. Dann den Eischnee vorsichtig mit einem Schneebesen unter den Teig heben.

3. Das Butterschmalz in einer ofenfesten beschichteten Pfanne erhitzen und den Teig hineingießen. Den Backofen auf 180°C vorheizen (Umluft 160°C). Tipp: Die Pfanne muss einen ofenfesten Griff haben, weil der Schmarrn im Ofen fertig gebacken wird. Wenn Sie sich nicht sicher sind, umwickeln Sie den Griff mit Alufolie.

4. Die eingeweichten Rosinen darauf streuen. Den Schmarrn bei mittlerer Hitze backen, bis die Unterseite goldbraun ist. Dann die Pfanne auf der mittleren Schiene in den vorgeheizten Backofen schieben und den Schmarrn 10–15 Minuten fertig backen. Den Kaiserschmarrn mit 2 Pfannenwendern in Stücke teilen. Butterflocken und 50 Gramm Zucker darüber verteilen und den Schmarrn darin karamellisieren. Zum Schluss mit Puderzucker bestreuen.

068 ZIRBEN SCHÄTZEN 068

Die Zirbelkiefer *(Pinus cembra)*, auch Arve oder nur Zirbe genannt, ist ein zähes Gewächs. Sie kommt nur oberhalb von 1.500 Metern in der Kampfzone des Waldes der Alpen und Karpaten vor und widersetzt sich dort den widrigen Bedingungen besser als jeder andere Baum. Sie erreicht ein Alter von bis zu 1.000 Jahren. In Österreich wurde die Zirbe 1999 und 2011 zum Baum des Jahres ernannt. Das ist ob ihrer Verdienste auch mehr als angebracht.

Für das Herz: In einem Zimmer aus Zirbenholz schlafen die Menschen besser, sind weniger wetterfühlig, erholen sich schneller und haben einen niedrigeren Puls. Dank eines Zirbenbetts spart sich Ihr Herz täglich ungefähr eine Stunde oder 3.500 Herzschläge Arbeit im Vergleich zum Holzdekorbett. Diese Erkenntnis stammt nicht etwa vom Verband der österreichischen Zirbenschreiner, sondern vom Institut für Nichtinvasive Diagnostik der Joanneum Research Graz. *Für den Geist:* Falls Sie die regenerative Wirkung des Zirbenbettes wegen Einschlafstörungen nicht voll ausnutzen können, hilft vielleicht ein Zirbengeist. Das ist ein hochprozentiger Schnaps aus geschnittenen Zirbenzapfen. Er wirkt auch gegen Erkältungen. *Für die Atmosphäre:* Die Zirbe mag genauso knorrig sein wie manch ein Bergsteiger, riecht dafür aber richtig gut. Zudem hält der Duft von Zirbenholz sogar Jahrzehnte lang an. Zirbenöl wird deshalb auch in Duftlampen verwendet. *Gegen Motten:* Der menschlichen Nase mag der Zirbengeruch gefallen; Motten und Ungeziefer können das Zeug offenbar nicht riechen. Wieder war es die Joanneum Research Graz, die sich der bioinhibitorischen Wirkung des Zirbenholzes auf die Entwicklung der Kleidermotte widmete. Dafür wurden Mottenlarven in Kästchen aus verschiedenen Holzarten gezüchtet. Am schwersten tat sich die gemeine Motte im Zirbenholz. Nach einer Inkubationszeit von 15 Wochen verminderte sich die Larvenzahl in den Zirbenholzkästchen um 48 Prozent. Zum Vergleich: Bei der Fichte betrug der Mottenschwund 36, bei der Birke nur 9 und bei der Spanplatte 8 Prozent.

Wurde das Zirbenholz zusätzlich mit Zirbenöl behandelt, reduzierte das die Insektenzahlen gleich um 65 Prozent. *Gegen Bakterien:* Noch ein Versuch, dieses Mal vom Institut für Genetik und allgemeine Biologie der Universität Salzburg. Neben der Zirbe traten an: Ahorn, Buche, Fichte und Pappel. Sie sollten gegen den Bakterienstamm Escherichia coli K12 ihre antibakterielle Wirkung beweisen. Um es kurz zu machen: Ahorn, Buche und Pappel versagten regelrecht, sie entpuppten sich als wahre Brutkästen. Die Fichte wehrte sich noch recht wacker, musste sich aber klar geschlagen geben. Sieger war erneut die Zirbe dank eines Stoffes namens Pinosylvin, der sowohl im Holz selbst als auch im Harz der Zirbe vorkommt. Nach einer Versuchszeit von 12 bis 14 Stunden wurden auf dem Zirbenholz praktisch keine lebensfähigen Bakterien mehr nachgewiesen. *Gegen Lawinen:* Die Zirbe schützt in alpinen Regionen gegen Lawinen- und Murenabgänge. Allerdings liegt hier ein Interessenskonflikt zu einigen ihrer anderen Nutzungsmöglichkeiten vor. Es bringt nur dann etwas, wenn die Zirbe noch steht.

069 HOCH SCHLAFEN 069

Mit der Höhe wird die Luft nicht nur trockener und kälter. Auch der Sauerstoffpartialdruck, der biologisch verfügbare Sauerstoff, nimmt durch den geringeren Luftdruck ab. Auf 5.000 Meter ist der Luftdruck etwa nur noch halb so hoch wie auf Meereshöhe. Pro 1.000 Höhenmeter sinkt dadurch die Sauerstoffaufnahme des Körpers um etwa zehn Prozent. Jeder Mensch verträgt dies unterschiedlich gut. Wie sehr Sie sich für große Höhe eignen, entscheiden weder Ihr Geschlecht noch die Kondition oder Ihr Lebensalter, sondern vor allem Ihre Gene. Aber jeder Körper muss lernen, mit dem niedrigeren Sauerstoffpartialdruck fertigzuwerden. - - -

▸ **Die Höhenstufen:** Höhenmediziner unterscheiden mittlere Höhen (1.500 bis 2.500 Meter), große Höhen (2.500 bis 5.300 Höhenmeter) und extreme

Höhen (> 5.300 Meter). Mit der Schwellenhöhe, also oberhalb von 2.500 Metern, beginnt jenes Niveau, ab dem sich ein Mensch bei einem längeren Aufenthalt akklimatisieren muss. Viele Alpenhütten und Trekkingtouren liegen genau in diesem Übergangsbereich. Gelingt die Akklimatisation nicht, wird man höhenkrank. In extremen Höhen ist ein dauerhaftes Leben überhaupt nicht mehr möglich. Daher sind die Basislager der höchsten Berge unterhalb oder gerade an der Grenze von 5.300 Metern angesiedelt. In einer Höhe von 8.000 Metern sterben selbst hervorragend akklimatisierte Menschen in wenigen Tagen.

- **Der Schlaf:** Bei einem Tagesausflug in den Bereich der Schwellenhöhe ist im Normalfall gar keine Akklimatisation nötig. Sie sind schneller unten, als Sie überhaupt richtig höhenkrank werden können. Das Entscheidende bei der Höhenanpassung ist Ihr Schlaf, denn der soll eigentlich der Regeneration dienen. Während des Schlafs gelten aber besondere Umstände. Die Sauerstoffsättigung des Bluts ist noch geringer als während der Bewegung tagsüber. Der Lungendruck erhöht sich, zum einen durch den Sauerstoffmangel, zum anderen durch die Körperlage. Die Tiefschlafphasen nehmen signifikant ab. In Schlaflabors wurde festgestellt, dass eine periodische Schlafatmung – heftiges, stoßweises Atmen, das in kurzen Atemaussetzern (Apnoen) mündet – oberhalb von 2.500 Metern verstärkt auftritt. Als Folge wird der Schlaf weit häufiger durch

Wachphasen unterbrochen. Höhentrekkingtouristen schrecken bei Apnoen in ihrem Zelt häufig panisch mit Atemnot auf. Umstände wie Jetlag, die ungewohnte Umgebung oder Komfortentzug verstärken die in der Schwellenhöhe weit verbreiteten Schlafstörungen.

- **Besser schlafen:** Schlafprobleme tauchen in der Höhe besonders häufig dann auf, wenn die Schlafhöhendistanzen zu groß sind. Ab ca. 2.500 Meter sollten nicht mehr als etwa 400 Höhenmeter zwischen direkt aufeinanderfolgenden Schlafstätten liegen. Auch die Regel „Climb high, sleep low" hat noch immer Gültigkeit, auch wenn sie physiologisch nicht erklärbar ist. Heißt: Wer seinen Schlafplatz abends noch einmal um einige hundert Höhenmeter übersteigt und dann tiefer nächtigt, schläft erwiesenermaßen besser. Wenn Sie beispielsweise bei 3.000 Metern starten, wäre es gemäß der Faustregel perfekt, bis auf 3.600 Meter zu gehen und auf etwa 3.300 Metern zu nächtigen. Trinken Sie ausreichend, denn oberhalb der Schwellenhöhe ist der Flüssigkeitsbedarf höher. Auf Schlafmittel sollten Sie nach Medizinermeinung verzichten. Viele davon erhöhen häufig das Risiko einer akuten Höhenkrankheit. Das Bonmot des Bergsteigers Anderl Heckmair „Alkohol, mäßig genossen, schadet auch in größeren Mengen nicht" konnte wissenschaftlich bislang nicht bestätigt werden. Auch als Schlafmittel taugt Alkohol nach vorherrschender Meinung wegen des höheren Flüssigkeitsverlustes und der Atemdämpfung nicht.

- **Symptome erkennen:** Sofern Sie nur etwas schlechter schlafen, ist das nicht weiter tragisch und möglicherweise sogar eine sinnvolle Einrichtung Ihres Körpers, Sie am Leben zu erhalten. Bedenklich sind andere Anzeichen der Höhenkrankheit. Die milde AMS (akute Höhenkrankheit) ist die häufigste und erste Form der Höhenkrankheit. Erhebungen zufolge erkranken etwa 47 Prozent der Teilnehmer am Everest-Trek, der bis auf

5.500 Meter führt, an milder AMS. Kopfschmerzen sind immer verdächtig, sie sind das Leitsymptom für AMS. Zudem sollten Sie auf weitere Symptome achten wie Müdigkeit, Schwäche, Appetitlosigkeit, Übelkeit, deutliche Ruheherzfrequenzerhöhung, erschwerte und als unangenehm empfundene Atmungstätigkeit, Schlaflosigkeit, Apathie, Schwellungen der Gliedmaßen und um die Augen sowie eine Abnahme der Urinmenge auf weniger als einen Liter in 24 Stunden *vgl. 099 „Grundbedürfnisse befriedigen“.*

▸ **Überbrücken:** Das Heilmittel gegen Höhenkrankheit heißt: Sauerstoff! Lassen die Symptome der milden AMS nach zwei Tagen überhaupt nicht nach, obwohl Sie die Höhe halten, hilft irgendwann nur der Abstieg. Ein Ersatz für den Weg hinab zu mehr Sauerstoff existiert nicht. Falls nötig gibt es aber diverse Möglichkeiten, sich ein wenig mehr Zeit zu verschaffen. So lässt sich ein Abstieg beispielsweise durch Flaschensauerstoff oder einen Überdrucksack simulieren. Gegen den Höhenkopfschmerz helfen wiederum Ibuprofen oder Naproxen, während Paracetamol zu schwach und Aspirin wegen der erhöhten Blutungsneigung umstritten ist. Bei noch ernsthafteren Syndromen wie der schweren Form der AMS oder dem Höhenhirnödem gibt es verschiedene Medikamente als Notfalltherapeutikum. So weit sollten Sie es jedoch gar nicht kommen lassen *vgl. 106 „Die Todeszone fürchten lernen“.*

070 TRAINIEREN III – GESCHMEIDIG BLEIBEN 070

Für die Steilwand benötigen Sie neben Armkraft eine gewisse Geschmeidigkeit. Mittelhandmuskeln, Hand- und Fingerbeuger werden jedoch gerne vernachlässigt. Dabei lassen sich diese extrem wichtigen Muskeln einfach und sogar in Ihrem Schlafsack vor dem Einschlafen dehnen.

Mittelhand
(Musculi lumbricales und Musculi interossei)

Fixieren Sie das Handgelenk leicht gestreckt. Greifen Sie mit der anderen Hand einen Finger und beugen Sie ihn soweit wie möglich – aber vorsichtig! – in Richtung Handrücken nach oben. Halten Sie die Spannung mehrere Sekunden. Verfahren Sie so mit allen Fingern.

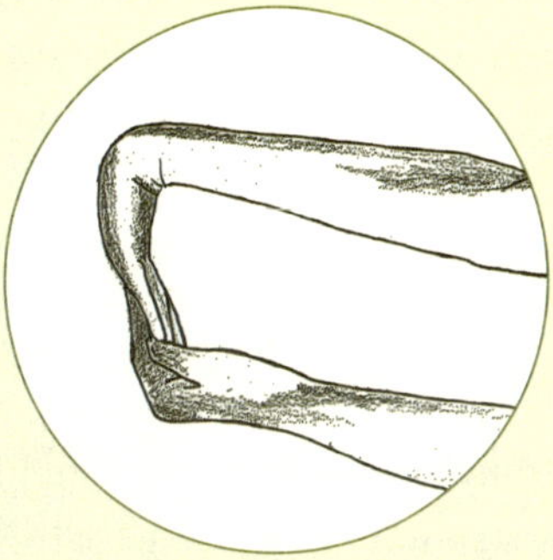

Hand- und Fingerbeuger
(M. flexor carpi ulnaris, M. palmaris longus, M. flexor carpi radialis)

Strecken Sie den Arm vor dem Körper aus. Die Handinnenseite weist nach vorne, die Finger zeigen wahlweise nach oben oder unten. Ziehen Sie die Finger der ausgestreckten Hand mit der anderen Hand vorsichtig zum Körper. Der Ellbogen muss dabei gestreckt sein. Halten Sie den Arm in dieser Stellung mindesten zehn Sekunden lang. Anschließend ist der andere Arm an der Reihe.

071 OHNE REUE SÜNDIGEN 071

Die Berge sind auch das Terrain der Romantiker. Und weil es spätestens auf der Alm keine Sünde mehr gibt, hat sich der Dachverband der nationalen Bergsportvereinigungen UIAA höchstpersönlich dem Thema Empfängnisverhütung im Hochgebirge angenommen und einen neunseitigen Leitfaden veröffentlicht.

Die Empfehlungen widmen sich ausdrücklich auch der Tatsache, dass viele Frauen Antikonzeptiva nicht zur Empfängnisverhütung, sondern zur Regelblutungskontrolle nutzen. Weil jeder Körper auf die Höhe anders reagiert, lässt sich jedoch nicht definieren, ab welcher Höhe die Leitlinien gelten.

Generell ist zu beachten, dass der Monatszyklus durch den körperlichen und emotionalen Stress in großer Höhe möglicherweise beeinflusst wird. Die Blutung kann ausfallen, stärker, länger, kürzer oder irregulär sein. Faktoren wie Jetlag, körperliche Belastung, Kälte und Gewichtsverlust verändern den Rhythmus ebenfalls. Tendenziell sind unsichere Verhütungsmethoden unter solchen Bedingungen noch unzuverlässiger als auf Meereshöhe und eher etwas für Menschen, die ein weiterer kleiner Bergsteiger in der Familie durchaus freuen würde.

Die Antibabypille eignet sich zur Empfängnisverhütung wie zur Blutungskontrolle auch in der Höhe recht gut, sofern sie regelmäßig eingenommen wird und die Wirkung nicht durch Erbrechen und Durchfall gemindert wird. Bei Kombinationspräparaten mit Östrogen und Progesteron kann sich allerdings das Thrombose-Risiko erhöhen. Zahlreiche Frauen schätzen injizierbare Depotpräparate (Depo-Provera) für Expeditionen als ideal ein. Allerdings sollten Sie – wie bei den meisten Verhütungsmitteln – schon längere Zeit vor der Abreise daran gewöhnt sein und nicht kurzfristig das Präparat wechseln. Gänzlich ohne Nebenwirkungen ist die Sterilisation, die Sie allerdings den Rest Ihres Lebens vor Nachwuchs schützt. Am besten orientieren Sie sich an der folgenden Tabelle der UIAA. Gegen sexuell übertragene Krankheiten, einschließlich HIV und Hepatitis B und C, schützt von den Verhütungsmitteln nur das Kondom – egal ob am Strand oder in der Höhe.

Quelle: Union Internationale des Associations d'Alpinisme (UIAA)	*Geeignet zur Empfängnisverhütung*	*Schutz vor sexuell übertragbaren Krankheiten*	*Blutungskontrolle möglich*	*Erhöhtes Thromboserisiko*	*Durchbruchsblutungen*
Rhythmusmethoden Sehr unsichere Methode	±	–	–	–	–
Kondome	+	+	–	–	–
Portiokappe / Pessar	+	–	–	–	
Kupferspirale * Oft längere und stärkere Periode	+	–	–*	–	–
Hormonspirale (Mirena), Injizierbare Depotpräparate und Subdermale Hormonimplantate * Periode kann ganz aussetzen ** Leichte Durchbruchsblutungen, hören gewöhnlich nach 2–3 Monaten auf	+	–	+*	±	+**
Orale Kombinationspräparate (Pille) * Keine Periode bei durchgehender Einnahme ** Zumeist bei Einnahme von mehr als drei Monaten	+	–	+*	+	+**
Orale Progesteronpräparate („Mini-Pille") Muss immer exakt zur gleichen Tageszeit eingenommen werden	+	–	–	±	+
Hormonpflaster * Leichte Durchbruchsblutungen hören gewöhnlich nach 2-3 Monaten auf	+	–	–	+	+*
Vaginalring * Keine Periode bei durchgehender Einnahme ** Zumeist bei kontinuierlicher Verwendung von mehr als drei Monaten	+	–	+*	–	+**
Postkoitale Notfallantikonzeption „Morning after pill" Muss innerhalb von 72 Stunden eingenommen werden	+	–	–	–	+
Postkoitale Notfallantikonzeption mit Spirale Nur durch spezifisch ausgebildetes medizinisches Personal anwendbar	+	–	–	–	–
Sterilisation Dauerlösung	+	–	–	–	–
Steroide mit Progesteronwirkung Nur zum Verschieben oder Abschwächen der Periode	–	–	+	–	+

„Es gibt nur drei echte Sportarten: Autorennen, Stierkampf und Bergsteigen.
Die anderen sind schiere Spiele."
(Ernest Hemingway, Schriftsteller, 1899–1961)

RUNTERKOMMEN

AM GIPFEL

IN EISIGEN HÖHEN

STEIL GEHEN

UNTER EINEM DACH

HANG ZUM ANDERSSEIN

AUF EINGETRETENEN PFADEN

DIE ERSTEN SCHRITTE

072 HÖHENANGST ABGEWÖHNEN 072

Viele Menschen meiden die Höhe wie der Yeti die Zivilisation. Die meisten dreht es beim Blick in die Tiefe nur leicht, andere packt an ausgesetzten Stellen regelrecht die Panik. Überwinden Sie den Schwindel mit der Angst.

- **Höhenschwindel:** Der Höhenschwindel ist keineswegs krankhaft, sondern ein ganz normaler Schutzreflex des Körpers. Durch die große Distanz zu Referenzpunkten hat das Auge in der Höhe Probleme, einen visuellen Anker zu finden. Als Folge beginnen Kopf und Körper, gewissermaßen als Justierungshilfe, leicht zu schwanken. Daher setzt der Höhenschwindel auch erst nach einigen Sekunden ein. Höhenschwindel lässt sich abtrainieren, indem Sie sich an die Höhe gewöhnen. Auch manche erfahrene Bergsteiger müssen dies zu Beginn der Saison an besonders ausgesetzten Stellen tun.

Falls Sie an Höhenschwindel leiden, empfehlen viele Psychologen, sich erst einmal hinzusetzen oder festzuhalten und beim bewussten Blick in die Tiefe kontrastreiche feste Objekte im seitlichen Blickfeld zu suchen. Es verwirrt Ihren Gleichgewichtssinn in jedem Fall noch mehr, wenn Sie durch ein Fernglas schauen, vorbeiziehende Wolken beobachten oder fotografieren. Im schlimmsten Fall müssen Sie die exponierte Stelle verlassen.

- **Höhenangst:** Weit schwerwiegender als der Höhenschwindel ist die Höhenangst oder Akrophobie. Ein gewisser Respekt vor der Höhe ist angeboren und beispielsweise auch bei kleinen Kindern und Tieren festzustellen, selbst wenn diese keine schlechten Erfahrungen mit der Höhe gemacht haben. Bei Menschen mit Akrophobie nimmt die Angst jedoch einen übertriebenen Stellenwert ein. Sie hat nichts mehr mit einer natürlichen körperlichen Reaktion zu tun und ist der Situation gegenüber unangemessen, da keine objektive Gefahr vorliegt. Oft löst schon das Stehen auf einem Stuhl oder der Aufenthalt auf einem Balkon Angstsymptome wie Herzrasen, Atemnot, Schwitzen, Schwindelgefühl oder Übelkeit aus. Letztlich führt das sogar zu einer Angst vor der Angst, einer Angstspirale. Sobald dadurch Ihr Lebensalltag eingeschränkt wird, sollten Sie die Höhenangst behandeln. Die gute Nachricht: Sie ist heilbar.

Nachdem festgestellt wurde, dass tatsächlich Höhenangst vorliegt und es sich bei den Symptomen beispielsweise nicht um körperliche Erkrankungen handelt, lässt sich die Akrophobie am besten mit Hilfe einer Psychotherapie kurieren. Der Mechanismus ist einfach: Sie müssen sich während Expositionsübungen der Situation, die Angst bereitet, in diesem Fall die Höhe, aussetzen. Am besten so lange, bis die Angst nachlässt. Als Trainingsgelände dienen häufig der Münchner Fernsehturm oder das Tetraeder in Bottrop, ein Aussichtsturm auf einer Halde im Ruhrgebiet. Im Prinzip ist sogar eine Selbsttherapie auf Brücken möglich. Mit einem Profi an der Seite tun Sie sich allerdings leichter.

Ein Psychotherapeut bereitet vor, leitet an und verhindert, dass Sie sich in tatsächliche Gefahr bringen. So simpel der Mechanismus sein mag, für Menschen mit Akrophobie sind Expositionsübungen die Hölle. Die Angstsymptome müssen ausgehalten, der Impuls wegzulaufen unterdrückt werden. Für viele Patienten ist das eine dramatische Erfahrung. Besserung stellt sich oft schon nach nur wenigen solcher Expositionsübungen ein. Viele Therapeuten nutzen dafür inzwischen keine Aussichtstürme mehr, sondern einen Sport, wo die Höhe geradezu sinnstiftend ist: das Klettern.

073 IN DIE WAND EINSTEIGEN 073

Etlichen Wanderern dienen sie als hervorragender Einstieg in die Wand, unter wahren Alpinisten gelten sie als verpönt: die Klettersteige. Dabei wurde der erste Klettersteig Europas schon 1843 unter der Leitung von Friedrich Simony am Dachstein angelegt. Eisenzapfen, Handhaken und Schiffstaue sollten den Weg durch die Felsen erleichtern. Heute sind Klettersteige nicht mehr nur Hilfsmittel auf dem Weg zum Gipfel, sondern oft reiner Selbstzweck – für eine stetig wachsende Klientel.

▸ **Anfangen:** Wer sich mit Klettersteigen beschäftigt, wird irgendwann auf den Namen Eugen E. Hüsler stoßen. Hüsler traf 1969 in den Dolomiten auf ein im Fels gespanntes Drahtseil. Der Schweizer ließ in dem Glauben, es müsse sich um einen Blitzableiter handeln, tunlichst die Finger davon. Später erfuhr er, dass er eine Via Ferrata, einen Eisenweg, gekreuzt hatte. Sie stammen in den Dolomiten teilweise noch aus der Zeit des ersten Weltkriegs. Da Hüsler zum Klettern oft der Seilpartner fehlte, nutzte er in der Folgezeit die vermeintlichen Blitzableiter häufig als Sicherungsgelegenheit.

1982 veröffentlichte ein kleiner Verlag in Innsbruck Hüslers erstes Buch *Dolomiten-Klettersteige.* Hüsler, der eigentlich immer Schriftsteller werden wollte, firmiert heute unter dem Namen „Klettersteig-Papst“; seine Publikationen zu dem Thema lassen sich kaum mehr zählen. Gleichzeitig ist auch die Zahl der Klettersteige derart angestiegen, dass nicht einmal Hüsler alle kennt.

▸ **Ausrüsten:** Neben Ihrer allgemeinen Ausrüstung im alpinen Gelände *vgl. 008 „Ausrüsten“* benötigen Sie noch einige andere Gegenstände.

Klettergurt: Es gibt keine speziellen Klettersteiggurte. Sie können ein und denselben Gurt auch zum Alpin- oder Sportklettern verwenden. Knausern Sie also nicht. Eine Kombination aus Hüft- und Brustgurt sieht man heute nur noch selten. *Bergsteigerhelm:* Auch hier haben Sie den Vorteil, dass Sie für alle Spielformen des Alpinismus denselben Helm aufsetzen können. Die Investition rentiert sich. *Klettersteigset:* Mit der steigenden Nachfrage haben sich auch die Klettersteigsets – das sind letztlich Falldämpfer, die den Gurt mit dem am Fels laufenden Stahlseil verbinden und den Sturz abbremsen – enorm weiterentwickelt. Standard ist in jedem Fall die Y-Form, bei dem stets beide Karabiner in das Steilseil eingehängt werden. Achten Sie auch auf sich automatisch schließende Karabiner und die UIAA-Norm. Erkundigen Sie sich spätestens beim Kauf, wie Ihr System funktioniert. Und lernen Sie die Handhabung. *Klettersteighandschuhe:* Lohnen sich nicht nur bei zarten Fingern. - - - - - - - - - - -

▸ **Einschätzen:** Die heute gebräuchlichste Skala ist eine Schwierigkeitsbewertung von A bis F. Trotz gelegentlicher Abweichungen ist die Bewertung recht zuverlässig. -

A (leicht): flaches bis steiles Gelände; ausgesetzte Passagen möglich. Meist mit Drahtseilen, Ketten, Eisenklammern und vereinzelt kurzen Leitern versehen. Bürokondition reicht. Sie werden viele Geher ohne Selbstsicherungen antreffen. Auch etwas für – schwindelfreie und trittsichere – Flachlandtiroler wie Bork von Borkum. *B (mäßig schwierig):* steileres Felsgelände, teilweise kleine Tritte, mit ausgesetzten Stellen. Ein Genussklettersteig, doch nur mit Bürokondition wird es jetzt knapp. Mit Drahtseilen, Ketten, Eisenklammern, Trittstiften und teilweise senkrechten Leitern gesichert. Spätestens hier sollte Bork seine Ausrüstung anlegen. *C (schwierig):* Von jetzt an geht die Tour wegen des steilen bis sehr steilen Felsgeländes schon in die Arme. Oft ausgesetzt, dennoch häufig nur mit Drahtseil gesichert. Eine Begehung ohne fixe Sicherungseinrichtungen entspricht teilweise dem IV. Schwierigkeitsgrad. Viele konditionell anspruchsvolle Touren liegen im C-Bereich. Bork geht ans Limit.

D (sehr schwierig): anstrengender und kraftraubender Sportklettersteig. Senkrechtes, auch überhängendes Gelände; meist sehr ausgesetzt. Viel Kraft in den Armen erforderlich. Kletterstellen bis zum II. Schwierigkeitsgrad ohne Sicherungseinrichtungen möglich. Klettersteigausrüstung obligatorisch. Falls Bork unbedingt mitkommen möchte, packen Sie Seil und Karabiner ein. *E (extrem schwierig):* wie D, nur noch schwerer. Senkrecht bis überhängend; durchwegs ausgesetzt. Kondition, Beweglichkeit und Armkraft nötig. Bork sieht zu. *F (pervers bis albern):* reiner Showklettersteig für Freaks. Gute Klettertechnik unabdingbar, da Steig meist überhängend und nur mit Stahlseil gesichert ist. Zusätzliche Seilsicherung empfehlenswert. Bork wendet sich mit Grauen ab.

- **Stürzen:** sollten Sie niemals. Das Klettersteigset ist nur eine Vorrichtung für den absoluten Notfall. Wegen des kurzen Bremsweges lasten extreme Kräfte auf Gurt, Karabiner und Ihren Körper.

074 MISSVERSTÄNDNISSE VERMEIDEN 074

Das Sportklettern nahm seinen Anfang zwar schon Ende des 19. Jahrhunderts im Elbsandsteingebirge, doch legte es einen gewaltigen Umweg bis zur heutigen Trendsportart zurück. Vom Sachsen Fritz Wiessner in die USA exportiert, wurde der Sport erst in den 1970ern nach Mitteleuropa reimportiert – wo er sich etwa 30 Jahre später zum Knüller entwickelte. Es geht hier nämlich nicht mehr um das alte und etwas antiquiert klingende Ideal des Gipfelsiegs, sondern um die Bewegung an sich.

Wahrscheinlich liegt es weniger an dem langjährigen Exil des Kletterns in den USA als an der anglophonen Sportartikelindustrie, weshalb ohne Anglizismen gar nichts mehr geht beim Megaboom Klettern. Noch dazu sind auch einige deutsche Begriffe mehrdeutig, so dass sie zu drastischen Missverständnissen führen können. Sie sollten auch diese Wörter beherrschen, um wenigstens ansatzweise mitreden zu können. Peinliche Verwechslungen mit Begriffen des täglichen Sprachgebrauchs (false friends) sind gegebenenfalls angefügt. Was heißt es also, wenn jemand den Achter trotz der abgespeckten Sloper flashed?

Abgespeckt: *1.* durch Schweiß und Reibung abgenutzte Felsoberfläche; *2.* Zustand eines Kletterers nach Expeditionen. *Achter:* Abk. für *1.* Achterknoten; *2.* Abseil- und Sicherungsgerät in Form einer Acht; *3.* 8. Schwierigkeitsgrad; *4.* eiernden Fahrradreifen. *Air Traffic Controller (ATC):* *1.* spezielles Sicherungsgerät aus der Familie der *Tubes;* *2.* Fluglotse an Flughäfen. *Bigwall:* große Wand, in der echte Felskletterer ihren Urlaub verbringen. *Bolt:* *1.* Bohrhaken; *2.* jamaikanischer Sprinter; *3.* engl. für Blitz. *Boulder:* *1.* Felsblock; *2.* Stadt in Colorado. *Bouldern:* Kletterübungen in Absprunghöhe für *1.* Menschen mit Höhenangst; *2.* Maximalkraftfanatiker; *3.* Einzelgänger; *4.* faule Säcke; *5.* Mützenträger. *Buildering:* Klettern und Bouldern für Stadtkinder an Gebäuden oder Fassaden. *Camalot:* Klemmgerät zum Setzen von Zwischensicherungen

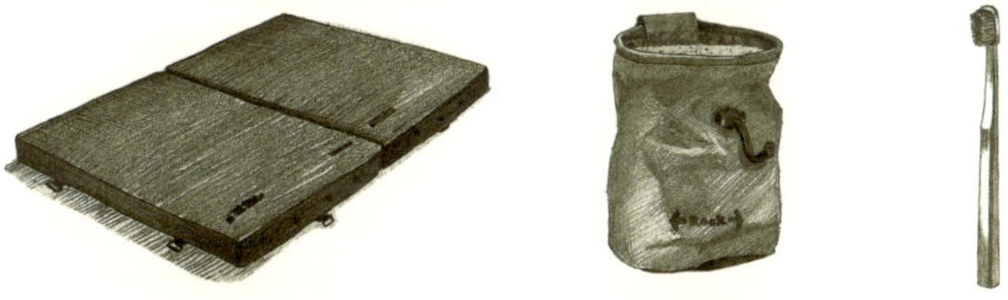

Boulderausrüstung: Crashpad, Chalkbag und Zahnbürste

beim Freiklettern im Fels; nicht zu verwechseln mit Camelot, dem Hof des König Artus. *Campusboard:* mit horizontalen Leisten vernageltes Holzbrett zur Steigerung der Fingerkraft auf dem Weg zum 11. Schwierigkeitsgrad. Sichere Methode zum Ramponieren der Beugesehnen. *Chalk:* *1.* Magnesiumkarbonat zur Trockenlegung schwitzender Kletterhände; *2.* ehemaliges österreichisches Jugendmagazin. *Chalkbag:* Magnesiumkarbonat-Säckchen. *Chalkball:* Magnesiumkarbonat-Kugel für das Magnesiumkarbonat-Säckchen *Cliffhanger:* *1.* enterhakenähnliches Gerät zum Einhängen in Löcher und Leisten; *2.* Actionfilm mit Sylvester Stallone; *3.* Film oder Teil einer Fernsehserie mit offenem Ausgang. *Copperhead:* *1.* kleine Kupferzylinder aus der Familie der hämmerbaren *Hardware* zum Fortbewegen beim technischen Klettern; *2.* lasergelenkte Artilleriegranate; *3.* US-amerikanische Rockband; *4.* demokratische Gruppierung während der Sezessionskriege; *5.* nordamerikanische Giftschlange. *Crashpad:* beim *Bouldern* verwendete Sicherheitsmatte. Wird von echten Boulderern auch durch Wälder und Täler geschleppt. *Deep Water Soloing:* Klettern an aus Gewässern ragenden Felsen. Mixtur aus *Bouldern, Free-Solo-Klettern* und Klippenspringen. *Dry tooling:* wundersame Spezialdisziplin des Eiskletterns an Wänden ohne Eis. *Dynamo: 1.* dynamischer, bisweilen gesprungener Kletterzug; *2.* Stromerzeuger. *Exen: 1.* Abk. für Set aus zwei durch eine kurze abgenähte Bandschlinge verbundene Karabiner zum Einklinken des Seils in Sicherungspunkte. Sind leichter anzuwenden, als es klingt; *2.* Austrinken von alkoholischen Getränken in einem Zug. *Fifi:* Haken aus Stahl zum Einhängen einer Trittleiter oder Schlinge bei technischen Klettereien. *Flash: 1.* fehlerfreie Begehung einer Route im ersten Versuch. Der Kletterer besitzt aber Informationen durch vorheriges Beobachten anderer Kletterer in der Route; *2.* engl. für Blitz. *Foothook:* ausgefeilte Tritttechnik zum Stabilisieren des Körpers. Spezialisten unterscheiden zwischen Toehook (Einhaken der Zehenoberseite) und Heelhook (Druckaufbau mit der Ferse). Kommt immer gut. *Free Solo:* Klettern ohne Partner, Seil und Sicherung. *Freiklettern:*

Zwischensicherungen: Klemmgerät, Klemmkeil und Copperhead

1. kein *Free Solo.* Haken, Karabiner und Seil dienen nur der Sicherung, nicht der Fortbewegung. Dafür dient der Fels. *2.* Entspannungsklettern nach Feierabend zum Entleeren des Kopfes. *Friends: 1.* mobiles Sicherungsgerät; kommt in Felsrissen zum Einsatz, wenn keine *Bolts* oder andere fixe Sicherungspunkte vorhanden sind; *2.* US-amerikanische Sitcom. *Hardmover:* Kletterjargon für Oberchecker, meist männlich. Zielgruppe für *Campusboards.* Nennt alles bis zum 8. Grad „Leiter". *Hardware: 1.* Klettermaterial aus Metall; oft als Sammelbegriff für Sicherheitsausrüstung verwendet; *2.* Oberbegriff für elektronische Ausstattung eines Computers. *Haulbag:* robuster, meist wasserdichter und zum Nachziehen geeigneter Packsack zur Begehung von *Bigwalls. Highline: 1.* in großer Höhe gespanntes Band zum *Slacklinen; 2.* Hochbahntrasse in Manhattan. *Link Cam:* vielseitiges Klemmgerät mit großer Spannweite zum Setzen von Zwischensicherungen beim *Freiklettern* im Fels. Geniale Weiterentwicklung der *Friends*. *Lost Arrow:* *1.* besonders für Granitwände geeignete Felshaken aus Stahl; *2.* berühmter Felsturm im Yosemite Valley; *3.* Outdoorfirma *Megaboom:* Lieblingswort der Sportartikelhersteller und Trendforscher. Derzeit stets in Verbindung mit Sportklettern verwendete Beschönigung für überfüllte Hallen, stinkende Umkleiden und hohe Eintrittspreise. *Nähmaschine:* *1.* unkontrolliertes Muskelzittern im Standbein des Zitternden; *2.* technisches Gerät zur Herstellung einer Naht. *No-Hands-Rest:* freihändige Kletterposition, oft mittels Einklemmen des Knies oder sogar Kopfs. Kann dämlich aussehen. *Nutkey:* Klemmkeilentferner. *On Sight:* Motto: kommen, sehen, siegen. Fehlerfreie Begehung einer dem Kletterer unbekannten Route im ersten Versuch und ohne nähere Informationen über Details der Route. *Partnercheck:* keinesfalls anrüchig. Synonym für das gegenseitige Überprüfen der Sicherheitsmaßnahmen der Seilpartner. *Portaledge:* Übernachtungsplattform zum Einhängen in *Bigwalls*. *Psicobloc:* Synonym für *Deep Water Soloing*. *Rock:* *1.* Klemmkeil mit konkav-konvexer Form; *2.* Fels; *3.* Eiswürfel in alkoholhaltigem Getränk. *Sanduhr:* *1.* Mini-Felstunnel, der mit Hilfe eines Seilstücks als Sicherungspunkt verwendet werden kann; 2. Stundenglas. *Sauschwanz:* *1.* Umlenkvorrichtung am Ende einer Route in Form eines Sauschwanzes; *2.* selten verwendetes Schimpfwort. *Schnallenkontrolle:* Teil des *Partnerchecks*. *Slackline:* Flachband zum Seiltanzen. Dient der Gleichgewichtsübung von Kletterern. *Sloper:* runder, abschüssiger Griff. *spotten:* *1.* genaues Aufpassen auf den Kletterpartner bis zur ersten Zwischensicherung durch Sicherheit suggerierendes Ausstrecken beider Arme. Besonders beliebt bei Männern, wenn die Frau ihrer Träume klettert; *2.* Verhöhnen des Kletterpartners. *Toprope:* Klettern mit Seilsicherung von oben. Gilt vielen als verpönt, hat aber den Vorteil, dass man nicht wirklich fällt, sondern nur ins Seil rutscht. *Tube:* *1.* Abseil- und Sicherungsgerät; *2.* Röhre; *3.* Londoner U-Bahn. *Vierer:* keinesfalls anrüchig. Flapsig für 4. Schwierigkeitsgrad, klassische Einsteigerroute. Typischerweise leiterartige Anordnung von henkelartigen Griffen; verläuft dennoch selten flott. *Zahnbürste:* *1.* von *Boulderern* und *Hardmovern* verwendetes Instrument zur Reinigung von kleinen Griffen; *2.* von normalen Menschen verwendetes Instrument zur Reinigung der Zähne. *Zwergentod:* Passage in einer Route mit langen Griffabständen, was Menschen mit gedrungenem Körperbau überfordert. Fies.

075 DEN NERVENKITZEL ERHÖHEN 075

Das Schöne an der Wand ist, dass sie für alle etwas bietet, vom Ausrüstungspuristen über Konditionstiere bis zum Abenteurer oder Hallensportler. Eine Übersicht, die zugleich eine gewisse Steigerung des Nervenkitzels beinhaltet. Vor allem der Schritt von der Halle an den Fels ist ein gewaltiger.

	Darum geht's	*Wandhöhe*	*Das brauchen Sie*
Bouldern	Gefahrloses Klettern ohne Sicherung in Absprunghöhe.	Wenige, schwere Klettermeter.	Kletterschuhe, Chalkbag, Zahnbürste.
Hallenklettern	Eine bestens abgesicherte Kunstwand bis zum Hallendach hochzusteigen.	Etwa eine halbe Seillänge.	Siehe Bouldern plus vertrauenswürdigen Seilpartner, Seil, Klettergurt, Seilsack, Sicherungsgerät (z.B. Tube), HMS-Karabiner.
Sportklettern am Fels	Eine gut mit Bohrhaken abgesicherte Felswand bis zum letzten Fixpunkt hochzusteigen.	Mindestens eine halbe Seillänge.	Siehe Hallenklettern plus, Expressen, evtl. Abseilgerät / Achter, Bandschlinge.
Alpinklettern	Eine teilweise oder komplett selbst abzusichernde Felswand bis zum Gipfel hochzusteigen.	Mindestens zwei Seillängen.	Siehe Sportklettern plus Reepschnüre, Klemmkeile, Klemmgeräte, Abseilgerät / Achter, Rucksack.
Bigwallklettern	Eine teilweise oder komplett selbst abzusichernde Felswand bis zu einem definierten Punkt hochzusteigen.	Seillängen für mehrere Tage.	Siehe Alpinklettern plus Portaledge, Bohrhaken, diverse Felshaken, Bohrmaschine und vieles mehr.
Free Solo	Gefährliches Klettern ohne Sicherung jenseits der Absprungshöhe.	Jenseits von Gut und Böse.	Siehe Bouldern plus Helm plus Nerven wie Drahtseile.

Was Sie sich fragen sollten	*Erste Reaktion*	*Ihr Vorbild*	*Nervenkitzel-faktor*
Was bringt die Mütze?	Sieht gar nicht so schwer aus.	Wolfgang Flipper Fietz (fränkisches Boulderurgestein).	Nicht vorhanden.
Wie sichere ich den Partner?	Puh, ist das voll hier.	Deutscher Alpenverein (Kletterhallenförderer).	Gering.
Was mache ich mit den Expressen und am Ende der Route?	Da sind ja gar keine Farben!	Adam Ondra (Grenzenverschieber des Sportkletterns).	Es kitzelt schon!
Wo bringe ich die Sicherungen unter?	Da sind ja gar keine Haken!	Marko Prezelj (Allroundkletterer, ohne jeden Drang zur Selbstdarstellung).	Das ist definitiv kein Kitzeln mehr, sondern …
Habe ich alles dabei?	Ooops.	Tommy Caldwell (Spezialist für hohe Wände).	… ein, Hämmern, Pochen und Schlagen.
Nichts. Vorerst jedenfalls.	Feuchte Finger – schon beim Zusehen.	Hansjörg Auer (Free-Solo-Begeher des „Weg durch den Fisch“, einer 37 Seillängen-Tour bis zum Schwierigkeitsgrad IX-).	Welcher Kitzel?

076 KNOTEN KNÜPFEN 076

Wer bei der Ausbildung zum Bergwanderführer – nicht zu verwechseln mit dem staatlich geprüften Berg- und Skiführer – auch nur den Hauch einer Chance haben möchte, muss sechs verschiedene Knoten beherrschen. Das hat einen Grund, denn mit diesen sechs Knoten kommen Sie im Gebirge schon recht weit. Auch hier gilt der alte Bergsteiger-Grundsatz: Übung macht den Meister!

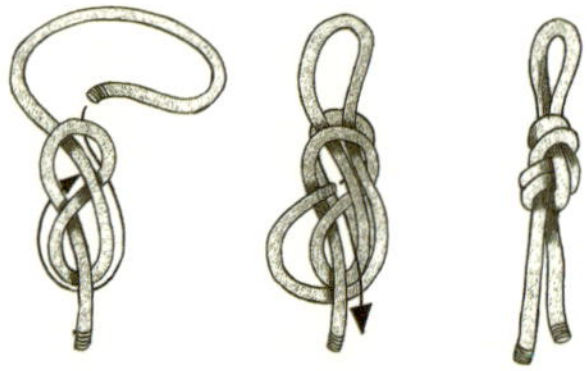

Achterknoten (gesteckt)
Der Favorit unter den Anseilknoten

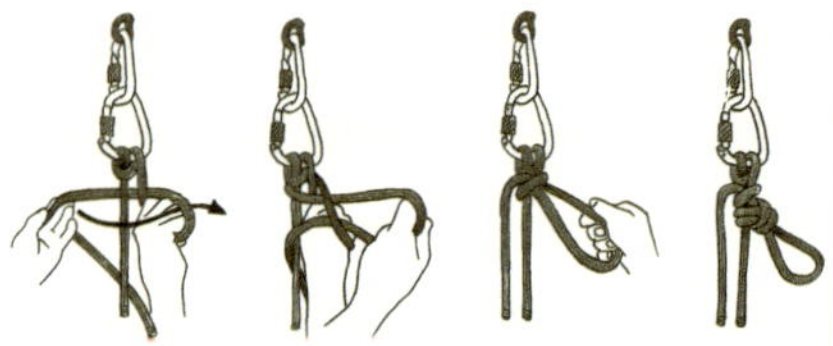

Schleifknoten
Knoten zum Fixieren eines belasteten Seils

Halbmastwurf ***(auch: Halbmastwurfsicherung) Basisknoten bei der dynamischen Partnersicherung***

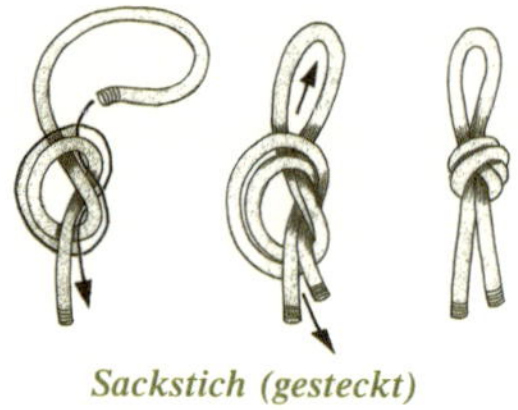

Sackstich (gesteckt)
u.a. zum Verbinden zweier Seile

Ankerstich
Allroundknoten, z.B. zum Abbinden von Haken.

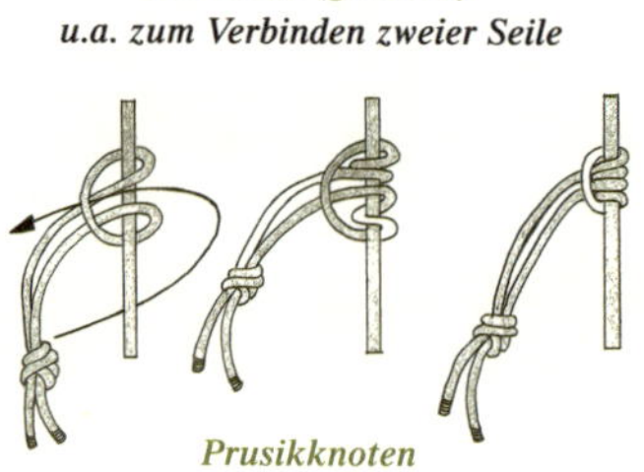

Prusikknoten
Klemmknoten, z.B. zur Sicherung mit Reepschnur beim Abseilen.

077 SCHWIERIGKEITEN EINSCHÄTZEN 077

Um die Schwierigkeiten einer Kletterroute einzuschätzen, dient meist eine Skala als Orientierungshilfe. Mit ihr lässt sich die eigene Leistung einordnen. Das ist aus verschiedenen Gründen oft gar nicht so einfach.

- **Die Bewertenden:** Die Routen werden nicht von Robotern oder durch Luftaufnahmen der Felsen mit einem Grad bewertet, sondern von Kletterern – meist den Erstbegehern – mit ganz verschiedenen Fähigkeiten und Vorlieben. Der eine tut sich leichter bei kraftvollen Zügen im Überhang, andere bevorzugen geschmeidige Bewegungen an glatten Felsen. Hinzu kommt die Tagesform. Zwischen Spitzenkletterern gab es schon Streit, weil einer dem anderen eine – subjektiv – zu hoch bewertete Route herabstufte. Spitzenkletterer sind nämlich auch nur Menschen – und noch dazu manchmal große Neidhammel.

- **Die Art des Kletterns:** Bis in die 1970er-Jahre war das Technische Klettern sehr verbreitet. Felshaken, Schlingen oder Trittleitern erleichterten beim Bergsteigen die Fortbewegung. Entscheidend war, den Gipfel zu erreichen, egal wie. Für technische Begehungen wird eine Bewertungsskala von A0 (schlichtes Ziehen an Fixpunkten, keine Nutzung von Trittleiter o.ä.) bis A5 (Nutzung aller Kniffe und Tricks zur Fortbewegung) verwendet. Die Skala ist international einheitlich.

- **Das Terrain:** Heute geht es beim Klettern meist darum, eine Route *frei* zu klettern. Hilfsmittel wie auch das Seil werden nur zur Sicherung gegen den Absturz eingesetzt und nicht zur Fortbewegung. Entscheidend ist dabei auch der Untergrund. Beim Eisklettern existieren Skalen von WI1 (40 bis 60 Grad) bis WI7 (überhängend, kaum Sicherungsmöglichkeiten), beim Mixedklettern – kombinierten Routen in Fels und Eis – von M1 bis M13. Am Fels ist es noch ein wenig komplizierter.

- **Die Währungen:** Mit den Schwierigkeitsskalen des Freikletterns verhält es sich ungefähr so wie mit den Währungen am Kapitalmarkt: jede Region hat ihre eigene. Neben der französischen und der UIAA-Skala als Leitwährungen gibt es unter anderem amerikanische, russische, finnische und australische Kletterskalen. Sogar in einer kleinen, lange nahezu abgeschotteten Gegend wie der Sächsischen Schweiz blieb eine eigene Währung erhalten. Manche Menschen finden diese Unübersichtlichkeit komplett daneben, für andere zeugt sie von der wunderbaren Vielfalt des Alpinismus.

Im Alpenraum ist die UIAA-Skala der Union Internationale des Associations d'Alpinisme am gebräuchlichsten. Sie wird in römischen oder arabischen Ziffern angegeben. Die meisten Berggänger wissen, dass ab dem III. Grad mit Seil gesichert werden sollte und eine Tour im VIIer-Bereich schon sehr viel Training und Erfahrung voraussetzt. Aber was ist eine 6a, eine 5.10 oder gar eine E3?

- **Die Tabelle:** Die einzelnen Skalen lassen sich relativ gut in eine Umrechnungstabelle einordnen, doch am Computer errechnet wurden sie nicht. Die Skalen sind historisch gewachsen, auf die örtlichen Besonderheiten abgestimmt und damit Ausdruck unterschiedlicher Traditionen. Wem Sandstein nicht liegt, wird sich in der Sächsischen Schweiz immer schwerer tun, auch wenn die Route laut Tabelle vielleicht weit unter dem eigenen UIAA-Niveau liegt. Zudem ist die Umrechnung oft nicht ganz einfach. Eine 6c im französischen System könnte mit einer VII+ der UIAA gleichgesetzt werden, vielleicht aber auch mit einer VIII-. Die folgende Tabelle mit den wichtigsten Bewertungsskalen hilft Ihnen beim ungefähren Vergleich der Schwierigkeiten.

UIAA (Mitteleuropa)	*Frankreich*	*Elbsandstein*	*USA*	*Großbritannien*	*Australien*
I	1	I	5.2		
II	2	II	5.3		11
III	3	III	5.4		12
IV	4	IV	5.5	4a VD	
V-	5a	V	5.6	S	13
V		VI	5.7	4b HS	14
V+	5b			4c	15
VI-		VIIa	5.8	VS	16
VI	5c	VIIb	5.9	5a HVS	17
VI+	6a	VIIc	5.10a	E1	18
VII-	6a+		5.10b	5b	19
VII	6b	VIIIa	5.10c	E2	20
VII+	6b+	VIIIb	5.10d	5c	21
VII+ / VIII-	6c	VIIIc	5.11a	E3	22
VIII-	6c+		5.11b		23
VIII	7a	IXa	5.11c	6a E4	24
VIII+	7a+	IXb	5.11d		25
VIII+ / IX-	7b	IXc	5.12a	E5	26
IX-	7b+		5.12b	6b	
IX	7c	Xa	5.12c	E6	27
IX+	7c+	Xb	5.12d	6c	28
IX+ / X-	8a	Xc	5.13a	E7	29
			5.13b		
X-	8a+	XIa	5.13c	7a	30
X	8b	XIb	5.13d	E8	31
X+	8b+	XIc	5.14a		32
X+ / XI-	8c	XIIa	5.14b	7b	
XI-	8c+		5.14c	E9	33
XI	9a	XIIb	5.14d	7c	
XI+	9a+	XIIc	5.15a		34
XI+ / XII-	9b		5.15b		

▸ **Der Routencharakter:** Wichtig ist, wie der Gesamtanspruch einer Route ist. Meistens muss der Kletterer selber wissen, auf was er sich einlässt. Wer eine 15-Meter-Route in Thailand im VII. Grad (6b) gerade so beherrscht, wird selbst in einer gut abgesicherten Dolomitenwand an diesem Schwierigkeitsgrad wenig Freude haben und in den Westalpen möglicherweise heillos überfordert sein. Die in England übliche E- Bewertung lässt Faktoren wie Felsbeschaffenheit, Exposition, psychische Anforderungen und absicherungstechnische Schwierigkeiten mit in die Schwierigkeitsbewertung einer Route einfließen. Einige Spezialisten plädieren dafür, auch andere Skalen um diesen Aspekt der Ernsthaftigkeit zu erweitern. Wenn Sie also künftig in eine mit VI- bewertete Alpinroute einsteigen, prüfen Sie zuvor, ob sich die Route nicht zur E5 entwickeln könnte und Sie nicht doch lieber die 5c oder 5.9 im Sportklettergarten nebendran probieren.

078 FELSEN UNTERSCHEIDEN 078

Wer häufig steil geht, wird an die folgenden Gesteinsarten möglicherweise immer mal wieder Hand anlegen. Sie besitzen ganz unterschiedliche Eigenschaften.

▸ **Kalkstein:** Herkunft: Kalkstein ist ein Sedimentgestein, meist entstanden durch Ablagerungen von Tier- und Pflanzenresten auf dem Grund eines vor Jahrmillionen existierenden Meeres. Charakter: Wegen der vergleichsweise guten Löslichkeit des enthaltenen Carbonats entsteht eine wunderbare, etwas raue Formenvielfalt mit Löchern, Zacken und tropfenähnlichen Strukturen. Kletterregionen: Teile des Frankenjura, Schwäbische Alb, Thailand, Verdonschlucht, nördliche Kalkalpen.

- **Dolomit:** Herkunft: Dolomit entsteht unter dem Einfluss magnesiumhaltigen Meerwassers aus Kalkschlamm. Er hat damit gewissermaßen den gleichen Stammbaum wie der etwas weichere Kalk, in dessen Gesellschaft Dolomit häufig zu finden ist. Wurde benannt nach Déodat de Dolomieu, einem Schüler des Mont-Blanc-Erstbesteigers Horace Bénédict de Saussure. Charakter: Stark strukturiert mit vielen Griffmöglichkeiten. Kletterregionen: Dolomiten, Teile der Nördlichen und Südlichen Kalkalpen wie Arco und Karwendel.

- **Sandstein:** Herkunft: Besteht anders als Kalk und Dolomit aus verwitterten Gesteinen, die als Sandkörner miteinander verkitten. Sind die Sandkörner größer als zwei Millimeter, spricht man von Konglomerat. Charakter: Gestein mit großartig und interessant zu kletternden Formen wie Waben, Rissen und fingerschonenden Rundungen. Eher etwas für Schleicher als für Kraftmeier. Kletterregionen: Sächsische Schweiz, Odenwald, Fontainebleau.

- **Granit:** Herkunft: Stammt als magmatisches Tiefengestein aus der unteren Erdkruste. Tritt schließlich durch diverse Prozesse aus mehreren Kilometern Tiefe an die Erdoberfläche, um dort Kletterer zu erfreuen. Charakter: Häufig ist Reibungsklettern gefragt. Ein Paradies für Liebhaber von Rissen, Verschneidungen und Kaminen. Kletterregionen: Yosemite, Fichtelgebirge, Patagonien.

- **Basalt:** Herkunft: Ergussgestein. Entsteht durch dünnflüssiges Magma, das an die Erdoberfläche austritt und dort relativ schnell erstarrt. Kommt auch auf Merkur, Venus, Mars und Mond vor. Charakter: Sehr fest. Typisch sind eckige Basaltsäulen. Weniger Risse und Aussparungen als im Granit. Kletterregionen: Ettringen, Table Mountain (USA).

079 PÄRCHEN BILDEN 079

Wer richtig steil gehen will, es nicht alleine riskieren möchte und sich keinen Bergführer leisten kann, braucht einen Partner. Manche Seilschaften genießen einen solch hohen Stellenwert im Bergsport, dass Sie zumindest ein paar Pärchen kennen sollten. Es gibt die wundersamsten Konstellationen. -

Toni Kurz - - - - - Andreas Hinterstoißer

Sinnbild für die vielen tödlichen Besteigungsversuche an der Eiger Nordwand in den 1930er-Jahren. Beide Bayern kamen dort 1936 ums Leben. Vor allem der nur wenige Meter von seinen Rettern entfernt im Seil sterbende Kurz dient auch heute noch als Tragödienstoff für Bergfilme. - -

Cesare Maestri - - - - - sein Kompressor

Unglückliches Gespann. Nachdem Cesare Maestris Seilpartner 1959 beim Erstbesteigungsversuch des 3.138 Meter hohen Cerro Torre in Patagonien abgestürzt war, glaubte dem Überlebenden Maestri kaum jemand, dass er auf dem Gipfel gestanden hatte. 1970 kämpfte sich Maestri mit Hilfe eines Kompressors und etwa 350 Bohrhaken auf den Torre-Gipfel. Der Kompressor hängt noch heute eine Seillänge unterhalb des Gipfeleispilzes. - - -

Tenzing Norgay - - - - - - Edmund Hillary

Vorbildliche Symbiose zwischen einem einheimischen Hochträger und einem neuseeländischem Bergsteiger. Die beiden blieben auch nach der Erstbesteigung des weltweit höchsten Berges, dem Mount Everest, am 29. Mai 1953 weiterhin verbunden – in Freundschaft. - - - - - - - - -

Reinhold Messner - - - - Günther Messner

Südtiroler Bruderpaar, das nach dem tödlichen Absturz Günthers 1970 am Nanga Parbat noch heute die Bergsteigerszene in Atem hält. Günther wurde nur 24 Jahre alt, der knapp zwei Jahre ältere und im Anschluss an die Expedition heftig kritisierte Reinhold nach dessen erster Achttausender-Besteigung der bislang berühmteste Alpinist aller Zeiten. Wirklich losgelassen hat keiner der Brüder den anderen. - - - - - - - - - - - - - - -

Reinhard Karl - - - - - - - - Helmut Kiene

Quantenspringer im Felsklettern. Reinhard Karl erreichte 1978 zwar als erster Deutscher den Mount Everest, doch Geschichte schrieb er zusammen mit Helmut Kiene an den Pumprissen der Fleischbank im Wilden Kaiser 1977. Es war – zumindest offiziell – die erste alpine Kletterroute im VII. Schwierigkeitsgrad. - - - - - -

Luisa Jovane - - - - - - Heinz Mariacher

Lebenspartner mit Freude an der Senkrechten. Jovane war einst eine der besten Sportkletterinnen, Mariacher ein Pionier der Freikletterbewegung mit Neubegehungen an der Marmolata. Teilen heute die Auffassung, dass es weniger um eine Leistung geht als darum, gemeinsam den Spaß am Abenteuer zu genießen. - - - -

Hans Kammerlander - - Reinhold Messner

Südtiroler Zweckgemeinschaft. Bestiegen gemeinsam sieben Achttausender. Trugen sich durch die Doppelüberschreitung von Gasherbrum II und Gasherbrum I in die Geschichtsbücher ein. Standen zudem innerhalb von nur drei Wochen auf den beiden Achttausendern Makalu und Lhotse. - - - - - - - - - - - - - - - - - -

Ralf Dujmovits - - Gerlinde Kaltenbrunner

Inzwischen wieder getrenntes deutsch-österreichisches Ehepaar von dem beide Hälften bereits auf allen 14 Achttausendern standen. Lieferten den romantischsten Akt der Alpingeschichte, als Dujmovits seiner extremen Geliebten auf weit über 7.000 Metern am Lhotse einen Heiratsantrag machte. - - - - - - - - - - - - - -

Simone Moro - - - - - - - - - Denis Urubko

Kongeniale italienisch-kasachische Seilschaft, die sich unter anderem auf Achttausenderbegehungen im Winter spezialisiert hat. Begreifen sich gegenseitig eher als Brüder denn als Bergpartner. Auf die Frage, ob ihm Freundschaft am Berg wichtig sei, antwortete Moro einmal, sie sei schlicht alles. - - - - - - - - - - - - - - -

Ueli Steck - - - - - - - - - - - Robert Bösch

Motiv und Künstler. Ueli Steck rannte die großen Nordwände der Alpen – Grandes Jorasses, Matterhorn und Eiger – in jeweils weniger als drei Stunden hoch, der Alpinist und Fotograf Robert Bösch fotografierte ihn dabei mit Schweizer Präzision. Das Ergebnis: unglaubliche Bilder in National-Geographic-Qualität.

Oh Eun-sun - - - - - - - - - ein Helikopter

Die Südkoreanerin Oh Eun-sun ist die umstrittene Erstbesteigerin aller 14 Achttausender, auch deshalb, weil sie gerne mal den Weg ins Basislager flog statt wanderte. Aus der Luftunterstützung am Dhaulagiri und an der Annapurna machte die heftig kritisierte Rekordjägerin allerdings auch nie einen Hehl. - - - - - - - -

Adam Ondra - - - - - - - Miroslav Ondra

Die Vater-Sohn-Symbiose des Sportkletterns. Routen, an denen andere Spitzenkletterer oft wochenlang herumprobierten, meisterte der tschechische Sportkletterer Adam Ondra schon im Teenageralter mit spielerischer Leichtigkeit. Als sichernder Partner am Seilende war häufig mit dabei: sein Vater Miroslav. - - - - - - - - - - - -

080 DIE KOMMANDOKETTE EINHALTEN 080

Sobald Sie in Mehrseillängentouren unterwegs sind, brauchen Sie zur Verständigung mit Ihrem Seilpartner deutliche Befehle. Die einzelnen Standplätze liegen möglicherweise 50 Meter entfernt. Kommandos finden dann bisweilen nur verschliffen den Weg zum Seilpartner. Wenn überhaupt. Deshalb reden Bergsteiger an der Wand so wenig und so deutlich wie nur möglich. Große Sprüche werden abends auf der Hütte zur Genüge geklopft. Sie sollten sich schon vor dem Einsteigen in eine Route auf klare Kommandos einigen. Verheerend sind Kombinationen wie: „Nicht Nachkommen" oder „Noch kein Stand", weil möglicherweise nur das letzte Wort ankommt. Es ist wie meistens im Leben: Je erfahrener Sie sind und je mehr Zeit Sie miteinander verbringen, desto weniger werden Sie miteinander reden müssen. Sie reduzieren dadurch die Lärmbelästigung in den Bergen. -

Folgende Ausgangssituation: Franz steht am Wandfuß, Seilpartnerin Sissi steigt vor und klettert zum Stand auf etwa 40 Metern Höhe. Die folgende Tabelle zeigt beispielhaft, wie die Stufen einer Kommunikation aussehen können.

Für Einsteiger und Mitteilungsbedürftige	*Für Fortgeschrittene und Wortkarge*	*Für Profis und stille Gemüter*
Sissi hat den Standplatz erreicht, eingerichtet und sich selbst gesichert. Dann und wirklich erst dann…		
… schreit Sissi: STAND!	… schreit Sissi: STAND!	… zupft Sissi dreimal spürbar am Seil oder gibt bei Sichtkontakt ein Zeichen.
Franz nimmt Sissi aus der Partnersicherung. Sobald dies passiert ist, muss Sissi noch loses Restseil einziehen. Deshalb …		
… ruft Franz: SEIL EIN!	… ruft Franz gar nicht. Sissi weiß automatisch, dass sie entsichert wurde und nach einigen Sekunden Seil einholen muss.	… ruft Franz gar nicht. Sissi weiß automatisch, dass sie entsichert wurde und nach einigen Sekunden Seil einholen muss.
Ist alles Restseil eingeholt, …		
… erklärt Franz Sissi das mit dem Kommando: SEIL AUS!	… merkt Sissi das von ganz alleine.	… merkt Sissi das von ganz alleine.
Sissi nimmt Franz in die Sicherung, z.B. per HMS. Sobald das erledigt ist, …		
… ruft Sissi: NACHKOMMEN!	… ruft Sissi: NACHKOMMEN!	… zupft Sissi dreimal stramm am Seil.
Löst der hochmotivierte Franz die Selbstsicherung und …		
… ruft: ICH KOMME!	… und klettert einfach los. Was soll er auch sonst tun?	… ist schon fast oben.

Häufig gibt der unten Stehende (entspannte) dem über ihm kletternden (angespannten) Partner zusätzliche, nur vom unten Stehenden als wichtig empfundene Tipps wie „Ja, auf geht's", „Da rechts, der große Griff", oder „Stell' dich nicht so an". Hier hilft nur eines: auf Durchzug schalten.

081 SEILVERTRAUEN HABEN 081

So wie die Angst des Tauchers vor einem Haiangriff eigentlich unbegründet ist, so muss auch der Kletterer einen Riss des Seils nicht wirklich fürchten. Nur: Beides, Haibiss wie Seilriss, kommt vor, wenn auch sehr selten. Und selbst dieses Risiko lässt sich minimieren. - - - - - - - -

▸ **Herstellung:** Seile namhafter Hersteller sind heute ständigen Kontrollen unterworfen. Moderne Kletterseile sind aus hochwertigem Polyamid, haben einen vielstrangigen, verdammt stabilen Kern und noch dazu einen starken, schützenden Mantel. Ein fabrikneues dynamisches Einfachseil von etwa zehn Millimetern Durchmesser, wie es etwa in Klettergärten verwendet wird, reißt erst bei einer Belastung von etwa 20 Kilonewton. Diese Kraft bekommen Sie bei einem handelsüblichen Kletterseil nur hin, wenn Sie sehr weit ins Seil fallen – und noch dazu den 300-Kilo-Felsbrocken in den Händen halten, an dem Sie sich gerade hochhangelten. In diesem Fall aber haben Sie ziemlich sicher ein ganz anderes Problem. - - -

▸ **Behandlung:** Untersuchungen ergaben, dass moderne Kletterseile wenige Schwachstellen haben. Selbst mit Steigeisen, sofern diese nicht messerscharf geschliffen sind, bedarf es schon einer gewissen Mutwilligkeit, um ein Seil sicherheitsrelevant zu beschädigen. Petroleum, Spiritus oder gar Urin beeinträchtigen ein Seil nur in geringem Maß. Dennoch sollten Sie das Seil so behandeln, wie es ein Gegenstand verdient, an dem Ihr Leben hängt. Nach einem Sturz tut auch Ihrem Seil eine gewisse Erholungsphase gut. Kontrollieren Sie es außerdem in regelmäßigen Abständen auf Verschleißspuren. Schützen Sie es während der Lagerung vor UV-Strahlung und beim Transport beispielsweise mit einem Seilsack. Wahrlich kritisch ist der Kontakt mit chemischen Substanzen, vor allem der Schwefelsäure von Autobatterien. Sicherheitsexperten empfehlen, die Seilmitte mit einem Edding 3.000 zu markieren. Dieser schadet den Polyamiden nicht.

- **Tauschen:** Die Eigenschaften eines Seils ändern sich in nassem Zustand, bei starkem Gebrauch und im Alter. Wann Sie das Seil wechseln, müssen Sie abhängig von der Zahl der Stürze und des Nutzungsgrads selbst entscheiden. Sobald der Mantel beschädigt, deformiert, pelzig oder verschoben ist, wird es höchste Zeit, in ein neues Seil zu investieren. Generell können Sie sich an den folgenden Richtlinien orientieren.

Das Seil wird ...	*Ungefähre Lebensdauer des Seils*
nie benutzt	maximal 10 Jahre
selten benutzt (ein oder zweimal im Jahr)	bis zu 7 Jahre
gelegentlich benutzt (einmal pro Monat)	bis zu 5 Jahre
regelmässig benutzt (mehrmals im Monat)	bis zu 3 Jahre
häufig benutzt (jede Woche)	bis zu 1 Jahr
ständig benutzt (fast täglich)	weniger als 1 Jahr

- **Redundanz:** Sofern Sie Ihr Seil sorgfältig aufbewahren und rechtzeitig austauschen, bleiben für das Seil nur noch zwei relevante Gefahren. Eine droht durch scharfe Felskanten, die ein Seil bei ungünstigem Verlauf aufschneiden oder bei einem Sturz durchtrennen. Der zweite Seilkiller sind Steinschläge, die ein gespanntes Seil zertrennen können. Um sich vor diesen Gefahren zu sichern, kommen besonders beim Alpinklettern Halb- und Zwillingsseile im Doppelstrang zum Einsatz. Es ist wahrscheinlicher, beim Tauchen von zwei Haien gleichzeitig gebissen zu werden, als dass beim Klettern beide Stränge im gleichen Moment reißen.

Kennzeichnung	*Seiltyp*	*Einsatzbereich*
(1)	*Einfachseil* 8,9 bis 11 mm Durchmesser, etwa 52 bis 77 g Metergewicht	Sportklettern in der Halle (stabiles Seil mit abriebfestem Mantel) und im Klettergarten, leichtere Alpinklettereien und klassische Routen, Gletschertouren.
(1/2)	*Halbseil* 8 bis 10 mm Durchmesser, etwa 41 bis 55 g Metergewicht	Alpine Routen, Ski-und Gletschertouren ohne zu erwartende Kantenbelastung (ein Halbseilstrang ausreichend), vorteilhaft beim Abseilen
(∞)	*Zwillingsseil* 7 bis 8 mm Durchmesser, etwa 32 bis 45 g Metergewicht	Lange Eis- und Mixedrouten, Alpines Sportklettern, vorteilhaft beim Abseilen

082 SCHWACHSTELLEN KENNEN 082

Das Bergsteigen war früher nicht nur eine abenteuerlichere, sondern manchmal auch eine unkontrolliertere Angelegenheit. Die Holzschäfte von Eispickeln brachen unvermittelt ab, Steine durchschlugen fehlerhaft konstruierte Helme. Erst in den 1960ern führte die UIAA das erste international anerkannte Sicherheitszertifikat für Bergsportausrüstung ein. 1968 wurde mit dem DAV Sicherheitskreis ein Gremium gegründet, das sich intensiv mit Materialmängeln und dem Hergang von Bergunfällen auseinandersetzte. Inzwischen müssen die Ausrüstungsgegenstände Mindestanforderungen wie den Europäischen Normen (EN) entsprechen und eine Mindestbruch- oder Mindestreißfestigkeit aufweisen. Einige Schwachstellen sind geblieben.

- **Die Zwischensicherung:** Während des Kletterns hängen Sie das Seil in regelmäßigen Abständen mittels Karabiner und Expressen in Zwischensicherungen ein. Bei Sportkletterrouten sind dies meist Bohrhaken, die generell als sehr zuverlässig gelten. Hier müssen Sie allerdings Vertrauen in eine vernünftige Arbeit des Routenerschließers setzen, denn auch Bohrhaken brechen vereinzelt aus.

Gerade in klassischen Alpinrouten sind Sicherungen häufig selber mit Hilfe von Bandschlingen, Klemmkeilen oder Klemmgeräten zu legen. Dabei entscheiden weniger physikalische Gesetze als die richtige Anwendung der technischen Hilfsmittel. Diese müssen Sie schlicht mittels eines Kurses erlernen. Welche Kräfte bei einem Sturz wirken, ist von vielen Faktoren wie dem Gewicht des Kletterers, Sturzhöhe, Elastizität des Seils, Verhalten des Sichernden und Reibungsverlusten abhängig. Schneller als genormte Klemmkeile und Klemmgeräte brechen jedoch Marmor, Stein – und Karabiner.

- **Die Karabiner:** Wenn Sie ins Seil fallen, gibt es an der Zwischensicherung einen Karabiner, oft ein Expressset, durch das Ihr Seil läuft. Hier liegt einer der größten Schwachpunkte der Sicherungskette, weil Sie als Stürzender an dieser Stelle gewissermaßen eingebremst werden. Zwar verlangen die Europäischen Normen, dass die meisten Bergsportkarabiner – heute bestehen diese aus Aluminiumlegierungen – Bruchlastwerte

Schwachstellen

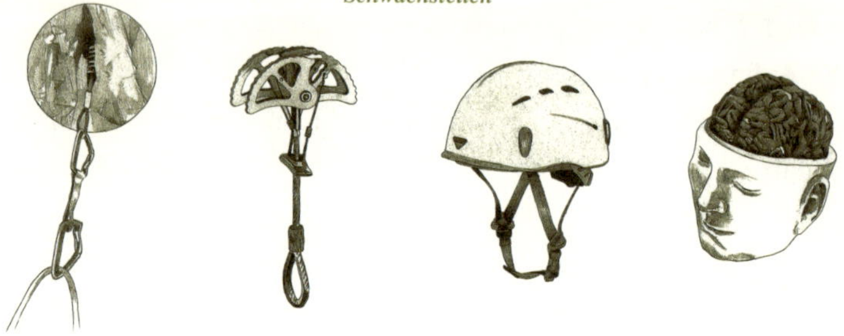

von 20 Kilonewton aufweisen müssen. Allerdings nur, wenn sie längs belastet werden. Quer müssen es nur noch sieben Kilonewton sein. Und wehe der Schnapper des entsprechenden Karabiners steht offen! Das kann durchaus passieren, wenn der Umlenkkarabiner beim Sturz gegen einen Felsen schlägt. Damit lässt die Stabilität des guten Stücks rapide nach. Die Aneinanderreihung unglücklicher Umstände kann so weit führen, dass eine Kraft von 1,8 Kilonewton – und das schaffen Sie locker – zum Bruch des Umlenkkarabiners führt. Vielleicht fängt Sie dann der nächste Sicherungspunkt auf. Vielleicht aber auch der Boden.

- **Der Sitzgurt:** Der US-amerikanische Kletterer Todd Skinner hatte bereits Hunderte Erstbegehungen überall auf der Welt hinter sich, als er 2006 beim Abseilen am Leaning Tower im Yosemite Valley 150 Meter in die Tiefe stürzte und starb. Die Anseilschlinge seines Gurtes war gerissen. Skinners Gurt als gebraucht zu bezeichnen wäre allerdings eine gnadenlose Beschönigung. Der Gurt war verbraucht.

Skinners Unglück war eine Ausnahme, denn normalerweise reißt ein Gurt nicht. Bei einem Sturz wird die Energie zuvor an ganz anderen Stellen wie Zwischensicherung, Karabiner und Seil absorbiert. Auf den Sitzgurt wirken daher höchstens drei bis sechs Kilonewton. Laut EN müssen die Anseilpunkte eine Last von mindestens 15 Kilonewton aushalten.

- **Der Helm:** Ein Helm hat zwei Aufgaben. Er soll erstens den Kopf vor einem Aufprall schützen, wobei Ihnen bei einem Sturz aus 200 Metern Höhe selbst der beste Helm der Welt nichts mehr nützen wird. Zweitens soll er Sie vor Steinschlagverletzungen bewahren. Der Steinschlag zählt zu den objektiven Gefahren am Berg, also jenen, die in der Natur der Sache liegen und damit außerhalb des menschlichen Einflussbereichs. Der Steinschlag ist eine fiese Sache. Bei zentnerschweren Trümmern haben Sie auch mit Helm keine Chance.

- **Das menschliche Gehirn:** Unterhalb des Helmes liegt die Schwachstelle überhaupt. Denn eines konnte noch keine Institution der Welt normen: die Psyche des Menschen. Dabei sind laut Sicherheitsexperten bei etwa 85 Prozent der Unfälle Fehlleistungen der Bergsteiger die Ursache. Selbstüberschätzung, ungenügende Erfahrung oder mangelnde psychische Stabilität sind Gefahren, die durch das Verhalten des Menschen entstehen. Solche Gefahren werden als subjektiv bezeichnet.

Vor allem lassen sich menschliche Schwächen auch nicht durch das beste Material der Welt ersetzen. Kein Gurt der Welt trägt Schuld für falsch angeseilte Kletterer, selbst der stabilste Helm schweigt während des Aufstiegs beim Verpassen der Abzweigung, und das neue Klemmkeilset kompensiert nicht den überforderten Partner. Klemmgeräte, Bandschlingen, Reepschnüre oder Sicherungsgeräte sind heute allesamt von zumindest verlässlicher, wenn auch nicht fehlerfreier Qualität. Nur müssen sie richtig bedient werden. Oder anders: An dieser Schwachstelle lässt sich bei der Unfallvermeidung am ehesten ansetzen.

083 ROT PUNKTEN 083

Wahre Freunde der Wand legen sehr viel Wert darauf, *wie* eine Route geklettert wird. Als Erstbegeher einer Freikletter-Route gilt heute, wer diese zuerst „Rotpunkt“ durchsteigt. Die Bezeichnung geht auf den Franken Kurt Albert zurück. Albert begann schon 1975 damit, die von ihm gekletterten Routen mit einem roten Punkt am Einstieg zu markieren. Er tat dies nur dann, wenn er alle Passagen im Vorstieg, nur mit Hilfe von natürlichen Tritten und Griffen und ohne ein einziges Belasten der Sicherungskette – also ohne an die Haken zu greifen, zu stürzen oder im Seil zu rasten, – geschafft hatte. Rotpunkt heißt: Der Fels genügt. - - -

Kurt Albert war von Beruf Lehrer, aber eigentlich sein ganzes Leben lang vor allem Kletterer. Er war so sehr vom Leben an der Wand überzeugt, dass er sogar seine sichere Beamtenstelle aufgab, weil ihm der Urlaub nicht genügte, um all seine Träume zu verwirklichen. Im September 2010 stürzte der 56-jährige Albert, der schon die höchsten Wände in den entlegendsten Regionen der Welt geklettert war, am Klettersteig Hohenglücksteig in der Fränkischen Schweiz in die Tiefe und zog sich tödliche Verletzungen zu. Der rote Punkt ist sein Vermächtnis. - - - - - -

084 TRAINIEREN IV – SPORTKLETTERN 11. GRAD 084

Kletteranfänger brauchen kein spezielles Krafttraining, sondern vor allem Lust am Klettern und viel Kontakt zum Fels. Wolfgang Güllich war über dieses Stadium früh hinaus. Er war eine Ikone seines Sports, den er durch konsequentes Training revolutionierte. Er durchstieg als Erster eine Route im glatten elften Schwierigkeitsgrad – die heute unter Sportkletterern weltbekannte Action Directe im Frankenjura. Zu der 15 Meter langen Route gehört unter anderem ein Sprung aus einem Einfingerloch in ein scharfes Zweifingerloch – die reinste Attacke auf Sehnen und Ringbänder. Sie wurde in den zehn Jahren nach Güllichs Erstbegehung 1991 nur dreimal wiederholt, wobei es an Aspiranten nicht mangelte. Bekannt wurde Güllich auch als Stuntdouble für den Schauspieler Sylvester Stallone in dem Kletterstreifen *Cliffhanger – Nur die Starken überleben.* Beim Casting in Stallones Büro reichte Güllich ein einarmiger Klimmzug zur Begrüßung. Er wurde sofort verpflichtet.

Güllich besaß schier unglaublich viel Kraft – nicht nur in den Armen, sondern auch in den Fingern. Laut Güllichs Biograf Tilman Hepp schaffte Güllich aufgewärmt acht bis zehn Klimmzüge – mit einem Arm und am Mittelfinger hängend. Während seiner Glanzzeiten reichte ihm sogar ein kleiner Finger für einen Klimmzug. Grund dafür waren seine innovativen Trainingsmethoden. Nachdem er seine Kraft zuerst an den üblichen Fitnessgeräten verbessern hatte wollen, stellte er bald fest, dass dies den speziellen Anforderungen seiner Sportart nicht gerecht wurde. Er erfand deshalb das Campusboard, eine überhängende Holzplatte mit horizontalen Holzleisten zum Trainieren der Fingerbeugen und Oberkörpermuskulatur. In Frankreich heißt das Campusboard teilweise noch immer Pan Güllich, also Güllichs Wand oder Güllichs Dachschräge.

Während seines Trainings verließ sich Güllich wie die meisten Kollegen mehr auf Gefühl und Erfahrungswerte als auf Trainingspläne. In einer so variablen Sportart wie dem Klettern sind einheitliche Konzepte unmöglich. So versuchte es Güllich zu Beginn seiner Karriere beispielsweise mit einem mehrwöchigen Klimmzugtraining. Eine Methode, die auch häufig in Lehrbüchern propagiert wird. Bis er feststellte, dass ihm die regenerativen Pausen fehlten. Vier Monate vor seinem Coup an der Action Directe war Güllich wegen einer Expedition eigentlich völlig außer Form. Seine Stärke aber lag darin, sehr konsequent auf ein bestimmtes Ziel hinarbeiten zu können. Sein typisches Training bestand fortan aus zwei Tagen mit je zwei mal zwei Stunden intensiven Hangeltrainings. Anschließend ging er mehrere Tage an den Fels und spulte dort fünf bis zehn Sportkletterrouten am Stück im neunten, zehnten Schwierigkeitsgrad herunter. Das erhöhte vor allem die wichtige Schmerztoleranz. Auf diesem Niveau darf nämlich nicht gejammert werden, wenn die Felskanten mal etwas schärfer sind und in die Finger schneiden. Teilweise übte er auch tagelang an der Action Directe selbst, um sich an die Anforderungen des elften Grads zu gewöhnen. Am fünften oder sechsten Tage ruhte er. - - -

Von Güllich stammt allerdings auch der Satz, dass das Hirn beim Klettern der wichtigste Muskel ist. -

085 IN DER WAND SCHLAFEN 085

John Middendorf ist nur Experten ein Begriff. Doch der Spezialist für steiles Terrain hat der Kletterszene einen großen Gefallen getan. Middendorf gründete 1986 eine Firma, die sich auf Abenteuerausrüstung spezialisierte, und entwarf in den Achtzigern ein Zelt für die Wand: das Portaledge. Es wird dort eingesetzt, wo die Tour länger als nur einen Tag dauert, aber nicht einmal mehr ein kleiner Felsvorsprung für ein Biwak im Sitzen zur Verfügung steht: an den Bigwalls. - - - - - - - - - - - - - - - - -

Schon vor Middendorfs Portaledge suchten Kletterer nach Möglichkeiten, in der Senkrechten zu liegen. In den 1960ern soll es Warren Harding beispielsweise mit einer Art Hängematte probiert haben, die er BAT tent (Basically Absurd Technology) nannte. Wie einfach und absurd die Technologie war, zeigt die Tatsache, dass er darin in einem Sturm fast umgekommen wäre. Zwei seiner Kollegen klauten einige Jahre später Stangen und Planen von Feldbetten der Parkunterkünfte im Yosemite Tal für eine Schlafplattform. Zur Marktreife gelangte das Gebilde mit einem Gewicht von 30 Kilogramm nicht.

Schlafplatz mit Ausblick

In den 1970ern weiter entwickelte, bereits klappbare „Porter Ledgee", was sich mit „Gepäckträger am Felsvorsprung" übersetzen ließe, waren schon einigermaßen zuverlässig. Doch erst Middendorf konstruierte eine vernünftige, wetterfeste Schlafgelegenheit, die Vertikalfreaks einfach mit Haken an die Wand hängen. Die Nachfrage ist nicht nur durch die wachsende Zahl der Bigwall-Kletterer gestiegen. Manche Bergführer bieten die Übernachtung in einem Portaledge heute als Touristenattraktion an.

086 AN DEN DREI ZINNEN DURCHSTEIGEN 086

Wenn Sie sich in den Drei Zinnen verklettern, stehen Sie möglicherweise plötzlich in einer anderen Route. Alleine an der Westlichen Zinne listet der Alpenvereinsführer *Sextener Dolomiten* 20 verschiedene Aufstiegsmöglichkeiten auf, in der Großen Zinne sind es sogar noch ein paar mehr. Die schiere Zahl ist aber nicht der Grund, weshalb Kleine (2.857 Meter), Große (2.999 Meter) und Westliche Zinne (2.973 Meter) als Monumente des Alpinismus gelten und für Kletterer so viel bedeuten wie Wimbledon für Tennisspieler. Kein Massiv der Welt ist ein derartiges Lexikon der Alpingeschichte. Viele der besten Bergsteiger und Kletterer haben sich dort verewigt, immer wieder wurden neue Dimensionen erschlossen. Die Namen der Routen und Führen erinnern noch heute daran. Eine Auswahl von zehn Meilensteinen.

Innerkofler (IV+, 350 Höhenmeter, 1890, Kleine Zinne): Ohne den Innerkofler-Clan ging in den ersten Jahren nichts an den Zinnen. An der Nordwand der Kleinen Zinne machte sich Sepp mit einer seilfreien Begehung unsterblich. Zuvor waren schon der entfernt verwandte Michel Innerkofler und dessen Vetter Franz bei den Erstbesteigungen der Westlichen (1879) und Großen Zinne (1869) dabei gewesen. *Dibonakante (IV+, 500 Höhenmeter, 1908, Gr. Zinne):* Die Route an der Nordostkante der Großen Zinne ist heute eine der beliebtesten Kletterwege an den Drei Zinnen, obwohl sich Kletterer – abgesehen von einigen wenigen, teilweise rostigen Normalhaken – selbst um die Absicherung kümmern müssen. 1908 von Rudi Eller erstbegangen, wurde sie 1909 nach dem Wiederholer Angelo Dibona benannt. *Dülfer-Führe (V+, 250 Höhenmeter, 1913, Gr. Zinne):* Der berühmte Felsgeher Hans Dülfer war häufig in den Dolomiten und den Drei Zinnen unterwegs. Seine Linie von 1913 durch die Westwand der Großen Zinne galt für lange Zeit als das Maß der Dinge. Bis Comici kam. *Comici (VII (frei), 550 Höhenmeter, 1933, Gr. Zinne):* Die Führe des Grenzenverschiebers Emilio Comici an der Großen Zinne ist einer der beliebtesten Klassiker im gesamten Alpenraum überhaupt und war die erste Route an den bis dahin für nicht kletterbar gehaltenen Nordwänden der Drei Zinnen. Heute besteht an schönen Tagen Staugefahr wegen der vielen Seilschaften. *Cassin (VIII (frei), VI- / A0 (technisch),*

450 Höhenmeter, 1935, Westl. Zinne): Auch Riccardo Cassin war hier. Er gewann zusammen mit seinem Partner Vittorio Ratti an der Nordwand der Westlichen Zinne eine Art Wettlauf gegen die Seilschaft Hintermeier / Meindl – und ist Namensgeber dieser Führe. *Hasse / Brandler (VIII+ (frei), VI- / A2 (technisch), 550 Höhenmeter, 1958, Westl. Zinne):* Eine weitere der berühmtesten Routen im gesamten Alpenraum und das Flaggschiff des Direttissima-Stils jener Zeit. Sie führt nach dem Prinzip des fallenden Tropfens durch die Nordwand der Großen Zinne. Benannt nach Lothar Brandler und Dietrich Hasse. Wurde später durch Superdirettissime wie den Sachsenweg (1963) getoppt und von Alexander Huber 2002 free solo geklettert. *Schweizer Führe (IX- (frei), VI / A3 (technisch), 500 Höhenmeter, 1959, Westl. Zinne):* Während ihrer neuntägigen Tour streiften die beiden Schweizer Albin Schelbert und Hugo Weber mit viel Materialaufwand erstmals das große Dach – eine vierzig Meter ausladende und auf den Kopf gestellte Riesentreppe im zentralen Wandteil der Westlichen Zinne. Die Route wurde 1987 von Kurt Albert erstmals frei geklettert. *Baur-Dach, (VI / A3 (technisch), 200 Höhenmeter, 1968, Westl. Zinne):* Das große Dach lockte weiterhin. 1968 rückte der Filmemacher Gerhard Baur dem Überhang mit Strickleitern, Bohrhaken und Schlingen zu Leibe. *Phantom der Zinne (IX+, 500 Höhenmeter, 1995, Gr. Zinne):* Von den vielen Sportkletterern an den Zinnen war der Südtiroler Christoph Hainz das Phantom. Er tauchte mehrmals an Stellen auf, wo es drei Jahrzehnte zuvor niemand vermutet hätte. „Das Phantom der Zinne" ist sein Meisterstück in der Nordwand für Freikletter-Profis, in den beiden anderen Zinnen erinnern „Alpenliebe" und „Ötzi trifft Yeti" an Hainz. *Bellavista (XI- (frei), IX- / A4 (technisch), 200 Höhenmeter, 2000, Westl. Zinne):* Auch wenn die Route nicht den Namen ihres Schöpfers trägt, wird er stets in einem Atemzug genannt: Alexander Huber. Er betrat im Jahr 2001 mit der Rotpunkt-Begehung seiner „Bellavista" in jeder Hinsicht neues Terrain. Sie gilt als erste alpine Route im elften Schwierigkeitsgrad überhaupt, in der Huber noch dazu kaum Bohrhaken verwendete. 2007 legte Alexander Huber mit „PanAroma" eine weitere und mindestens ähnlich schwierige Herausforderung durch die Dachzone der Westlichen Zinne.

087 SCHNELLER WERDEN 087

Um heute in der breiten Öffentlichkeit Aufmerksamkeit zu erregen, reicht es nicht, einfach nur einen Berg oder eine Wand hochzusteigen. Sie müssen beispielsweise besonders schnell sein. Wurde früher in Tagen gemessen, ging es irgendwann um Stunden, schließlich um Minuten und Sekunden. Inzwischen ist mit dem Speedklettern sogar eine eigene Disziplin entstanden. Mit gemütlichem Bergsteigen hat das nichts mehr zu tun. Zwei Rennstrecken sind besonders beliebt.

- **Eiger-Nordwand** Berner Oberland in der Schweiz, Wandhöhe: etwa 1.650 Meter, Route: Heckmair. Ab 1981 waren Solisten von Seilschaften nicht mehr zu schlagen.

Jahr	*Rekordhalter*	*Zeit*
1938	A. Heckmair, L. Vörg, H. Harrer und F. Kasparek ...	3 Tage
1947	Hans Schlunegger und Karl Schlunegger	2 Tage
1950	Erich Waschak und Leo Forstenlechner	18 Std.
1974	Reinhold Messner und Peter Habeler	10 Std.
1981	Ueli Bühler	8:30 Std.
1982	Francek Knez	6 Std.
1983	Reinhard Patscheider	5 Std.
	Thomas Bubendorfer	4:50 Std.
2003	Christoph Hainz	4:30 Std.
2007	Ueli Steck	3:54 Std.
2008	Ueli Steck	2:48 Std.
2011	Daniel Arnold	2:28 Std.
2015	Ueli Steck	2:23 Std.

▸ **El Capitan** Yosemite-Nationalpark in Kalifornien / USA, Wandhöhe: etwa 1.000 Meter, Route: Nose. Seit der Jahrtausendwende geht es um Sekunden.

Jahr	*Redkordhalter*	*Zeit*
1958	Warren Harding, Wayne Merry und George Whitmore	47 Tage
1960	J. Fitchsen, T. Frost, C. Pratt und R. Robbins	7 Tage
1963	Layton Kor, Steve Roper und Glenn Denny	3,5 Tage
1967	Jim Madsen und Kim Schmitz	3 Tage
1968	Jim Madsen und Michael Covington	2,5 Tage
1974	Ray Jardine und Chick Holtkamp	1,5 Tage
1975	Billy Westbay, Jim Bridwell und John Long	17:45 Std.
1978	Mike Lechlinski und John Bachar	15 Std.
1988	Xavier Bongard und Romain Vogler	9:20 Std.
1990	Hans Florine und Steve Schneider	8:06 Std.
1990	Peter Croft und Dave Schultz	6:40 Std.
1991	Hans Florine und Andres Puhvel	6:01 Std.
1991	Peter Croft und Dave Schultz	4:48 Std.
1992	Peter Croft und Hans Florine	4:22 Std.
2001	Timmy O'Neill und Dean Potter	3:59:35 Std.
2001	Jim Herson und Hans Florine	3:57:27 Std.
2001	Timmy O'Neill und Dean Potter	3:24:20 Std.
2002	Yuji Hirayama und Hans Florine	2:48:50 Std.
2007	Alexander und Thomas Huber	2:45:45 Std.
2008	Yuji Hirayama und Hans Florine	2:43:33 Std.
2008	Yuji Hirayama und Hans Florine	2:37:05 Std.
2010	Sean Leary und Dean Potter	2:36:45 Std.
2012	Hans Florine und Alex Honnold	2:23:46 Std.

088 ROUTEN TAUFEN 088

Erstbegeher genießen das Vorrecht, eine Kletterroute zu taufen. Oft sagt dann schon der Name mehr als 1.000 Versuche. Ein Blick in die deutschen Kletterreviere. (in Klammern: Schwierigkeitsgrad, Felsen, Gebiet)

Bespring mich! (X-, Retschelfelsen, Pfalz) Bohrtrottel (VIII+, Zweite Zinne, Donautal) Des Satans Neue Kleider (VIII, Hölle, Donautal) Dograxldnurderderdooiwaigraxld (VIII-, Kundl, Heuberg) Ein Griff wird kommen (VIII-, Ross- und Buchstein, Tegernseer Berge) Götterhämmerung (VIII- / VIII, Leonhardstein, Tegernseer Berge) Harte Geburt (VIII+, Kampenwand, Chiemgauer Berge) Henkel trocken (VIII, Versteckte Wand, Kochel) Hubschraubereinsatz (IX, Rabenfels, Donautal) Klettern nicht kotzen (VI, Garmischer Turm, Donautal) Knockin' on Heaven's Door (VIII-, Dromedar, Frankenjura) Kreuzworträtsel (V+, Löchlesfels, Donautal) Laschenputtel (IV, Brauneck, Benediktenwandgruppe) Leisten und Schmalz, Gott erhalt's (IX+, Jachenau, Benediktenwandgruppe) Mann oder Memme (VIII, Rauchröhren, Bayerischer Wald) Piazfix, Verleihnix, Spreizfix, Klemmfix und Idefix (VII+ bis IX, alle am Fuchsfels, Donautal) Rauchende Finger (VIII+/IX-, Dornröschenwand, Frankenjura) Stairway to heaven (IX-, Rabenfels, Frankenjura) Strecksehnenabriss (VII, Bad Man Rock, Donautal) Übermut tut selten gut (VIII, Habichtfels, Frankenjura) Veni, vidi, vici (VII+, Blicklesfels, Donautal)

089 SAMMELN IV – ROUTEN DURCH DIE NORDWAND 089

1938 wurde die Eiger-Nordwand erstmals durchstiegen. Das Ziel war simpel: Wer durchkam, war der Größte. Das Wie war egal. Heute ist wichtiger, welche Route Sie nehmen. Inzwischen gibt es mehr als 30 davon an der Eiger-Nordwand.

Die Qual der Wahl

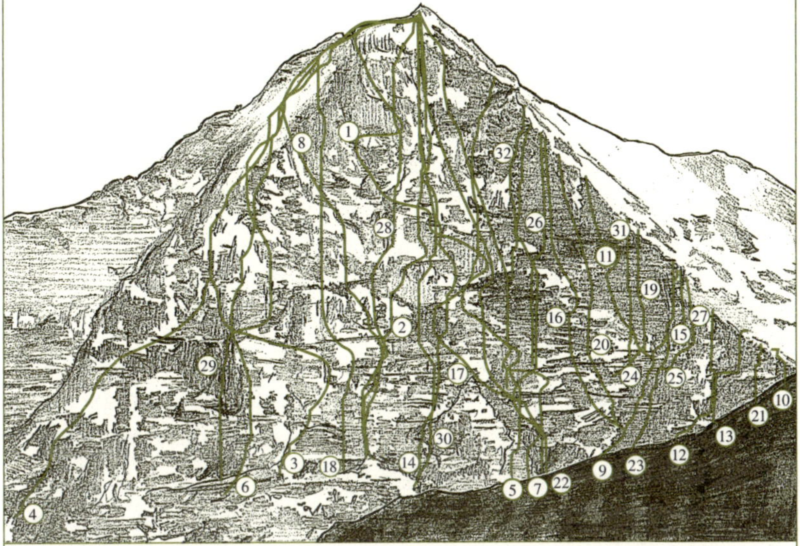

1. Heckmair-Route **21.–24.07.1938** *2. John-Harlin-Direttissima* **23.02.–25.03.1966** *3. Nordpfeiler* **28.–31.07.1968** *4. Nordpfeiler* **30.07.–01.08.1968** *5. Japaner-Direttissima* **15.07.–15.08.1969** *6. Nordpfeiler* **direkt, 28.07.–31.08.1970** *7. Tschechen-Route* **4.–29.08.1976** *8. Tschechen-Route II* **16.01.–26.01. & 7.02.–27.02.1978** *9. Les Portes du Chaos* **13.–16.08.1979** *10. Westgrat* **direkt, 30.07.1980** *11. Nordverschneidung* **26.–27.08.1981** *12. Knez-Route* **15.07.1982** *13. Ochsner-Brunner-Route* **13.08.1982** *14. Ideal-Direttissima* **20.03.–2.04.1983** *15. Spit verdonesque édenté* **3.06., 9.–12.07.1983** *16. Piola-Ghilini-Direttissima* **26.–30.07.1983** *17. Hiebeler-Gedächtnisweg* **10.–27.03.1985** *18. Slowenen-Route* **27.–28.07.1985** *19. Eigersanction* **5.–7.08.1988** *20. Gelber Engel* **6.–11.08.1988** *21. Löcherspiel* **17.08.1988** *22. Métanoïa* **19.–22.02., 23.02.–4.03.1991** *23. Le Chant du Cygne* **29.–30.07.1991, 17.–18.07.1992** *24. Yeti* **August 1997–98, 29.08.1998** *25. Symphonie de liberté* **August 1999, 28.–29.08.1999** *26. La vida es silbar* **1998–2000, 25.–26.08.2000** *27. Deep Blue Sea* **2000–01, 23.08.2001** *28. The Young Spider* **Juni–Oktober 2001, 15.10.2001** *29. Griff ins Licht* **12.–16.09.2002** *30. Russen-Direttissima* **4.–17.02.2006** *31. Magic Mushroom* **1.–3, 8.–10.10.2007** *32. Paciencia* **2003–2008**

„Wirklich oben bist du nie!“
(Reinhard Karl, Alpinist, 1946–1982)

RUNTERKOMMEN

AM GIPFEL

IN EISIGEN HÖHEN

STEIL GEHEN

UNTER EINEM DACH

HANG ZUM ANDERSSEIN

AUF EINGETRETENEN PFADEN

DIE ERSTEN SCHRITTE

090 EIN BISSCHEN GOTT SPIELEN 090

In Zeiten des Klimawandels wird am Berg eines in Hülle und Fülle produziert, was früher gratis aus nicht ganz heiterem Himmel fiel: Schnee. Eigentlich kann das jeder. Sie brauchen nicht viel.

▸ <u>Die Grundidee:</u> In den Dreißigerjahren des vergangenen Jahrhunderts hatte Ukichiro Nakaya an der dürftig ausgestatteten Hokkaido Universität in Japan nur einen Forschungsgegenstand unbegrenzt zur Verfügung: Schnee. Nakaya studierte und systematisierte die Schneekristalle, fotografierte 3.000 Exemplare und erstellte eine Klassifizierung. Eines haben dabei alle Kristalle gemeinsam: ihre sechseckige Grundform. Wie diese Hexagonalform exakt ausfällt, entscheidet der Lebenslauf des Schneekristalls, sein Entstehungsort, die Temperatur, die Luftfeuchtigkeit, der Wind. Manche schmelzen beispielsweise schon in der Luft und kristallisieren neu. Es soll mehr Variationsmöglichkeiten an komplexen Kristallen geben als Atome im Weltall. Noch dazu verkleben Kristalle untereinander und bilden wattebauschige Schneeflocken. Ähnlich einem Fingerabdruck ist damit praktisch jede Schneeflocke ein Unikat, ob oben am Gipfelkreuz des Herzogstands oder am Jackenärmel. Nakaya gelang es am 12. März 1936 nach dreijähriger Arbeit eine künstliche Schneeflocke auf einem Kaninchenfell zu züchten. Von dort trat sie einen Siegeszug durch die Skigebiete weltweit an.

▸ <u>Einen Schneeerzeuger:</u> Wenn auch Sie Schnee „technisch erzeugen“ wollen, wie die Schneegebietsbetreiber das heutzutage nennen, benötigen Sie einen Schneeerzeuger. Er hat meist die Form einer Schneekanone oder Schneilanze. Eine neue Schneekanone gibt es ab etwa 20.000 Euro, aber ein Gartenschlauch reicht nun mal leider nicht. Wassertropfen sind nämlich viel zu groß und fallen bei entsprechend niedrigen Temperaturen nur als eine Art leichter Hagel nieder. In der Atmosphäre ist die Bildung von Schneekristallen ein Wechselspiel von unterkühlten Wassertröpfchen, Wasserdampf und kleinsten Eiskristallen. Ein Schneeerzeuger versucht dies zu imitieren. Er zerstäubt das Wasser, damit sich kleine, unterkühlte Tröpfchen an Kondensationskernen wie feinsten Staubpartikeln anlagern. Wintermacher bezeichnen solche Schneekeime als Nuklide. Anders als in der Natur ist die Fallhöhe von Schneekristallen bei Schneeerzeugern viel niedriger, ihr Leben in Freiheit gewissermaßen ungleich kürzer. Technisch erzeugte Schneekristalle kommen deshalb weit weniger locker und flaumig daher. Ihre Dichte übersteigt die von natürlichem Schnee oft um ein Vielfaches.

- Wasser: Als Grundstoff für technisch erzeugten Schnee genügt normales Leitungswasser. Nur haben Sie beim Betreiben einer ordentlichen Schneekanone in einem normalen Haushalt 1.) zu wenig Wasser zur Verfügung, und 2.) einen zu geringen Wasserdruck. Ein Feuerwehrhydrant wäre eine passende Quelle, denn für einen Kubikmeter Schnee müssen Sie ungefähr 400 Liter Wasser durch die Düsen ihres Schneeerzeugers jagen. Allerdings benötigen Sie auch hier eine Druckpumpe. Bei einer ordentlichen Schneekanone sollte der Mindestwasserdruck acht Bar betragen, bei einer Schneelanze noch weit mehr. Natürlich gibt es mittlerweile auch kleine mobile Anlagen für den Heimanwender, die am Gartenanschluss betrieben werden. Aber das ist etwas für Flachlandtiroler.

- Anschluss: Ohne Energie läuft nichts beim Schneemachen. Der CEE-konforme Anschlussstecker 63 A ist bei Schneekanonen häufig ganz passend. Die Anschlussspannung liegt meist bei 400 Volt, es können aber auch 230 oder 600 sein. Erkundigen Sie sich diesbezüglich vor dem

Kauf bei dem Schneekanonen-Hersteller Ihres Vertrauens. Außerdem sollten Sie darauf gefasst sein, dass die Stromrechnung anschließend steigen könnte. Wie viel Strom Sie benötigen, hängt von den Witterungsbedingungen ab.

- **Temperatur:** Mit einer herkömmlichen Schneekanone können Sie zwar ein bisschen lieber Gott spielen, aber Sie sind es eben nicht. Deshalb sind Sie trotz allem auf das Wetter angewiesen. Wie gut Sie Schnee produzieren können, hängt von der Feuchtkugeltemperatur ab, einer Kombination aus Lufttemperatur und der Luftfeuchtigkeit. Je niedriger die Luftfeuchtigkeit ist, desto leichter kann Wasser von der Oberfläche Ihrer erstäubten Wasserpartikel verdunsten und den Tropfen abkühlen. Bei einer Lufttemperatur von minus fünf Grad und einer relativen Luftfeuchte von 50 Prozent läge die Feuchtkugeltemperatur bei -7,3 Grad. Theoretisch lassen sich die Bedingungen durch chemische Zusätze verschieben, aber wenigstens darauf sollten Sie der Natur zuliebe verzichten.

Stattdessen können Sie die Skisaison heutzutage mit dem Allwetter-Snowmaker einer israelischen Firma nach Ihrem Gutdünken verlängern. In einigen Skigebieten wie am Pitztaler Gletscher und in Zermatt wird diese Technik bereits genutzt. Sie kommt normal in südafrikanischen Goldminen zum Einsatz und erlaubt auch bei Plusgraden eine Schneeproduktion. Auf die Idee, Schnee für ein gutes Geschäft bei allen möglichen Temperaturen zu erschaffen, wäre Gott sicher nicht gekommen.

- **Energie:** Der Studie „Der gekaufte Winter“ (Gesellschaft für ökologische Forschung und BUND Naturschutz in Bayern) zufolge braucht es für einen Hektar beschneiter Pistenfläche mit 30 Zentimetern Grundbeschneiung etwa 20.000 kWh Energie. Damit es sich lohnt, sollten Sie die Maschine daher erst bei etwa minus fünf Grad anwerfen. Billig ist der ganze Spaß auf Dauer nicht: In den Alpen kostet ein Kubikmeter des künstlichen Rohstoffs je nach Land und äußeren Bedingungen drei bis fünf Euro. - - -

091 DEN SCHNEELEBENSZYKLUS DURCHLEBEN 091

Schnee verändert den Charakter des Berges gravierend. Meteorologen und Wintersportler interessieren sich vor allem dafür, ob, wann und wie viel es schneit. Mindestens ebenso interessant ist, was mit dem Schnee im Laufe der Zeit passiert. Er unterliegt einem ständigen Prozess, der die Eigenschaften des Schnees bestimmt. Es gibt ganze Seminare und Vorlesungen zum Thema Schnee und Lawinen. Verfolgen Sie doch einmal den Lebenszyklus eines Schneekristalls am Hang. - - - - - - - - - - - - - - - - - -

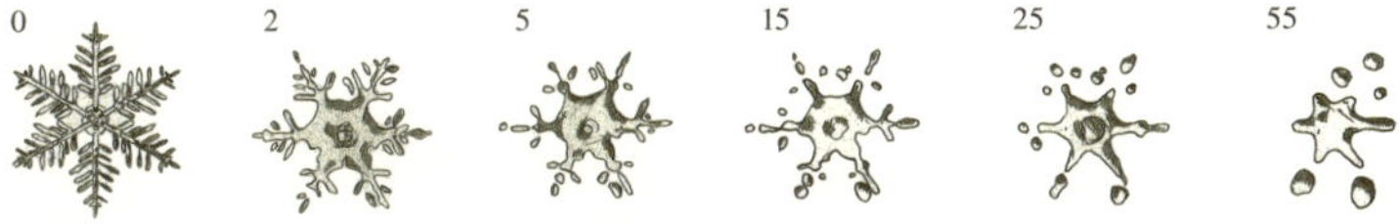

Lebenslauf einer Schneeflocke in Tagen

- **Abbauen:** Landet eine Schneeflocke auf Wasser, erzeugt sie zum Abschied aufgrund der eingeschlossenen Luftblasen einen hohen Ton mit einer Frequenz von 50 bis 200 Kilohertz. Menschen können den Todeslaut allerdings nicht hören. An Land haben Schneekristalle bessere Überlebenschancen. Oft setzt sich die ohnehin schon aufregende Existenz vom Moment des Bodenkontakts an fort. Schon beim Aufprall brechen dem Schneekristall diverse Arme ab. Wind forciert diesen Verstümmelungsprozess. Sobald die Schneeflocke still steht, geht der Wandel erst richtig los. Sie strebt ähnlich dem Bergsteiger im Ruhestand qua Naturgesetz eine bestimmte Form an: die Kugel. Fachleute sprechen im Falle der Schneekristalle von einer abbauenden Metamorphose. Sie verlieren ihre Kristallform, verfilzen, werden rundkörnig. Zugleich verringert sich das Volumen. Wie schnell dieser Umwandlungsprozess vonstatten geht, bestimmen beispielsweise Temperatur und Eigendruck des Schnees. Sie können sich nur sicher sein: Es kann innerhalb von nur einer Woche passieren, und zwar auch bei Minusgraden. Und die abbauende Metamorphose ist noch keineswegs das Ende.

▸ Aufbauen: Während der Bergsteiger im Ruhestand keine neue Form annimmt, verändert sich die einstige Schneeflocke erneut. Durch Temperaturunterschiede innerhalb der Schneedecke – der Boden ist im Hochwinter wärmer als die Schneeoberfläche – entstehen neue Kristalle, für die Experten ebenfalls sehr blumige Begriffe kennen: kantige Vollformen, die schließlich zu Becherkristallen aufblühen. Diese Formen sind größer als die rundkörnigen Kügelchen, bis zu einem halben Zentimeter. Die Bindung zwischen ihnen ist allerdings miserabel, der Schnee bröselt regelrecht dahin. Da eine Schneedecke durch verschiedene Niederschlagsperioden schichtweise aufgebaut ist, lässt sich eine solche Zwischenlage aus sogenanntem Schwimmschnee von außen kaum erkennen. Für die Einschätzung der Lawinengefahr ist dieser essenziell. Schwimmschnee verwandelt nämlich seinerseits den Hang in eine Rutschpartie. Experten können den Stand solcher Umwandlungsprozesse anhand der Witterungsbedingungen zwar abschätzen. Um wirklich sicher zu gehen, müssen sie jedoch Schneeprofile graben.

▸ Schmelzen: Vor allem gegen Ende des Winters und im Frühjahr setzt das ein, was teilweise als Schmelzmetamorphose bezeichnet wird. Die während des Aufbauprozesses entstandenen Körner verlieren Ecken und

Kanten. Wasser lagert sich zwischen den Körnern an und fließt bei weiterem Schmelzen sogar ab. Je nachdem wie stark der Schmelzprozess ausfällt, nimmt die Dichte des Schnees zu. Nächtliches Gefrieren erhöht die Festigkeit. Wiederholt sich dieses Wechselspiel zwischen Schmelzen und Frieren, entsteht zuerst Harsch und nach einer weiteren Saison schließlich Firn. Man kann sich demnach streiten, ob jene sulzige Oberfläche im Frühjahr, die Skitourengeher als Firn ehren, im definitorischen Sinne ein solcher ist. Für einen Meter Firn werden etwa sechs bis zehn Meter Neuschnee benötigt. In ausreichender Höhe und den entsprechenden Bedingungen geht Firn nach mehreren Jahren in einen neuen Zustand mit noch größerer Dichte über: Gletschereis.

Der Zustand	*Dichte in kg/m²*
Trockener Pulverschnee	30 bis 60
Durchschnitts-Neuschnee	etwa 100
Rundkörniger Altschnee	etwa 350
Kantig-körniger Schnee	250 bis 400
Nassschnee	300 bis 600
Firn	600 bis 800
Gletschereis	800 bis 900
Wasser	1.000

092 DEM GLETSCHER ENTGEGENKOMMEN 092

Falls Sie sich schon einmal gefragt haben, weshalb solch ein Aufheben um Gletscher gemacht wird: Gletscher sind wahre Riesen am Berg. Sie belagern und prägen ihn. Die Mächtigkeit des Aletschgletschers, der größte seiner Art in den Alpen, beträgt an seinem Ursprung, dem Konkordiaplatz, bis zu 900 Meter. Zum Vergleich: Der Bodensee hat eine maximale Tiefe von 254 Metern. Und diese gewaltigen Eismassen sind noch dazu keine starren Wesen. Er kommt Ihnen auf seinem Weg ins Tal entgegen. Verstehen Sie den Gletscher während Ihres Aufstiegs als einen großen, behäbigen Kameraden und staunen Sie über die sichtbaren Auswirkungen seines Tuns.

Die Kraft des Eises

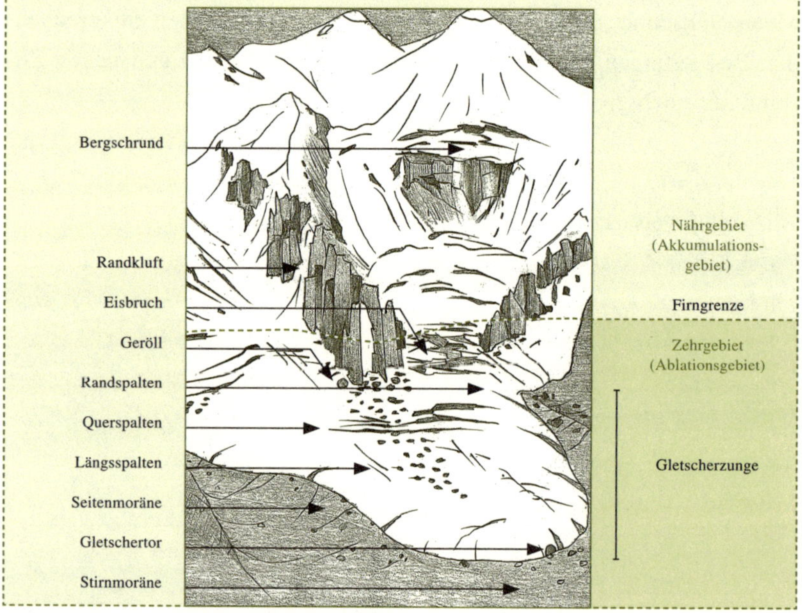

- **<u>Fließen und formen:</u>** Die Gletscher der Alpen bewegen sich mit einer Geschwindigkeit von 50 bis 180 Metern pro Jahr abwärts. In Pakistan erreichte der Kutiah Gletscher 1953 gar einen Spitzenwert von zwölf Kilometern. In nur drei Monaten. Ein Eisblock mit einer Seitenlänge von nur einem Meter wiegt fast eine Tonne, und Sie können sich in etwa den

Grad der Verwüstung vorstellen, wenn Sie diesen Würfel mit der versammelten Nachbarschaft ganz langsam durch Ihren Garten ziehen.

▸ **Liefern und lagern:** Der Gletscher ist ein ziemlicher Dreckspatz. Er transportiert, einem Tiefkühl-Fließband ähnlich, Gesteinsmaterial in allen Größen vom kleinen Sandkorn bis zum gewaltigen Felsblock. Diesen ganzen Schutt lagert der Gletscher als Moränen ab. Besonders auffällig sind im Gebirge die langen Geröllhalden namens Ufermoränen. Sie markieren gewissermaßen das einstige Gletscherbett und den letzten Höchststand der Gletscher gegen Ende der kleinen Eiszeit um das Jahr 1850. Seitdem haben nach Angaben der Zentralanstalt für Meteorologie und Geodynamik (ZAMG) beispielsweise die österreichischen Gletscher mehr als 50 Prozent ihrer Fläche verloren.

▸ **Sterben und schmelzen:** Der Gletscher ist manchmal etwas zerstreut. Auf seinem Gewaltzug verliert er riesige Eisbrocken, die er wiederum mit einer isolierenden Schuttschicht der Grundmoräne oder Sedimenten bedeckt. Dieses Toteis hält sich manchmal länger als der Gletscher und bildet später Toteisseen. Zudem schmilzt der Gletscher bei Erwärmung selbst vor sich hin und entfesselt damit eine neue Kraft: das Wasser.

▸ **Zehren und nähren:** Im Zehrgebiet, auch Abschmelz- oder Ablationsgebiet genannt, ist der Gletscher ein Schwindsüchtiger, denn er verliert durch Abschmelzen oder Verdunstung übers Jahr gesehen mehr Masse, als er bilden kann. Ganz am unteren Ende des Gletschers, der Gletscherzunge, befindet sich mit dem Gletschertor sogar ein Ausgang, aus dem die Gletschermilch fließt – grau oder weiß getrübtes Schmelzwasser. Wo das Zehrgebiet endet, beginnt das Nähr- oder Akkumulationsgebiet, wo der Gletscher an Eis zulegt. Den Übergang markiert die Firngrenze. Sie variiert örtlich stark, liegt in den Alpen ungefähr auf knapp 3.000 Metern – und verschiebt sich derzeit sukzessive nach oben. Am Vernagtferner in den Ötztaler Alpen erstreckte sich das Zehrgebiet im Sommer 2003 phasenweise über die gesamte Gletscherfläche.

- **Schleifen und brechen:** Der Gletscher hat prinzipiell nichts gegen Sie, er ist nur nicht ganz so beweglich und etwas träge. Deshalb reibt er sich an Felsen, schleift deren Wände und bleibt als Hängegletscher in steilen Flanken hängen. Andernorts kann er sich wiederum nicht exakt an den Fels anschmiegen und bildet dort die Randkluft. Manchmal fließt ein Bereich schon, während der Teil darüber noch am Fels festgefroren ist. An einer solchen Stelle bildet er den Bergschrund, eine Querspalte, die sich manchmal über die gesamte Gletscherbreite hinwegzieht. Vor allem aber hat er Probleme mit welligem Relief und großflächigen Hindernissen am Untergrund.

- **Spalten und Brüche:** Spalten sind der Grund, weshalb sich der Bergsteiger im vergletscherten Gelände immer anseilt. Sie entstehen oft durch Unregelmäßigkeiten im Gelände an der brüchigen Oberfläche des Gletschers, sind meist nicht tiefer als 30 Meter und ganz unterschiedlich ausgeprägt.

Die Gletscherzunge ist beispielsweise von sogenannten Radialspalten durchsetzt. Wo das Eis nach dem Passieren von Engstellen auf einmal ausreichend Platz hat und sich seitlich ausdehnen kann, treten vor allem Längsspalten auf, am Gletscherrand durch die vom Rand zum Zentrum zunehmende Fließgeschwindigkeit wiederum schräg verlaufende Randspalten. Querspalten entstehen an einem Gefälleknick. Bricht der Gletscher über eine Geländestufe regelrecht ab, entstehen ganze Eisbrüche.

Sie gleichen einem Potpourri an Seracs (Eissäulen) und Spalten. Relativ sicher sind Sie auf langen, gleichmäßig geneigten Flächen.

Spalten können nach unten hin breiter werden (A-Spalten) oder sich verengen (V-Spalten). Am gefährlichsten sind sie dann, wenn sie durch eine Schneeauflage verdeckt werden. Nur wirklich geübte Augen können trotz Schnee erkennen, wo sich darunter möglicherweise doch ein Abgrund versteckt.

093 AM SCHNEE ERBLINDEN 093

Die Sonne hat in der Höhe nicht wirklich mehr Kraft. Sie wird aber weniger stark gefiltert und trifft Sie daher mit größerer Wucht. Bis zur Schneeblindheit sind es auf Gletschern in großen Höhen manchmal nur wenige Minuten.

Das Problem: Die überlagernden Luftschichten werden mit zunehmender Höhe dünner, wodurch mehr UV-Licht in die Atmosphäre tritt. Pro 300 Höhenmeter nimmt die UV-Belastung deshalb um etwa vier Prozent zu. Zudem reflektiert Schnee bis zu 80 Prozent der UV-Strahlung. Der Himmel muss dabei keineswegs wolkenfrei sein. Bestimmte Bewölkungssituationen erhöhen die UV-Strahlung sogar. Trockene Luft, Wind und Kälte stressen nicht nur Ihre Gesichtshaut, der Sie selbstredend einen Sonnenschutz mit höherem Lichtschutzfaktor gönnen. Das kühlende Umfeld erzeugt auch ein trügerisches Gefühl der Sicherheit.

Symptome: Schneeblindheit ist letztlich ein Sonnenbrand der Hornhaut oder Bindehaut. Wie beim Sonnenbrand besteht eine Latenzzeit zwischen der UV-Exposition und den ersten Symptomen. Das heißt: Sie merken die Verbrennung erst, wenn es eigentlich schon zu spät ist. Die Folgen sind extreme Lichtempfindlichkeit, gerötete Augen, Tränenfluss und ein sandiges Gefühl in den Augen.

Gegenmaßnahmen: Bei Schneeblindheit helfen Abdunkelung, Ruhe und kühlende Umschläge. Oftmals lassen die Schmerzen dann schon nach ein oder zwei Tagen nach, eine antibiotische Augensalbe kann den Heilungsprozess unterstützen. Das beste Gegenmittel heißt allerdings Prophylaxe und diese gewährleistet die Sonnenbrille.

Prophylaxe: Sonnenbrillen in den Bergen sollten mindestens die CE-Norm der Filterkategorie III erfüllen. Am Gletscher darf es noch eine höhere Kategorie sein, die dann eine Tönung von 92 bis 97 Prozent besitzt und 100 Prozent des UV-Lichts absorbiert. Notfalls können Sie sich Ihre Schneebrille selber basteln. Inuit schnitzten schon vor Jahrtausenden schmale Sehschlitze in Seehundknochen. Sie können aber ebenso gut ein Stück Pappe oder Rinde verwenden.

094 VORWÄRTSKOMMEN 094

Letztlich ist das Bergsteigen nichts anderes als ein ständiger Kampf gegen die Schwerkraft. Im vereisten und verschneiten Gelände fällt dieser Kampf besonders schwer. Sie rutschen ab, sinken ein. Glücklicherweise wurden im Laufe der Jahre einige wunderbare Hilfsmittel entwickelt. So breit das Sortiment Ihres Lieblingssportladens auch sein mag, bereitet die Industrie durch Innovationen dabei nur Altbewährtes neu auf.

▸ **Eispickel:** Erste Eishilfen, die an Gartenharken und klobige Spitzhauen erinnerten, existierten dem wundervollen Buch „Bergsteiger" des britischen Journalisten Ed Douglas zufolge schon Mitte des 19. Jahrhunderts. Obwohl an den Beilen anfangs des 20. Jahrhunderts auch in Chamonix und im Wallis weiterentwickelt und -geschmiedet wurde, ist im deutschsprachigen Raum vor allem die Konstruktion des österreichischen Alpinisten Peter Aschenbrenner aus den 1930ern bekannt: ein besonders leichter Eispickel mit Holzschaft und flacher Stahlhaue. An Grundprinzip und Form hat sich bis heute kaum etwas geändert, nur die Zahl der Modelle ist exponentiell gestiegen. Dabei gilt: Je extremer das Gelände, desto stärker die Krümmung des Eispickels. Für den Normalbergsteiger reicht am Gletscher ein nahezu kerzengerades Allroundgerät. Wenn Sie die Stahlhaue am nach unten ausgestreckten Arm greifen, sollte die Pickelspitze knapp bis zum Boden reichen. Damit können Sie ungebremst übers Eis schlendern.

Je steiler desto krummer

Klassischer Gletscherpickel für leichte Hochtouren

Leicht-Eispickel

Eisgerät für Steileis

- **Steigeisen:** Steigeisen wurden angeblich schon zur Zeit des Römischen Reichs getragen, sind letztlich also eine uralte Erfindung. Unter Bergsteigern entzündete sich Ende des 19. Jahrhunderts ein wahrer Richtungsstreit, ob die metallenen Gehilfen angewendet werden sollen. Dabei gilt es, sich zwei Namen zu merken: 1908 konstruierte der britische Alpinist Oscar Eckenstein das zehnzackige Steigeisen, damals eine Revolution. Bei der Erstdurchsteigung der Eiger-Nordwand 30 Jahre später verschafften

Anderl Heckmair wiederum Zwölfzacker den entscheidenden Vorteil. Heute gibt es passende Steigeisen für fast jedes Paar Bergschuhe.

Steigeisen mit Kipphebelbindung sind das Nonplusultra unter den Steigeisen. Voraussetzung ist ein steigeisenfester Schuh mit steifer Sohle und entsprechend ausgeprägten Sohlenrändern. *Leichtsteigeisen* können mit Hilfe von Riemen auch auf weniger feste Wanderschuhe montiert werden. In anspruchsvollem Gelände werden Sie damit allerdings schnell an Grenzen stoßen. *Der Kompromiss.* Für Unentschlossene gibt es einen guten Kompromiss mit einem Kipphebel für die Ferse und einem Kunststoffbügel oder Körbchen für den Zehenbereich. Er eignet sich für den bedingt steigeisenfesten und damit etwas weniger steifen Schuh.

▸ **Schneeschuhe:** Die Bewohner von Schneeregionen nutzten Schneeschuhe aus Rinden, Harthölzern und Leder schon vor Jahrtausenden. Heute werden die Tragflächen aus Kunststoff, Aluminium und Neopren fabriziert, mit mal mehr, mal weniger ausgeklügelten Bindungssystemen. Jedenfalls haben die modernen Geräte mit den antiken Tennisschläger-Konstrukten ungefähr so viel gemeinsam wie Steinschleuder und Panzerfaust. Gebirgstauglich sind Schneeschuhe erst durch integrierte Harsch- oder Steigeisen. Aber auch damit werden Sie bei Hängen von mehr als 30 Grad Probleme bekommen, vor allem auf hartem oder gar vereistem Untergrund. Schneeschuhe sind daher eher etwas für die gemütlichen Winterwanderer.

Für steileres Terrain sind Tourenskier besser geeignet, wobei das Wort Ski aus dem Norwegischen stammt und übersetzt nichts anderes bedeutet als: Schneeschuh. Der Ski-Expeditionsbericht des norwegischen Polarforschers Fridtjof Nansen *På ski over Grønland* trägt beispielsweise im Deutschen den Titel: *Auf Schneeschuhen durch Grönland.*

▶ **Tourenfelle:** Um mit Skiern einen Berg zu erklimmen, benötigen Sie neben einer speziellen Bindung, die für den Aufstieg Fersenfreiheit gewährt, Touren- oder Skifelle. Sie werden an die Unterseite des Skis gespannt. Früher nutzten die Menschen dafür einfach Robbenfelle, inzwischen gibt es dank der steigenden Zahl an Skitourengehern eine eigene Tourenfellindustrie. Sie stellt Tourenfelle für Freizeitsportler und Berghochrenner, für Alpinisten und Freerider zur Verfügung, aus Kunst- oder Naturfaser. Es gibt Rennfelle, Halbfelle, Zuschneidefelle. Das ist extrem wichtig, denn jeder Mensch hat schließlich Anspruch auf sein eigenes, ganz individuelles Fell. Dazu gibt es spezielle Skitourenfellkleber, Skitourenfellgleitmittel und Skitourenfellimprägnierungsmittel gegen die Bildung von Stollen, den am Fell festgefrorenen Schnee. Was die Gleit- und Stolleigenschaften betrifft, hat immer noch die Natur das beste Material parat: Mohair, Haare der Angoraziege.

095 **HALT FINDEN** 095

Nicht immer wollen und können Sie sich nur auf Steigeisen oder Eispickel verlassen. Manchmal – ob beim Abseilen, Standplatzbau oder der Kameradenrettung – brauchen Sie Sicherheit, einen vertrauenswürdigen Haltepunkt inmitten einer feindlichen Landschaft.

▶ **Eine Eisschraube setzen:** Die hohlen Schrauben haben scharf geschliffene, gezahnte Spitzen und können oft dank eines kleinen Kurbelgriffs mit wenig Kraftaufwand selbst in hartes Eis geschraubt werden. Wichtig ist, dass Sie die Eisoberfläche zuvor von sprödem Firn und schuppigem Eis befreien. Zudem sollten Sie die Eisschraube in einem Winkel von 90 Grad zur Oberfläche oder sogar leicht hängend anbringen. Untersuchungen der DAV-Sicherheitsforschung ergaben, dass eine richtig gesetzte Eisschraube in gutem Eis einer Belastung von 18 bis 20 Kilonewton standhält. Das würde sogar reichen, um einen Mittelklassewagen daran aufzuhängen. Entscheidend ist dabei weniger die Länge der Schraube als die Anzahl der Gewindegänge.

▸ **Abalakows Eissanduhr bauen:** Kein Mann hat das Bergsteigen in der Sowjetunion derart geprägt wie Witali Abalakow. Im Kaukasus und dem Pamirgebirge gelangen ihm zahlreiche Erstbesteigungen, zwischen 1933 und 1968 nahm er an 16 Expeditionen teil; und er war zehnfacher Landesmeister im Klettern. Seine Bedeutung geht aber weit über das reine Gipfelerklimmen hinaus. Während des zweiten Weltkriegs stand er – beschuldigt, ein deutscher Spion zu sein – unter Arrest. Viele Jahre später erhielt er unter anderem den Leninorden (1957) und das Ehrenzeichen der Sowjetunion (1972). Denn Abalakows Erbe ist auch für die Folgegenerationen von praktischem Nutzen. Als Ingenieur der sowjetischen Akademie der Wissenschaften entwickelte er Haken und Steigeisen aus Titan, verschiedene Klemmgeräte und Eisschrauben. Die Abalakow-Eissanduhr trägt seinen Namen.

Zielgenau schrauben: Abalakows Eissanduhr eignet sich zur materialsparenden Herstellung eines Fixpunktes. Das ist beispielsweise beim Abseilen nötig, wo Sie die Eisschraube ja nicht stecken lassen wollen. Abalakows Eissanduhr ist so einfach wie genial. Zwei lange Eisschrauben (mindestens 16, besser 19 Zentimeter lang) werden in einem Abstand von einer solchen Eisschraube und in einem Winkel von 60 Grad ins solide Eis gebohrt und anschließend wieder entfernt. Im Grunde reicht Ihnen also auch eine einzige Eisschraube. Sie müssen nur versuchen, dass sich die beiden gebohrten Löcher möglichst weit im Eisinneren treffen. Übrig bleibt dann ein Eiskanal, der im Querschnitt durch das Eis ein gleichseitiges Dreieck ergibt. *Siehe Grafik.*

Zielgenau fädeln: Nun müssen Sie eine Reepschnur von knapp einem Meter Länge durch diesen dreieckigen Kanal fädeln. Große Dienste leistet dabei ein kleiner Metallhaken oder ein zwei Millimeter dicker Draht. Irgendwann sollten jedenfalls beide Enden der Reepschnur aus den Eislöchern hängen. Verknoten Sie die Reepschnur so, dass noch zehn Zentimeter als Sicherheitsreserve bleiben. Die Konstruktion mag zwar abenteuerlich aussehen und besitzt nicht ganz die Festigkeit einer vernünftig gesetzten Eisschraube, doch sie hält. Reicht das Dreieck nur weit genug ins Eis, können Sie eine ganze Seilschaft an die Eissanduhr hängen.

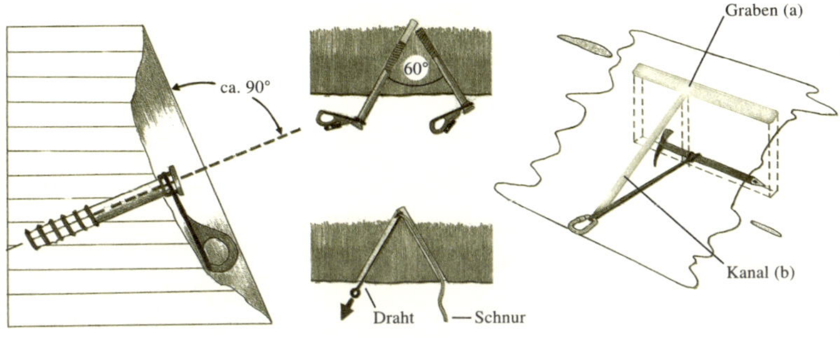

Die gesetzte Eisschraube *Abalakows Eissanduhr* *Der Tote Mann*

- **Einen toten Mann vergraben:** In Schnee und Firn helfen Ihnen Eisschrauben und -sanduhren nicht weiter. Für den vergleichsweise weichen Untergrund gilt als beste und unkomplizierteste Methode trotz Alternativen wie dem „modifizierten Steckpickel" und der „Abalakow-Firnsicherungsschlinge" noch immer der T-Anker oder „Tote Mann".

Graben: Heben Sie im rechten Winkel zur Zugrichtung mit Hilfe des Pickels einen Graben (a) von etwa 15 Zentimeter Breite und 30 bis 80 Zentimetern Tiefe aus. Dabei gilt: Je weicher der Untergrund, desto tiefer müssen Sie graben. Ziehen Sie anschließend von der Mitte dieses Grabens einen möglichst flachen Kanal (b) in Zugrichtung.

Dieser Kanal sollte zum Graben hin tiefer werden, da der T-Anker bei Belastung sonst ausgehebelt wird.

Einlegen: Als T-Anker eignen sich am besten Ihr Eispickel oder Ihre Skier. Anschließend befestigen Sie am Schwerpunkt Ihres T-Ankers eine Bandschlinge mittels Ankerstich *vgl. 076 „Knoten knüpfen“* und an deren Ende einen Schraubkarabiner. An diesem können Sie beispielsweise einen Kameraden sichern. Nachdem Sie den Anker eingelegt haben, klopfen oder treten Sie ihn mit Schnee fest.

096 EINEN GLETSCHERKURS BELEGEN 096

Gletschertouren erfordern viel mehr Wissen und Vertrauen in die Mitmenschen als eine einfache Bergwanderung oder Trekkingtour. Und viel wichtiger als die graue Theorie von Berg- und Gipfelbüchern ist ein Kurs bei einem Bergführer oder anderem Sachverständigen. Verständlicherweise stellen sich viele die Frage, ob solch ein Kurs auch wirklich notwendig ist. Absolvieren Sie doch einfach folgenden Test. Antworten Sie ehrlich!

1.) Wie viele Personen sollte Ihre Seilschaft mindestens umfassen.

a) Seilschaft? Ich bin lieber alleine mit meinem Ego unterwegs.

b) Das kommt darauf an, wie viele meiner Kollegen mitkommen.

c) Ich mache das von den Bedingungen des Gletschers abhängig und errechne die Mannschaftsgröße mittels eines Logarithmus über Neuschneefall, Gletscherbewegung und Gruppenkönnen.

d) Idealerweise und gerade bei Anfängern drei oder mehr Personen. Es gibt wahrlich wenig ermutigende Berichte von Zweierseilschaften, die tot aus Gletscherspalten geborgen oder sogar überhaupt nicht mehr gefunden werden, weil ein einzelner Begleiter einen Partner beim Sturz locker mit bergab reißt.

2.) Wie weit sollte der Abstand zu ihrem nächsten Seilschaftsmitglied sein? - - -

a) Mir kann der Abstand zu meinem Mitmenschen schon im Alltag gar nicht groß genug sein.

b) Einer kommt an den Seilanfang, einer ans Seilende, der Rest der Mannschaft wird so aufgeteilt, dass in der Mitte nicht zu viele auf einem Haufen stehen. Dann kann's losgehen.

c) Erst einmal schaue ich mir den Gletscher genau an. Dann knüpfe ich an meiner Position einen Sackstich in das Seil und sichere mich über einen oder besser zwei gegenläufige Schraubkarabiner an der Anseilschlaufe meines Klettergurts. Ich erwarte, dass meine Kollegen das auch tun, und selbstverständlich an der richtigen Stelle.

d) Bei zwei Personen werden elf bis 13 Meter Abstand empfohlen, bei drei Personen etwa zehn, bei vier Personen acht, bei fünf etwa sieben Meter. Der Rest des Seils wird sicher verstaut. Dann gehe ich in etwa so breitbeinig wie John Wayne bei zum Vordermann leicht gespanntem Seil los.

3.) Es zieht Nebel auf, die markanten Punkte und umliegenden Gipfel zur Standortbestimmung fehlen. Es droht sogar der sogenannte White Out, bei dem Boden und Himmel scheinbar nahtlos ineinander gehen. Wie orientieren Sie sich? - - -

a) Orientierung? Ich kenne den Weg!

b) Orientierung? Ich gehe sowieso nur bei schönem Wetter! Oder den Spuren der anderen Seilschaften hinterher.

c) Natürlich habe ich alles dabei: Peilkompass und Karte (Maßstab 1:25.000). Lineal, AV-Anzeiger, Bleistift. Sogar das GPS. Einer in der Gruppe wird schon damit umzugehen wissen.

d) Da wir schon gestern Abend auf der Hütte eine Routenskizze der Tour erstellt und ein GPS dabei haben, ist mir noch nicht bange. Allerdings beraten wir in zehn Minuten noch einmal gemeinsam, ob wir nicht besser umdrehen, falls es schlimmer wird.

4.) Ihr Vordermann, der Seilerste, rutscht vor Ihnen in die Gletscherspalte. Was tun Sie?

a) Ich rufe dem Tollpatsch zum Abschied einen Fluch hinterher – und zücke mein Messer.

b) Ich rufe den anderen Seilschaftsmitgliedern so schnell wie möglich „Mannschaftszug" zu. Noch im gleichen Moment versuche ich in die Richtung entgegen des Gestürzten zu rennen, um ihn da sofort rauszuholen.

c) Sofern alle Seilschaftsmitglieder so leicht gespannt waren wie das Seil, ist der Sturz meines Seilpartners nur ein Rutsch und relativ leicht unter Kontrolle zu bringen. Dann zücke ich mein iPhone und rufe den sicherheitshalber schon heruntergeladenen Knotenratgeber auf.

d) Nachdem der Sturz unter Kontrolle gebracht ist, stelle ich Rufkontakt mit dem Gestürzten her und prüfe, ob er handlungsfähig ist. Anschließend wird über die Form der Spaltenrettung entschieden. Das übernehme ich.

5.) Was versteht der Bergsteiger unter einer „losen Rolle"?

a) Ein am Gletscher üblicher Ausdruck für „Bei dir ist wohl ein Rad ab".

b) Den wegen Verkeilen des Steigeisens im Eis verursachten Überschlag eines nicht angeseilten Bergsteigers.

c) Eine Rettungstechnik nach dem Prinzip eines losen Flaschenzugs. Auf diese Weise lässt sich die Last rein theoretisch mit dem halben Kraftaufwand heben, wobei einerseits die Reibungsenergie zu berechnen ist, andererseits die Tatsache, dass der Gestürzte mithelfen kann. Eisschraube, verschiedene Reepschnüre und Karabiner habe ich natürlich immer am Gurt. Keine Ahnung, ob es auch klappt.

d) Ein wichtiges Prinzip der Spaltenbergung, bei der zuerst die Last mit Hilfe einer Reepschnur auf einen Fixpunkt wie einen T-Anker übertragen wird, um anschließend, unterstützt von einer Rücklaufsicherung, den in die Spalte Gestürzten herauszuziehen. Habe ich erst vergangene Woche praktiziert.

Auswertung

Überwiegend Helme: Also entweder sind Sie ein absoluter Profi oder bei Ihnen ist eine Rolle lose, Sie alter Misanthrop. Sie benötigen weniger einen Gletscherkurs als ein Resozialisierungsprogramm. Was suchen Sie in den Bergen eigentlich? *Überwiegend Eispickel:* Ihnen ist die gesellschaftliche Komponente des Bergsteigens extrem wichtig und Sie interpretieren das Wort „Seilschaft“ eher betriebswirtschaftlich: Sie vertrauen darauf, dass die Kollegen Ihre Schwachstellen überdecken und nicht an jeder entscheidenden Stelle eine Niete sitzt. Aber was passiert, wenn Sie fallen? *Überwiegend Karabiner:* Sie besitzen ein hervorragendes theoretisches Wissen. Allerdings changiert Ihre Planung zwischen spontan und übereifrig. Ein wenig praktische Übung kann nicht schaden. Die anderen Kursteilnehmer werden von Ihrem Vorwissen beeindruckt sein. *Überwiegend Seile:* Sie sind nicht das erste Mal in Schnee und Eis, wobei Ihnen selten etwas passiert. Ob Sie einen Auffrischungskurs belegen sollen? Es ist Ihr Leben. *Ausschließlich Seile:* Respekt! Sie sind selbstlos, praktisch veranlagt, im Thema drin und offenbar sehr erfahren. Nur ein kleiner Hinweis am Rande: Sie wirken ein wenig oberlehrerhaft.

097 MÜNCHHAUSEN ÜBERTRUMPFEN 097

Hieronymus Carl Friedrich Freiherr von Münchhausen stellte mit seinen Lügengeschichten alle Bergsteiger der Neuzeit in den Schatten. Er warf unter anderem eine Axt bis auf den Mond, ritt auf einer Kanonenkugel über die feindlichen Stellungen hinweg und zog sich am eigenen Schopf aus dem Morast. Sie können immerhin lernen, sich selbst am Seil aus einer Gletscherspalte zu retten, falls Ihre Begleiter keine Ahnung von loser Rolle und Mannschaftszug haben.

In Münchhausens Fußstapfen können Sie erst treten, wenn Sie zuvor in eine Gletscherspalte fallen. Dies sollten Sie wiederum nur dann tun, wenn Sie sich Ihrer Sache hundertprozentig sicher sind und die Münchhausen-Technik – der Begriff geht laut der Bergzeitschrift *bergundsteigen* auf den Profibergführer Robert Purtscheller zurück – geübt haben.

Prusiktechnik: 1. Sie hängen nun an einem Seil in der Gletscherspalte und haben ausgependelt. *2.* Befestigen Sie eine insgesamt etwa drei (doppelt etwa 1,5) Meter lange Reepschnur mit einem Prusikknoten (1) *vgl. 076 „Knoten knüpfen“* knapp über Kopfhöhe am Seil. *3.* Binden Sie die Reepschnur knapp mit einem Sackstich ab. *4.* Hängen Sie einen Karabiner, nennen wir ihn den Lügenkarabiner, in die dadurch entstandene Öse ein. Sie brauchen ihn erst später. *5.* In Ihre Anseilschlaufe hängen Sie nun das verknotete Ende der Reepschnur per Karabiner ein. Der Knoten ist so zu knüpfen, dass die Reepschnur nicht durchhängt. *6.* Befestigen Sie eine weitere, doppelt so lange Reepschnur als Trittschlinge ebenfalls mit einem Prusikknoten (2) knapp unterhalb des ersten Prusiks (1). Versuchen Sie die Länge der Trittschlinge so zu halten, dass Sie noch bequem hineinsteigen können. *7.* Stellen Sie sich nun mit einem Fuß in die Trittschlinge. Stehen Sie auf, indem Sie das entsprechende Bein einfach durchdrücken. Halten Sie sich am gespannten Seil in dieser Position kurz fest und *8.* schieben Sie den oberen Prusikknoten (1) so weit wie möglich nach oben. *9.* Setzen Sie sich nun wieder in den Gurt. Sie haben etwa 30 Zentimeter gewonnen. *10.* Zurück zu Punkt 7. Wiederholen Sie den Prozess so lange, bis Sie am Rand der Gletscherspalte angekommen sind.

Münchhausentechnik: 1. Sie sind nun schon etwas verschwitzt, aber es hilft nichts. Sie müssen da raus. Mit der Prusiktechnik kommen Sie über den Gletscherrand oder den Firnüberhang aber nicht drüber. *2.* Atmen Sie tief durch. *3.* Sie befestigen eine Rücklaufsicherung in der Anseilschlaufe des Hüftgurts. Viele Bergführer schwören auf die gute alte Gardaklemme als Rücklaufsicherung. Dafür befestigen Sie zuerst

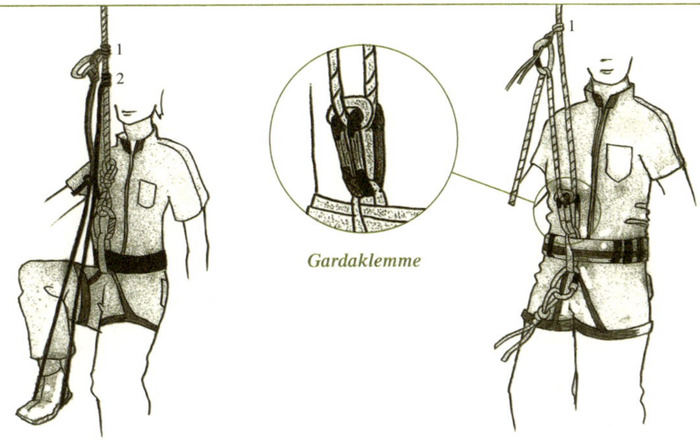

Gardaklemme

Prusiktechnik *Münchhausentechnik*

zwei völlig identische Karabiner in der Anseilschlaufe ihres Hüftgurts. *4.* Das von oben kommende Seil – es baumelt mittlerweile als Schlappseil teilnahmslos neben Ihnen her – führen Sie durch diese zwei Karabiner und noch einmal in einer Schlaufe um den ersten *siehe Grafik.* *5.* Das Seil wird nun in den Lügenkarabiner aus der Prusiktechnik eingeklinkt. Die Trittschlinge können Sie entfernen. *6.* Atmen Sie tief durch. *7.* Sie ziehen nun fest an dem Seil. Gleichzeitig stemmen Sie sich von der Spaltenwand ab und schieben ruckartig in Rückenlage das Becken so wie früher beim Hula-Hoop-Tanzen nach vorn. Das sieht ziemlich dämlich aus. Aber es beobachtet Sie ja keiner. *8.* Lächeln Sie! *9.* Kehren Sie in die Sitzposition zurück und schieben Sie den verbliebenen Prusikknoten (1) weiter. *10.* Zurück zu Punkt 7, und zwar so lange, bis Sie Ihre unfähigen Seilkameraden auf dem Gletscher sehen. - - - - - - - - - - - - - - -

Der Lügenbaron Münchhausen schaffte übrigens auch etwas, was dem Bergsteiger in der Gletscherspalte völlig neue Möglichkeiten eröffnet. Er holte sein in den Schnee gefallenes Messer mittels eines gefrorenen Harnstrahls zu sich herauf. -

098 TRAINIEREN V – MOUNT EVEREST ALS TAGESTOUR 098

Auf den geringeren Sauerstoffpartialdruck können Sie sich selbst in Zeiten der modernen Medizin nur äußerst schwierig vorbereiten. Beim Höhenbergsteigen führt an einer vernünftigen Akklimatisation *vgl. 069 „Hoch schlafen"* daher kein Weg vorbei. Weil die Leistungsfähigkeit auch nach erfolgter Akklimatisation ab einer Höhe von 1.500 Metern um etwa ein Prozent pro 100 Höhenmeter sinkt, ist eine möglichst gute Grundkondition wichtig. Was die Ausdauer betrifft, gibt es einen Mann, der selbst der an Extremisten und Sonderlingen nicht armen Bergsteigerbranche manchmal unheimlich ist: Christian Stangl.

Stangl selbst nennt sich Skyrunner – Himmelsstürmer. Im Mai 2006 eilte er innerhalb von 22 Stunden auf den Gipfel des Mount Everest und zurück ins Basislager. Er ist gnadenlos – sowohl in seinem Individualismus wie auch seinen Trainingsmethoden. Wenn Sie im österreichischen Gesäuse einen Mann treffen, der einen Traktorreifen im Schlepptau hinter sich herzieht oder sich wühlmausgleich durch den Schnee arbeitet, wundern Sie sich nicht. Wahrscheinlich handelt es sich um Stangl bei der Konditionsarbeit in der Heimat.

Stangl setzt sich ein ganz konkretes Ziel und trainiert entsprechend spezifisch. Hat er ein konditionell anspruchsvolles Projekt wie 2006 den Marsch zum Mount Everest vor Augen, muss er sich erst einmal an den Belastungsumfang gewöhnen. Er trainiert für hohe, technisch einfache Berge wie eben den Everest keine Kletterpassagen, sondern marschiert einfach mit Steigeisen oder schweren Schuhen bergauf, im Schnitt 1.000 bis 1.500 Höhenmeter pro Tour. Im Januar und Februar 2006 absolvierte er dieses Pensum an 58 von 59 Tagen. Im Schnee. Ohne Schneeschuhe und Skier. Wichtig ist für ihn, bei diesem Training der Grundlagenausdauer trotz allem nicht zu übertreiben. Als einfacher Indikator dient ihm der Schlaf. Wenn er nicht einschlafen kann, schlecht schläft und sich am nächsten Morgen erschöpft fühlt, hat er etwas falsch gemacht. War es ein guter Schlaf, war auch das Grundlagentraining gut.

Stangl trainiert viel nach Gefühl, doch sein Prinzip ist einfach: Schafft er keine 20-Stunden-Märsche am Stück in den relativ niedrigen Lagen der Alpen, kann er das im hohen Gebirge erst recht vergessen. Im März und April 2006 legte er fünf 20-Stunden-Touren hin. Ein Wandertag im Gesäuse kann bei ihm schon einmal 69 Kilometer, 11.500 Höhenmeter und Kletterpassagen im dritten Schwierigkeitsgrad umfassen. Dafür braucht er dann nur etwas mehr als 16 Stunden.

Stangl hat den Vorteil, sich relativ schnell an die Höhenluft anpassen zu können. Dennoch tut auch ihm die Anstrengung in großer Höhe oft einfach nur weh. Für eine erste Akklimatisation marschierte Stangl Ende April 2006 während einer Expedition deshalb innerhalb von 14 Tagen vier Mal auf den Elbrus. Dessen Gipfel liegt mit 5.642 Metern ungefähr auf Höhe des Everest-Basislagers. Einmal benötigte er für den Weg von dem kleinen Ort Azau aus nur 5:18 Stunden. Das war dann gerade einmal eine ausgiebige Halbtagestour.

099 GRUNDBEDÜRFNISSE BEFRIEDIGEN 099

Der Ötzi ist ein armer Kerl. Die vor 5.300 Jahren auf über 3.000 Metern im Eis konservierte Mumie liegt heute im Archäologiemuseum Bozen und wiegt nur noch 13 Kilogramm. Ötzi leidet trotz der Zimmertemperatur von minus sechs Grad und einer Luftfeuchtigkeit von 99 Prozent an Schwindsucht. Alle zwei Monate erhält er eine Frischzellenkur mit destilliertem Wasser, um den täglichen Verlust von zwei Gramm auszugleichen. Jährlich starren ihn mehr als 200.000 Schaulustige an. Wissenschaftler haben seinen Mageninhalt und seine Haare, seine Zähne und Gene untersucht. Tun Sie in Eis und Schnee alles, um ein ähnliches Schicksal zu vermeiden. -

- Atmen: In der Höhe haben Sie häufig die Wahl zwischen zwei Übeln. Die Herausforderung besteht darin, sich für das kleinere zu entscheiden. Binden Sie sich beispielsweise ein Tuch um den Mund, so ist die eingeatmete Luft zwar nicht ganz so kalt und trocken, aber dafür friert der Lappen nach einiger Zeit ein. Egal was Sie tun: Von den ganz hohen Bergen der Erde werden Sie immer mit einem leichten Höhenhusten zurückkehren. Steigern Sie sich in wirklich dünner Luft auch nicht zu sehr in den Versuch hinein, nach Luft zu schnappen. Der Körper reguliert die Luftzufuhr normal von ganz alleine. Oft ist es wichtiger, vor allem beim Abstieg bewusst zu atmen. -

- Liegen: Investieren Sie am Berg ruhig etwas mehr Zeit in den Zeltaufbau und sorgen Sie für eine möglichst plane Grundfläche. Diese paar Minuten zahlen sich nachts ebenso aus wie eine gut polsternde Matte. Sichern Sie sich nach dem Aufbau rechtzeitig einen Platz mit maximaler Frischluftzufuhr, was meist am Zelteingang der Fall ist. Wie weit Sie das Zelt offen stehen lassen, hängt von einem stets individuell zu bestimmenden Kälte-Frischluft-Quotienten ab. -

Es ist weder appetitlich noch gesundheitsfördernd, wenn Ihr Zeltpartner seine tagelang nicht gewaschenen Expeditionsstiefel-Thermosocken-

Füße während des Schlafes an Ihrer Nase lagert. Ein leicht erhöhter Oberkörper erleichtert in eisigen Höhen nachts die Atmung. Machen Sie sich nicht verrückt, wenn Sie nicht sofort einschlafen können, denn dann werden Sie vor lauter Nervosität erst recht wach bleiben.

- **Trinken:** Es ist paradox: Je höher Sie kommen, desto weniger Durst verspüren Sie – und umso mehr müssen Sie trinken. Zwingen Sie sich notfalls dazu. Führen Sie beispielsweise Trinkwettbewerbe im Stile alkoholfreier Saufspiele mit Ihren Begleitern durch. Jedenfalls sollten Sie gerade in großen und extremen Höhen irgendwie mindestens vier Liter täglich schaffen. Möglicherweise kommen Sie während des Steigens selbst kaum zur Flüssigkeitsaufnahme. Trinken Sie deshalb schon zum Frühstück mindestens einen Liter, zum Abendessen sogar zwei. Weil Sie gerade in den typischen Trekkingländern gegen den unvermeidbaren Schwarztee irgendwann eine natürliche Abscheu entwickeln, fördern Sie Ihr Flüssigkeitsverlangen mit importierten Tees, Tabletten oder Konzentraten. Verzichten Sie dafür lieber auf ein Deodorant.

Achten Sie auch auf Ihr Trinkgefäß. Trinksysteme mit Schlauch frieren schnell ein, Thermosflaschen haben wiederum ein hohes Eigengewicht. Gut geeignet sind Hartplastikflaschen mit großer Öffnung. Kennzeichnen Sie diese klar als Trinkflasche, um eine mögliche Verwechslung mit der Pinkelflasche zu vermeiden.

- **Essen:** Es ist nicht so wichtig, was Sie essen, sondern dass Sie essen. Das fällt leichter, wenn es Ihnen schmeckt. In der Höhe werden Sie möglicherweise an ganz anderen Nahrungsmitteln Gefallen finden als zu Hause *vgl. 065 „Wein verkosten“*. Es muss keineswegs das gefriergetrocknete Expeditionsfutter aus Silbertüten sein, auch wenn manche Bergsteiger regelrecht darauf abfahren. Sie können Ihr Lieblingsgericht auch in der Abteilung mit Trockenobst, Studentenfutter und Müsliriegeln finden. Suppen sind gut. Simone Moro und Denis Urubko freuten sich während einer Winterbegehung am Gasherbrum II wie die Kinder über: Gulasch aus der Heimat, gekocht und abgepackt von Moros Frau.

Beim Kochen, Schmelzen und Erhitzen bewähren sich in der Höhe leichte, zum Aufhängen geeignete Kocher mit einer Butan-Propanmischung. Die kleinen Ein-Liter-Kartuschen werden mittlerweile fast überall angeboten. Auch oberhalb von 7.500 Metern geben handelsübliche Zündsteinfeuerzeuge wie beispielsweise jene von Bic zuverlässig Feuer. Funkenschlagende Piezofeuerzeuge lassen Sie dagegen gerne mal im Stich.

▸ **Mal müssen:** Freuen Sie sich, wenn Sie Wasser lassen müssen. Es ist ein Zeichen für einen gut akklimatisierten Körper. Es gibt im Handel für jedes Geschlecht und für jedes Geschäft in jeder Lage mittlerweile Urinbeutel und Einwegtoiletten mit geruchshemmenden Granulaten oder den Stuhl umschließendem Puder. Bei Bedarf sind auch latexfreie, antibakterielle Trichtersysteme erhältlich. Sofern Sie eine Pinkelflasche verwenden, achten Sie auf ein ausreichendes Fassungsvermögen. Da Sie als Mann möglicherweise in Schieflage urinieren müssen, schaden ein paar vorherige Zielübungen auf neutralem Terrain nicht. Harnbesudelte Daunenklamotten gehören zu den peinlicheren Gründen für ein Scheitern am Berg.

Sie können aber auch einfach vor die Zelttüre gehen, um Ihre dringenden menschlichen Bedürfnisse zu erledigen. Bei Wind, minus 35 Grad und Dunkelheit ist es absolut vorteilhaft, wenn die Reißverschlusssysteme Ihres Daunenanzugs und der weiteren Kleidungsschichten einheitlich verlaufen. Verständigen Sie sich mit Ihren Kollegen auf eine bestimmte

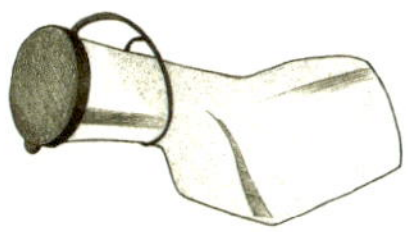

Pinkelflasche

Pinkelhilfe

Einwegtoilette

WC-Stelle, damit diese garantiert von dem Schneehaufen getrennt liegt, der als Trinkwasserreservoir dient. Da Ihr Schamgefühl hier oben nicht einmal an zweiter, sondern eher an letzter Stelle steht, wählen Sie lieber ein absturzsicheres als ein sichtgeschütztes Umfeld. Es ist wenig heldenhaft, beim Stuhlgang einen Abgang zu machen. - - - - - - - - - - - - - - - -

Da sich mit dem in Bergregionen wie dem Himalaya erhältlichen Toilettenpapier wohl auch Tische abschmirgeln lassen, importieren sie am besten weiche Klorollen aus der Heimat. Ihr Hinterteil wird es Ihnen danken.

100 EINE SCHNEEHÖHLE GRABEN 100

Wenn Sie im Schnee von Nacht und Kälte überrascht werden, geben Sie nicht auf. Sie benötigen in solchen Momenten vor allem einen Unterschlupf, um zu überleben. -

▸ <u>Zum Tier werden:</u> Machen Sie es am besten wie die Tiere. Graben Sie sich ein, verschwinden Sie von der Oberfläche. In einer Schneehöhle bleibt die Temperatur nicht nur konstant um den Gefrierpunkt, auch kann der Wind Ihre Körperwärme nicht mehr davontragen. Die Extremkletterer Robert Jasper und Stefan Glowacz haben während ihrer Patagonien-Expeditionen wochenlang in Schneehöhlen gewohnt. Freiwillig. - - - - -

▸ **Eine Stelle finden:** Für eine Schneehöhle benötigen Sie – welch Wunder – Schnee. Anderthalb bis zwei Meter sollte er schon tief sein, um der Behausung auch eine tragfähige Decke zu gönnen. Schneeverwehungen und Wechten – sofern nicht im Absturzgelände gelegen – sind perfekt geeignet. Improvisieren Sie, wenn die Schneeauflage zu dürftig ist. Graben Sie Vertiefungen, in die Sie sich legen können. Errichten Sie mit Skiern und Stöcken stabilisierte Schneemauern. Sie haben an Ihren Biwaksack gedacht? Gut! Eine Art Sitzbiwak in einem brunnenförmigen Zylinder mit Behelfsdach darüber ist besser als gar nichts. Grundsätzlich ist in einem solchen Fall alles erlaubt und nichts verboten.

Perfekt angelegte Schneehöhle mit windgeschütztem Eingang und Lüftungsschacht

▸ **Graben:** Für eine Lehrbuchschneehöhle graben Sie ein möglichst schmales, tunnelartiges Loch als Eingang in den Hang. Es sollte möglichst windgeschützt liegen und sich mit Schneebrocken oder einem Rucksack verschließen lassen. Hinter ihrem Eingangstunnel heben Sie eine, am besten leicht erhöhte, Schlafkammer aus. Wenn Sie die Decke auch noch in Form einer Kuppel anlegen, kann Kondenswasser daran seitlich herunter rinnen und tropft Ihnen nicht auf die letzten trockenen Klamotten. Als Perfektionist legen Sie zudem auch noch Wert auf einen Kältegraben um die Sitz- oder Liegefläche. Das bringt noch ein paar Grad Celsius.

- **Belüften:** Eine Höhle mit den Ausmaßen zwei mal zwei mal ein Meter enthält vier Kubikmeter Luft. Ein erwachsener Mensch atmet pro Stunde etwa einen halben Kubikmeter. Auch wenn Schnee nicht wirklich hermetisch abriegelt, sinkt der Sauerstoffgehalt nach circa zehn Stunden unter einen kritischen Wert, bei zwei Personen nach nur fünf. Zudem steigt die Konzentration an giftigem Kohlenstoffdioxid. Eine regelmäßige Frischluftzufuhr mittels eines Belüftungslochs oder -kanals ist daher kein Luxus, sondern überlebensnotwendig.

- **Einrichten:** Wenn Sie sich auf einen längeren Aufenthalt einrichten, können Sie seitlich Regale für Ausrüstung oder Gaskocher ausheben.

- **Zerstören:** Nach Ihrem Auszug sollten Sie je nach Standort erwägen, das Konstrukt zu zerstören. Es könnte sonst zur Falle für Wildtiere werden. Oder für Bergsteigerkollegen.

101 LAWINEN VERMEIDEN 101

Wer sich im Winter abseits gesicherter Pisten bewegt, muss sich leider auch mit der Lawinengefahr beschäftigen. Unabdingbar sind das Mittragen von Lawinenverschüttetensuchgerät (LVS), Sonde und Schaufel. Auch der Lawinenairbag avanciert langsam zur Standardausrüstung. Am besten ist es jedoch, gar nicht in die Schneemassen zu geraten. Die Lawinenwarndienste der Alpenländer informieren Sie im Winter täglich mit einem Lawinenlagebericht über die aktuelle Situation. Seit 1993 wird dafür die fünfstufige Europäische Gefahrenskala verwendet. Sie ist oftmals auch auf Informationstafeln in Skigebieten zu finden. Beschäftigen Sie sich als Wintersportler damit. Lernen Sie diese am besten auswendig.

1, geringe Lawinengefahr: Die Schneedecke ist allgemein gut verfestigt und stabil. Eine Auslösung ist nur bei großer Zusatzbelastung an sehr wenigen, extremen Steilhängen (meist steiler als 40 Grad) möglich. Spontan, also ohne menschliches Zutun, sind nur Rutsche und kleine Lawinen zu erwarten. Sie haben grünes Licht.

2, mäßige Lawinengefahr: Die Schneedecke ist an einigen Steilhängen nur mäßig, ansonsten allgemein gut verfestigt. Eine Auslösung ist bei großer Zusatzbelastung wie ganzen Skifahrergruppen vor allem an bestimmten Steilhängen (steiler als 30 Grad) wahrscheinlich. Größere, spontane Lawinen sind nicht zu erwarten. Aber irgendwo, vielleicht da drüben an diesem großartig steilen Nordhang mit dem wunderbaren Pulver, löst sich vielleicht das nächste Brett aus Schnee.

3, erhebliche Lawinengefahr: Die Schneedecke ist an vielen Steilhängen nur mäßig bis schwach verfestigt. Eine Lawinenauslösung ist bei geringer Zusatzbelastung vor allem an den im Bericht angegebenen Steilhängen wahrscheinlich. Fallweise sind spontan einige mittlere, vereinzelt aber auch große Lawinen möglich. Es ist die Stufe, bei der die meisten Unfälle passieren; die Psychologie dahinter ist so simpel wie gefährlich: Ist doch nur Stufe 3! Schalten Sie beim Risiko dafür mindestens drei Stufen zurück.

4, große Lawinengefahr: Die Schneedecke ist an den meisten Steilhängen schwach verfestigt. Eine Lawinenauslösung ist bereits bei geringer Zusatzbelastung vor allem an den angegebenen Steilhängen wahrscheinlich. Fallweise sind spontan viele mittlere, mehrfach auch große Lawinen möglich. Wer unbedingt raus möchte: Langlaufen und Eisstockschießen sind doch auch ganz schöne Sportarten.

5, sehr große Lawinengefahr: Die Schneedecke ist allgemein schwach verfestigt und weitgehend instabil. Spontan sind zahlreiche große Lawinen, auch in mäßig steilem Gelände (Hänge flacher als 30 Grad), zu erwarten. Wann waren Sie eigentlich das letzte Mal im Kino oder Museum?

102 STEILHÄNGE VERMESSEN 102

30 Grad Hangneigung bedeuten im winterlichen Gelände eine magische Grenze. Ab 30 Grad werden Hänge als Steilhang bezeichnet. Ab 30 Grad sind beim Aufstieg mit Tourenskiern Spitzenkehren nötig. Ab 30 Grad hat der Schnee in den meisten Fällen überhaupt erst eine Chance, als Lawine ins Rutschen zu kommen. Sie können mit zwei gleich langen Ski- oder Teleskopstöcken eine Hangneigung von 30 Grad sehr einfach erkennen. Am besten probieren Sie es einfach einmal aus.

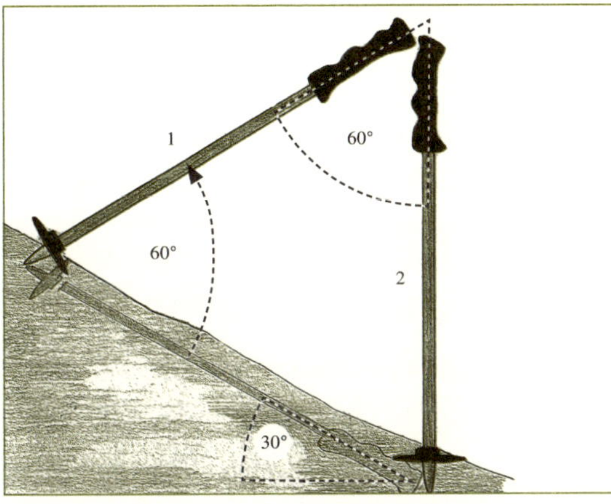

Die einfachste Möglichkeit, einen Hang zu vermessen

1. Legen Sie einen der Stöcke, nennen wir ihn fortan Stock 1, in den Schnee. Und zwar in direkter Falllinie, Spitze nach oben. 2. Heben Sie Stock 1 an seinem Griff an. Lassen Sie die Stockspitze im Schnee stecken. Sie sollten jetzt den Abdruck des Stockes im Schnee erkennen. 3. Halten Sie nun das Griffende des zweiten Stockes an das Griffende von Stock 1. Dieser muss soweit aufgerichtet sein, dass der zweite Stock, locker gehalten, frei pendelt. 4. Dann senken Sie die Stöcke ab, bis die Spitze von Stock zwei den Schnee berührt. 5. Trifft diese Spitze (2) exakt den Griffabdruck, ist der Hang etwa 30 Grad steil. Oder anders: Sie bilden mit Stöcken und Stockabdruck

ein gleichseitiges Dreieck mit jeweils 60 Grad. 6. Da Sie nicht immer an Hängen von exakt 30 Grad stehen, lassen sich Näherungswerte ableiten. Differenzen um je zehn Zentimeter nach unten bedeuten drei Grad mehr, um je zehn Zentimeter nach oben drei Grad weniger. Steckt Stockspitze 2 bei dieser Messmethode beispielsweise 20 Zentimeter oberhalb des Griffabdruckes, ist der Hang sechs Grad flacher, also nur rund 24 Grad steil. Sind die Stöcke parallel, stehen Sie: in der Ebene.

103 EINEN YETI AUFBINDEN 103

Zu den Parallelwesen, die einem besonders häufig begegnen, zählt der Yeti. Er wird gerne mit Reinhold Messner in einem Atemzug genannt, weil der nach einigen Yeti-Sichtungen im Eis des Himalaya das Buch *Yeti – Legende und Wirklichkeit* verfasste. Messner kassierte dafür viel Hohn und Spott. Dabei ist er keineswegs der Einzige, der die Existenz des Schneemenschen für erwiesen hält. Im Oktober 2011 berichteten mehrere seriöse Nachrichtenagenturen, darunter dpa und AFP, von einer vielleicht nicht ganz so seriösen Yeti-Konferenz in der sibirischen Stadt Taschtagol, etwa 3.200 Kilometer östlich von Moskau. Wissenschaftler aus sieben Ländern kamen zu dem eindeutigen Ergebnis: Den Yeti, einen bis zu drei Meter großen und stark behaarten Zweibeiner, gibt es wirklich.

Das Revier des Schneemenschen soll dabei keineswegs nur auf den Himalaya begrenzt sein, auch in Kanada und Sibirien ist er längst heimisch. In Nordamerika firmiere das von den meisten Menschen zur reinen Fabel degradierte Wesen unter dem Namen Bigfoot und jage Hirsche, hieß es auf der Konferenz. Der sibirische Verwandte habe es dagegen eher auf Hafer abgesehen. Vor allem die Provinz Kemerowo, in der auch Taschtagol liegt, scheint sich in vielerlei Hinsicht zum Mittelpunkt der Yeti-

Forschung zu entwickeln. Immer wieder fanden dort Veranstaltungen rund um die vermeintliche Existenz des Yetis statt. Experten schätzen die Zahl der Yetis in der Region auf mindestens 30. Die Regionalverwaltung Kemerowos ging zum Zeitpunkt der Konferenz zu 95 Prozent davon aus, dass der Yeti direkt vor der Haustüre lebt.

Indizien gebe es zur Genüge: Ein internationales Forscherteam habe auf einer Expedition im Altai-Gebirge die Spuren des Schneemenschen entdeckt. In der Asass-Höhle oder Asasskaja-Grotte – über den Namen herrschen unterschiedliche Angaben – wurden sogar eine mutmaßliche Schlafstätte und Haarreste gefunden. 2013 berichtete der Sender BBC, dass der Oxford-Wissenschaftler Bryan Sykes in Haarproben wiederum Hinweise auf eine im Himalaya lebende Bärenart, die wohl als Yeti missinterpretiert wurde, gefunden habe. Jäger, die den Yeti inzwischen auch gesichtet haben, schwören zwei Dinge: Dass es sich ganz sicher nicht um einen Bären handelte. Und dass sie nicht betrunken waren.

Ginge es im Sinne der Taschtagol-Konferenz weiter, soll irgendwann ein Zentrum für Yeti-Studien entstehen. Kemerowos Regionalverwaltung hatte einen ähnlichen Vorschlag schon einmal eingereicht. Der Antrag war jedoch von der örtlichen Universität abgelehnt worden. Die Boulevardzeitung *Moskowski Komsomolez* berichtete übrigens, dass die Kommune mit dem Verkauf von Yeti-Souvenirs ein gutes Zubrot verdiene.

104 GLETSCHERFLOH SEIN 104

Es existiert Leben in Eis und Schnee, auch ohne Yeti. Das bemerkenswerteste Lebewesen am Berg ist der nur zwei Millimeter große, dunkel gefärbte Gletscherfloh *(Isotoma saltans)*. Er ist ein Sechsfüßer aus der Klasse der Springschwänze und damit genau genommen gar kein Floh. Vor allem aber ist er der zweifellos härteste Kerl in Eis und Schnee. Er besitzt einige Eigenschaften, um die ihn jeder Gletschergänger manchmal beneidet.

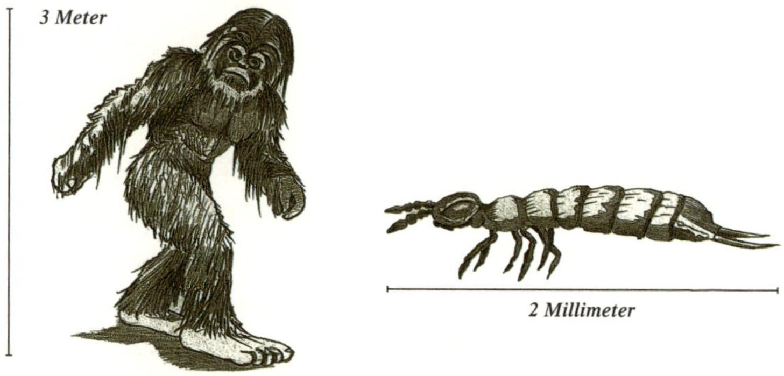

Yeti und Gletscherfloh
Legende und Wirklichkeit

- **Die Kälteresistenz:** Der Gletscherfloh bevorzugt leichte Minustemperaturen und erträgt ganz ohne Funktionsklamotten eine Außentemperatur bis zu minus 40 Grad. Schon als Embryo gewöhnt er sich an sehr tiefe Temperaturen, die Fortpflanzung erledigt er im Herbst, wenn der Gletscher gefriert. Sein Trick ist genial: Damit das Wasser in seinem Gewebe nicht vereist, reichert er die Körperflüssigkeit mit speziellen Zuckern und Alkoholen an. Sie wirken wie ein Frostschutzmittel. Als Reserve hat der Gletscherfloh besondere Eiweißmoleküle, die Eiskristalle in den Zellen erst gar nicht entstehen lassen. Durch seine schwarze Farbe absorbiert er an Sonnentagen zudem genügend Sonnenstrahlen, um das umgebende Eis abzuschmelzen.

- **Der Kalorienbedarf:** Der Gletscherfloh ist ein reiner Vegetarier und begnügt sich mit dem, was der Gletscher so hergibt. Die meiste Zeit verbringt er in kleinen Spalten des Gletschers oder im Übergangsbereich zwischen Schnee und Eis. Dort schlägt er sich vor allem mit Schneealgen, Pollen und Pflanzenresten, die aus den Tälern hinaufwehen, den kleinen Bauch voll.

- **Die Fortbewegung:** Auch das widerstandsfähigste Lebewesen hat Feinde. Im Falle des Gletscherflohs ist es beispielsweise der Gletscherweberknecht. Bei Gefahr kann sich der Gejagte mit Hilfe einer Sprunggabel einige Zentimeter weit in die Luft schleudern. Besäße ein Bergsteiger diese Eigenschaft, würde er den Gletscher mit wenigen Sprüngen überbrücken oder könnte sich mit einem Satz aus der Gletscherspalte befreien.

- **Die Schwäche:** Probleme hat der Gletscherfloh meist im Sommer. Wenn das Eis zu schmelzen beginnt, werden seine Reviere überschwemmt. Eine wasserabweisende Substanz an seinem Körper rettet ihn nur vorübergehend. Als letzter Ausweg bleibt nur die Flucht nach oben, auf die Eisschicht – und zwar in solcher Anzahl, dass manche Gletscher regelrecht verschmutzt aussehen. Auf der Oberfläche droht der Tod nicht nur durch die hungrigen Gletscherweberknechte. Auch die Sonne macht ihm zu schaffen. Bei zweistelligen Plusgraden kollabiert der Gletscherfloh wegen Hitzeschlags.

105 AUF EIS STEHEN 105

- **Mitten in Afrika:** Im Ruwenzori-Gebirge, auf der Grenze zwischen Uganda und der Demokratischen Republik Kongo, wurden Mitte des 20.

Jahrhunderts noch mehr als 42 Gletscher gezählt. Allein zwischen 1945 und 1990 gingen die Gletscher um 40 Prozent zurück. Heute ist nur noch der Mount Stanley (5.109 Meter) großflächig vergletschert. Andere Berge des Ruwenzori, die noch vor einem Jahrhundert vom gar nicht ewigen Eis großflächig bedeckt waren, sind inzwischen frei von Gletschern. Kleiner Trost: Den Eisresten wird hier immerhin eine längere Überlebenschance eingeräumt als an den unweit gelegenen Bergmassiven Kilimandscharo und Mount Kenia.

- **Am Äquator:** Der Cayambe in Ecuador ist eigentlich ein 5.796 Meter hoher Vulkan aus mehreren Vulkantypen und schon deshalb eine Besonderheit. Noch dazu macht sich auf dem Vulkan Eis breit. Sogar die nur drei Kilometer vom Gipfel entfernte Äquatorlinie war durch die enorme Höhenlage bis zu Beginn des Jahrtausends noch vergletschert. Der Rekord fiel der globalen Gletscherschmelze zum Opfer. Kleiner Trost: Der ehemals von Eis bedeckte Flecken bleibt vorerst weiterhin der einzige Punkt am Äquator, auf den Schnee fällt.

- **In Asien:** Der Khan Tengri im Tianshan-Gebirge ist der höchste Berg Kasachstans und der nördlichste Siebentausender der Welt. Genau genommen reicht der Fels nur bis auf eine Höhe von 6.995 Metern. Allein die Eiskappe macht ihn noch 15 Meter höher. Kleiner Trost: Der Khan Tengri zählt dennoch zum nur fünf Berge umfassenden Klub der auf ehemaligen UdSSR-Gebiet gelegenen Siebentausender-Gipfel *vgl. 053 „Sammeln III“*. Außerdem mogelt auch der größte Berg der Alpen bei der Größe.

- **In den Alpen:** Wie der Khan Tengri wäre der Mont Blanc ohne Schnee und Eis am Gipfel kleiner als die offiziell gemessenen 4.810 Meter. Forscher des LGGE (Laboratoire de Glaciologie et Géophysique de l’Environnement) in Grenoble, Frankreich, und der ETH Zürich haben festgestellt, dass der höchste Punkt aus Felsen tatsächlich nur 4.792 Meter misst – und außerdem 40 Meter weiter westlich liegt. Kleiner Trost: Wenigstens sieht man überhaupt noch etwas vom Mont Blanc – anders als bei manchen Bergen in der Antarktis.

▸ **In der Antarktis:** Unter einer kilometerdicken Schicht aus Eis liegt das Gamburzew-Gebirge. Es soll beinahe so groß wie Deutschland sein, wobei sich die Forscher noch nicht ganz einig sind, ob es sich mehr um eine Art Hochebene oder doch ein eher profiliertes Gelände wie beispielsweise die Alpen handelt. Jedenfalls geht man davon aus, dass am Gamburzew-Gebirge vor etwa 30 Millionen Jahren die Vereisung des Kontinents begann. Kleiner Trost: Im Zuge einer weiter ausufernden Klimaerwärmung könnten sich dort neue Perspektiven für die nächsten Bergsteiger-Generationen ergeben.

106 DIE TODESZONE FÜRCHTEN LERNEN 106

Oberhalb von 7.500 Metern beginnt das, was gemeinhin unter dem Begriff „Todeszone" firmiert. Oberhalb dieses Bereiches ist wegen des geringen Sauerstoffpartialdruckes selbst während des Schlafes keine Erholung mehr möglich. Ihrem Körper gefällt der Aufenthalt in großen Höhen definitiv nicht, er wird ganz krank von der dünnen Luft.

▸ **Den Mangel messen:** Höhenmediziner des University College in London analysierten Blut, das sie vier Expeditionsmitgliedern in einer Höhe von 8.400 Metern aus den Oberschenkeln abzapften. Der Sauerstoffpartialdruck lag im arteriellen Blut bei durchschnittlich 3,28 Kilopascal (kPa), der niedrigste Wert bei 2,55 kPa. Ähnliche Werte erreichen Menschen normalerweise erst kurz vor dem Tod. Der Wert eines gesunden Menschen liegt je nach Alter zwischen zwölf und 14 kPA. Weniger als 4 kPa werden als tödlich angesehen.

▸ **Am Mangel leiden:** Der US-amerikanische Guru der Höhenmedizin, Charles Houston, nennt vier typische Ursachen – auch die *vier Hypos* genannt – für das Sterben in großen Höhen. Fühlen Sie einmal mit.

Mangel an Sauerstoff: Die unzureichende Versorgung Ihres Gewebes mit Sauerstoff nennt sich *Hypoxie*. Diesen Mangel versuchen Sie mit einer Atemsteigerung zu kompensieren, die zu Kurzatmigkeit und sogar Hyperventilation führen kann. Bei starkem Sauerstoffmangel können Sie die Symptome nicht nur spüren, sondern auch sehen: Ihre Hautfarbe wird langsam grau oder bläulich, Ihr Urteilsvermögen ist beeinträchtigt, die Reflexe verlangsamen sich. Die einsetzende Atemnot wird bald noch schlimmer werden, es droht die Ohnmacht. *Mangel an Wärme:* Eine Unterkühlung oder *Hypothermie* verringert die dringend nötige Durchblutung und verschärft den Sauerstoffmangel weiter. Bei einer schweren Hypothermie (unter 28 Grad) kommt es zu Bewusstlosigkeit, Kreislauf- und Atemstillstand. *Mangel an Kohlenhydraten:* Im Grunde ist *Hypoglykämie* das, was umgangssprachlich als Unterzucker bezeichnet wird. Nur, dass Sie Zucker als Brennstoff jetzt mehr denn je benötigen würden. Der geringe Glucoseanteil im Blut führt zu einem Kontrollverlust, die Funktionen Ihres Körpers sind beeinträchtigt. Sie werden immer schwächer. *Mangel an Flüssigkeit:* Vielleicht haben Sie es schon gemerkt: Sie befinden sich in einem Teufelskreis. Sie werden wegen des Flüssigkeitsmangels im Körper (Houston spricht von *Hypohydration*) nicht direkt verdursten. Aber Ihre vielen, als Sauerstofflieferanten benötigten roten Blutkörperchen fördern eine Verdickung und Verlangsamung des Blutflusses. Der Flüssigkeitsmangel bremst den Sauerstofftransport rapide, dies erhöht den Mangel an Wärme, verstärkt den Leistungsabfall.

▸ **Folgen des Mangels:** Zwei Höhenkrankheiten sind neben der Acute Mountain Sickness AMS *vgl. 069 „Hoch schlafen“* bei Höhenbergsteigern besonders gefürchtet.

Beim Höhenlungenödem (HAPE) sammelt sich Flüssigkeit aus kleinsten Blutgefäßen in der Lunge, was zu deren krankhafter Anschwellung führt. Durch die Flüssigkeit im Lungengewebe wird der Austausch des knappen Gutes Sauerstoff radikal reduziert. Symptome sind ein plötzlicher Leistungsabfall, Pulsanstieg, blaue Haut, Husten mit blutig-schaumigen Auswurf, Rasselgeräusche. Die Letalität liegt bei 40 Prozent. *Beim Höhenhirnödem* (HACE) lagert sich die Flüssigkeit im Gehirn ein. Es tritt häufig zusammen mit dem Höhenlungenödem auf und folgt auf die AMS. Leitsymptom ist die Ataxie, der Fachausdruck für Koordinationsstörungen. Diese lässt sich überprüfen, indem der Betroffene im Hühnerschrittprinzip einen Fuß direkt vor den anderen setzen soll. Auch Übelkeit, Halluzinationen und Sehstörungen treten bei HACE auf. Die Letalität liegt ebenfalls bei 40 Prozent.

Verschärft wird Ihre Situation dadurch, dass Ihre Seilpartner oft mit ähnlichen Symptomen oder Erkrankungen zu kämpfen haben. Auf deren Hilfe können Sie nicht unbedingt bauen. Heute vertreten Wissenschaftler die Ansicht, dass der Tod oberhalb von 7.500 Metern spätestens nach einem Aufenthalt von 36 bis 48 Stunden eintritt.

▸ **Wahrscheinlichkeiten kennen:** Im Vergleich mit anderen Achttausendern ist die Wahrscheinlichkeit, den Mount Everest lebend zu verlassen, relativ hoch. Am statistisch gefährlichsten Achttausender, der Annapurna, sterben die meisten Menschen nicht an Sauerstoffmangel, sondern durch Lawinen. Die gute Nachricht: Langfristig sinkt die Sterblichkeitsrate kontinuierlich. ***Siehe Tabelle S. 252, basierend auf Daten der Himalayan Database (August 2016) und Sale/Jurgalski/Rodway/Hemmleb: „Herausforderung 8000er“ (2013, mit * gekennzeichnet).***

Gefährliche Achttausender

Berg	*Höhe in Meter*	*Besteigungen (bis Gipfel)*	*Todesfälle*	*Besteigungen pro Todesfall*
Annapurna	8.091	251	71	3,5
K2*	8.611	337	83	4,1
Nanga Parbat*	8.125	343	80	4,3
Dhaulagiri	8.167	480	82	5,9
Kangchendzönga ...	8.586	326	37	8,8
Gasherbrum I*	8.080	350	34	10,3
Makalu	8.485	446	43	10,4
Shishapangma	8.027	314	26	12,1
Manaslu	8.163	1.113	81	13,7
Broad Peak*	8.051	430	29	14,8
Mount Everest	8.848	7.538	270	27,9
Lhotse	8.516	603	19	31,7
Gasherbrum II*	8.034	972	21	46,3
Cho Oyu	8.188	3.493	50	69,9

107 DIE TODESZONE AUSTRICKSEN 107

Es gibt kein Mittel, mit dem sich Todeszone, Ödeme und die vier Hypos garantiert überlisten lassen. Mit einigen hat es aber schon geklappt. - - -

Flaschensauerstoff: Bis zur Everest-Besteigung durch Peter Habeler und Reinhold Messner 1978 wurde die Ansicht vertreten, dass der Mensch oberhalb von 8.000 Metern ohne Flaschensauerstoff allenfalls mit schweren Schäden an Körper und Hirn überleben könne. Heute bezeichnen Spitzenbergsteiger die Verwendung von Flaschensauerstoff schlicht als Doping und führen ihn nur für den absoluten Notfall mit.

Von vielen Berggängern wird Flaschensauerstoff dennoch gerne weiterhin als Hilfsmittel für den erleichternden Anstieg an hohen Bergen verwendet. Eine Vier-Liter-Flasche eines am Everest in Flaschenform stark vertretenen russischen Herstellers enthält 1.000 Liter Sauerstoff (250 bar). Bei einem Verbrauch von zwei Litern Sauerstoff pro Minute (er kann bis max. vier Liter ansteigen) reicht ein solcher Zylinder also ca. acht Stunden. Allerdings wiegt eine solche Flasche auch 3,5 Kilogramm.

Viagra: Das Potenzmittel fördert offenbar auch die Ausdauer am Berg. Mit einem Team aus Ärzten, Studenten und Bergsteigern reiste der Gießener Internist Friedrich Grimminger 2004 in das Everest-Gebiet und verabreichte einem Teil seiner Probanden auf 5.400 Metern Viagra, einem anderen Teil ein Placebo. Gemäß der Studie führte Viagra zu einem Rückgang des Lungenhochdrucks und damit zu einer höheren Leistungsfähigkeit. Auslöser sei laut Grimminger der gefäßerweiternde Effekt des Wirkstoffs Sildenafil. Ebenso wie bei sexueller Erregung in den Schwellkörpern des Mannes wird in den Lungen bei Hochdruck der Botenstoff Stickstoffmonoxid gebildet. Wo Sildenafil im Körper auf eine erhöhte Stickstoffmonoxid-Konzentration trifft, entfaltet es seine Wirkung und führt zu einer begrenzten Gefäßerweiterung. Allerdings, so Grimminger, eigne sich das Mittel nicht generell als Doping für Bergsteiger, da es bei manchen Kopfschmerzen verursache.

Pervitin: 1953 gelang Hermann Buhl etwas Unglaubliches. Während der Erstbegehung am 8.125 Meter hohen Nanga Parbat war der Österreicher 41 Stunden alleine unterwegs. Er verbrachte dabei die Nacht ungeschützt auf 8.000 Metern. Auf Anraten seines Expeditionsleiters Karl Herrligkoffer hatte Buhl das hochwirksame Stimulans Pervitin mitgenommen – was ihm wahrscheinlich das Leben rettete. Der Wirkstoff Methamphetamin, auch bekannt unter Meth oder Crystal, bewirkt einen Zustand der Euphorie. Die Wirkung hält bis zu 36 Stunden an, unterdrückt Müdigkeit, Hunger und Schmerz und steigert die Leistungsfähigkeit. Bis 1941 war das Mittel sogar frei erhältlich. Es gilt heute als eine der am schnellsten zerstörenden Drogen überhaupt.

[redacted]

„Die Spitze des Berges ist nur ein Umkehrpunkt.“
*(Reinhold Messner, Bergsteiger, *1944)*

[redacted]

RUNTERKOMMEN

AM GIPFEL

IN EISIGEN HÖHEN

STEIL GEHEN

UNTER EINEM DACH

HANG ZUM ANDERSSEIN

AUF EINGETRETENEN PFADEN

DIE ERSTEN SCHRITTE

108 SAMMELN V – SEVEN SUMMITS 108

▸ Seven Summits: Unter dem Begriff „Seven Summits“ werden die jeweils höchsten Berge der sieben Kontinente zusammengefasst. Allerdings existieren, je nachdem wo die Grenzen Europas und Australiens gezogen werden, unterschiedliche Listen. Zumindest in der Bergsteigerwelt herrscht Einigkeit darüber, dass Europas Vertreter der Elbrus im Kaukasus ist und nicht der Mont Blanc in den Alpen. Für den australischen Kontinent, der in diesem Zusammenhang geowissenschaftlich interpretiert und damit weiter gefasst wird, sind der Mount Kosciuszko und die weit anspruchvollere Carstensz-Pyramide in Indonesien Kandidaten. - - -

In diesem Fall sehen Sie beim Sammeln wirklich etwas von den Gebirgen der Welt: Die Berge liegen kreuz und quer zwischen dem 78. Grad südlicher und dem 63. Grad nördlicher Breite auf dem Erdball verteilt. Unter anderem wurden die Seven Summits bereits in weniger als sieben Monaten von einem Minderjährigen und einem auf Insulin angewiesenen Diabetiker bewältigt. Patrick Morrow komplettierte die heute angesehenste Sammlung mit der Carstensz-Pyramide im August 1986 als Erster und kam Reinhold Messner nur wenige Monate zuvor. - - - - - - -

Die Objekte: *Mount Everest / Asien (8.848 Meter) Aconcagua / Südamerika (6.962 Meter) Mount McKinley / Nordamerika (6.195 Meter) Kibo / Afrika (5.895 Meter) Elbrus / Europa (5.642 Meter) Mount Vinson / Antarktis (4.892 Meter) Carstensz-Pyramide / Australien, Ozeanien (4.884 Meter)* -

▸ Seven Second Summits: Die jeweils zweithöchsten Berge der sieben Kontinente gelten als weit schwieriger als die Seven Summits und werden wesentlich seltener bestiegen. Kenner werden Ihnen für diese Sammlung

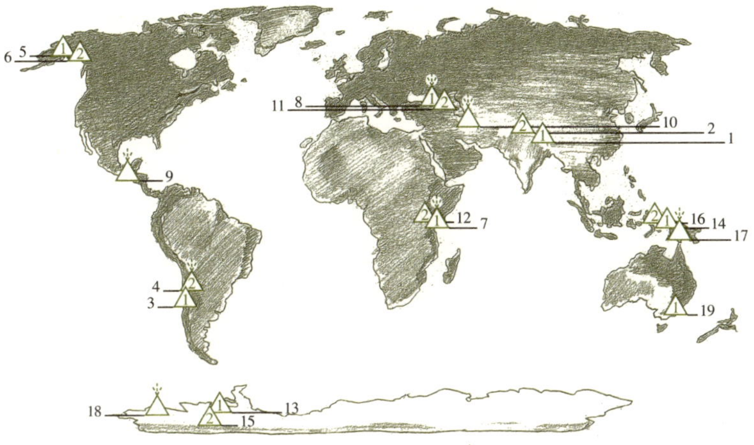

Seven Summits *Seven Second Summits* *Volcanic Seven Summits*
1 Mount Everest 2 K2 3 Aconcagua 4 Ojos del Salado 5 Mount McKinley 6 Mount Logan 7 Kibo 8 Elbrus 9 Pico de Orizaba 10 Damavand 11 Dychtau 12 Batian 13 Mount Vinson 14 Carstensz-Pyramide 15 Mount Tyree 16 Puncak Trikora 17 Mount Giluwe 18 Mount Sidley 19 Mount Kosciuszko

wesentlich mehr Respekt bekunden als für die Seven Summits. Das Problem bei der Bestimmung dieser Sammlung ist hier allerdings nicht nur die Grenzziehung der Kontinente. Wegen der unterschiedlichen Definitionen, wann ein Gipfel als eigenständig gilt, wären als Australiens Vertreter neben dem Sumantri auch der Ngga Pulu (4.862 Meter), der Puncak Trikora (4.730 Meter) der Mount Townsend (2.209 Meter) und der Puncak Mandala (4.758 Meter) Kandidaten. Um sicherzugehen, können Sie es machen wie Christian Stangl und alle fünf dieser Berge besteigen.

Die Objekte: *K2 / Asien (8.611 Meter) Ojos del Salado / Südamerika (6.893 Meter) Mount Logan / Nordamerika (5.959 Meter) Dychtau / Europa (5.204 Meter) Batian / Afrika (5.199 Meter) Mount Tyree / Antarktis (4.852 Meter) Sumantri / Australien, Ozeanien (4.870 Meter)*

- **Volcanic Seven Summits:** Bei den Volcanic Seven Summits treffen Sie auf alte Bekannte wie den Kibo am Kilimandscharo, den Ojos del Salado und den Elbrus. Auch die höchsten Vulkane sind wissenschaftlich noch nicht hundertprozentig definierbar. Zu den schon bekannten Schwierigkeiten der beiden anderen Seven-Summits-Sammlungen (Wo endet der Kontinent? Wann ist ein Berg ein Berg?), kommt noch eine weitere definitorische Ungenauigkeit: Wann ist ein Vulkan ein Berg? Oder anders: Wie hoch muss der Kegel das Umland überragen? So gibt es im Kunlungebirge Exemplare der Ashikule-Vulkangruppe, die dem Damavand den Spitzenplatz in Asien streitig machen könnten. Im Vergleich zur ihrer Umgebung sind die Ashikule allerdings eher Vulkanchen. - - - - - - - - -

Die Objekte: *Ojos del Salado / Südamerika (6.893 Meter) Kibo / Afrika (5.895 Meter) Elbrus / Europa (5.642 Meter) Pico de Orizaba / Nordamerika (5.636 Meter) Damavand / Asien (5.671 Meter) Mount Giluwe / Australien, Ozeanien (4.368 Meter) Mount Sidley / Antarktis (4.181 bis 4.285 Meter)* - - - - - - - - - - - - - - - - - - -

109 AM HÖCHSTEN PUNKT STEHEN 109

Sind Sie sicher, dass der Mount Everest der höchste Berg ist? Oder ist es nicht doch eher eine Frage der Definition? - - - - - - - - - - - - - - - - - -

- **Eine Frage der Messung:** Je nachdem, was Sie bei der Messung eines Berges als Bezugspunkt verwenden, kommen Sie auf vier verschiedene höchste Berge weltweit. -

Der Mount Everest im Himalaya bietet mit 8.848 Metern den höchsten Punkt – vom Meeresspiegel aus gesehen. -

Der Chimborazo in Ecuador ist mit 6.384.557 Metern exakt 2.143 Meter höher als der Mount Everest – sofern der Erdmittelpunkt (EMP) als Bezugspunkt dient. Die Erde ist schließlich keine perfekte Kugel, sondern ein Rotationsellipsoid und der Erdradius am Äquator durch die Fliehkraft um etwa 21 Kilometer größer als an den Polen. Je näher also die Berge am Äquator liegen, desto höher sind sie vom Erdmittelpunkt aus gemessen. Hinter dem Chimborazo folgen knapp geschlagen der Nevado Huascarán (Peru / 6.384.552 Meter ü. EMP) und der Cotopaxi (Ecuador / 6.384.190 ü. EMP). Mit den Maßen 6.267, 6.768, 5.897 Meter über dem Meer dürfen die drei sonst eigentlich nicht im Konzert der Großen mitspielen. -

Der Damavand im Iran ist mit 5.671 Metern zwar noch kleiner als die drei Südamerikaner. Aber er besitzt eine höhere Reliefenergie, ist gewissermaßen wesentlich besser gebaut. Heißt: An der Nordostseite überragt er das Umland um 4.700 Meter. Der Mount Everest hat auf seinem ohnehin schon hohen tibetischen Hochland nur 3.500 Meter zu bieten. Allerdings gibt es hier für den Anhänger von Superlativen jede Menge Interpretationsspielraum. So wären auch der 5.489 Meter hohe Mount St. Elias unweit der Meeresküste ein Kandidat oder der Nanga Parbat (8.125 Meter ü. NN). Dessen Nordseite bricht 7.000 Höhenmeter bis ins 25 Kilometer entfernte Industal ab. -

Der Mauna Kea Hawaiis ragt nur 4.205 Meter aus dem Wasser. Das würde nicht einmal in den Alpen zu einem Spitzenplatz reichen. Aber bis zum Fuß des Berges unterhalb der Meeresoberfläche sind es weitere 5.000 Meter, vielleicht sogar noch mehr. Ganz exakt lässt sich die Höhe wegen der schwer zu kartierenden Tiefseeregion nicht ermitteln. -

▸ **Eine Frage des Fortschritts:** Früher verließen sich Menschen weniger auf Wissenschaft und Technik als auf Augenmaß und Mythen. Dadurch wurde der höchste Berg der Welt immer höher. - - - - - - - - - - - - - - - - - -

---

Dem Olymp reichten um Christi Geburt 2.919 Meter, um den alten Griechen als höchster Berg weltweit zu gelten. -

Der Pico del Teide auf Teneriffa (3.718 Meter) wurde in frühen Nachschlagewerken, die wie alle Nachschlagewerke leider nicht vollständig waren, als höchster Berg der Erde aufgeführt. -

Der Chimborazo (6.267 Meter) in den Anden kam schließlich um 1800 an die Reihe. Es ging also aufwärts. -

Dhaulagiri: Ein bisschen stellten sich die Wissenschaftler bei ihrer Annäherung an den höchsten Berg an wie Kinder mit verbundenen Augen beim Topfschlagen. Der Dhaulagiri, den Leutnant William Webb im Jahre 1809 als ersten zu jener Zeit bekannten Achttausender auf 8.190 Meter (eigentlich 8.167 Meter) taxierte, lag schon im richtigen Gebirge. Auch bei der Größenordnung waren sie auf der richtigen Spur. Aber den Topf mit dem Hauptgewinn hatten sie eben noch nicht getroffen. - - - - -

Kangchendzönga: Beim Topfschlagen würde man rufen: wärmer. Um 1838 lief der 8.586 Meter hohe Kangchendzönga dem Dhaulagiri den Rang ab. Der richtige Treffer war eigentlich nur noch eine Frage der Zeit. -

Mount Everest: Na endlich! Schon 1841 hatte ein gewisser George Everest die Lage eines Berges, der einmal seinen Namen tragen sollte, notiert. 1852 bestätigte der Survey of India, dass der damals als Peak XV bezeichnete Riese mit zu jener Zeit 29.002 gemessenen Fuß (8.839,8 Meter) wohl der höchste Berg der Welt sein müsse. - - - -

▸ **Eine Frage des Planeten:** Wegen des lithostatischen Drucks kann nach derzeitiger Lehrmeinung kein Berg höher als 9.000 Meter sein. Der Berg würde gewissermaßen durch das eigene Gewicht erdrückt werden. Das gilt jedoch nur für die Erde. Auf dem Mars, wo ganz andere Verhältnisse herrschen, gibt es mit dem Olympus Mons einen Schildvulkan, der sagenhafte 26,4 Kilometer in den Weltraum ragt.

110 ERSTER SEIN 110

Auf einigen Gipfel können Sie theoretisch noch immer Erster sein, ohne dabei heilige Berge wie den Kailash oder den Machapucharé zu entweihen *vgl. 120 „Gottheiten respektieren“*. Es gibt sogar noch etliche Siebentausender, auf denen bislang kein Mensch stand. Pakistan ist für Pioniere besonders interessant. Allerdings sollten Sie möglichst bald loslegen, bevor Ihnen jemand zuvorkommt. Erst im Juli 2014 feierte eine kommerzielle Expedition um den deutschen Bergsteiger Luis Stitzinger die Erstbesteigung des 7.129 Meter hohen Kokodak Dome. Ziemlich genau ein Jahr zuvor hatten sich die österreichisch-schweizerische Kombo Hansjörg Auer, Matthias Auer und Simon Anthamatten den Kunyang Chhish Ost (7.400 Meter) geschnappt. Und 2015 erklommen die beiden Briten Andy Houseman und Jonathan Griffith den Link Sar West (6.938 Meter), wobei der Hauptgipfel (7.041 Meter) weiterhin jungfräulich bleibt. Hier ist Ihre To-Do-List mit sieben der höchsten unbestiegenen Berge – oder sagen wir: Spitzen (Stand: Herbst 2016).

Muchu Chhish	7.453 Meter	Pakistan,Karakorum
Kunyang Chhish West	7.350 Meter	Pakistan, Karakorum
Summa Ri I	7.302 Meter	Pakistan, Karakorum
Saser Kangri Plateau Peak	7.287 Meter	Indien, Karakorum
Lapche Kang II	7.250 Meter	Tibet (China), Himalaya
Apsarasas Kangri II	7.239 Meter	Indien / China, Karakorum
Karjian I	7.221 Meter	Tibet (China), Himalaya

111 GIPFELNAMEN VERSTEHEN 111

Namenswitze sind politisch unkorrekt und moralisch verwerflich. Bei Gipfeln aber sind sie erlaubt. Wie die Menschen früher auf solche Namen gekommen sind? Vielleicht an einem ganz normalen Sonntag. - - -

In der Kirche: *Dom (4.545 Meter, Walliser Alpen) Jungfrau (4.158 Meter, Berner Alpen) Mönch (4.099 Meter, Berner Alpen) Heiligkreuzkofel (2.907 Meter, Dolomiten) Jakobshorn (2.590 Meter, Bündner Alpen) Kreuzjoch (u.a. 2.558 Meter, Kitzbüheler*

Wege ins Himmelreich

Alpen) Himmelreich (2.500 Meter, Schladminger Tauern) Bischofsmütze (2.458 Meter, Dachsteinmassiv) Apöstel (2.346 Meter, Glarner Alpen) Opferstock (2.327 Meter, Schladminger Tauern) Predigtstuhl (u.a. 2.234 Meter, Wettersteingebirge und 1.920 Meter, Karwendelgebirge) Pilatus (2.128 Meter, Luzerner Voralpen) Kanzelwand (2.058 Meter, Allgäuer Alpen) Kirchendach (2.013 Meter, Allgäuer Alpen) Kanzel (1.011 Meter, Bayerischer Wald) -

Raus aus der Kirche: *Großer Möseler (3.478 Meter, Zillertaler Alpen) Pederfick (3.114 Meter, Ortlergruppe) Großes Leckihorn (3.068 Meter, Urner Alpen) Fotzenkarstange (3.021 Meter, Ötztaler Alpen) Dirndl, Östliches (2.832 Meter, Dachstein) Dirndl, Westliches (2.818 Meter, Dachstein) Geilstange (2.754 Meter, Ötztaler Alpen) Sex Noir (2.731, Berner Oberland) Scheißtalkopf (2.506 Meter, Lechtaler Alpen)*

Rammelstein (2.483 Meter, Rieserfernergruppe) Wildes Mannle (3.023, Ötztaler Alpen) Kackenköpfe (1.560 Meter, Allgäuer Alpen) Poppberg (653 Meter, Fränkische Alb) Rammelsberg (635 Meter, Harz) Wixberg (430 Meter, Sauerland) - - - - - - - -

Ab ins Gasthaus: *Zuckerhütl (3.507 Meter, Stubaier Alpen) Le Pissoir (3.440 Meter, Mont-Blanc-Gebiet) Trinkerkogel (3.161 Meter, Ötztaler Alpen) Gabelspitze (3.071 Meter, Venedigergruppe) Löffelspitze (bis 3.009 Meter, Zillertaler Alpen) Weinflaschenkopf (3.008 Meter, Goldberggruppe) Ofen (2.873 Meter, Glarner Alpen) Kesselspitze (2.284 Meter Oberstdorf) Fleischbank (u.a. 2.187 Meter, Kaisergebirge) Wirts-*

Wege zum Pissoir

spitze (2.032 Meter, Rottenmanner Tauern) Rauschkogel (1.720 Meter, Mürzsteger Alpen) Napf (1.408 Meter, Napfbergland, Schweiz) Prostkogel (1.244 Meter, Chiemgauer Alpen) Käsplatte (979 Meter, Bayerischer Wald) Pfannenstiel (853 Meter, Kanton Zürich) -

Geschichten vom Hof: *Kuhhaut (3.190 Meter, Venedigergruppe) Deichselspitze (2.684 Meter, Schladminger Tauern) Großer Hundstod (2.593 Meter, Berchtesgadener Alpen) Misthaufen (2.436 Meter, Lechquellengebirge) Sauofen (2.415 Meter, Schladminger Tauern) Hühnerkrallkopf (2.403 Meter, Tennengebirge) Stierkarkopf (2.331 Meter, Schladminger Tauern) Hasenohren (2.310 Meter, Schladminger Tauern) Lämmertörlkopf (2.046 Meter, Wölzer Tauern) Hühnereck (2.035 Meter, Wölzer Tauern) Schafmatt (1.979 Meter, Obwalden) Saupanzen (1.957 Meter, Kitzbüheler Alpen)*

Schober (1.328 Meter, Salzkammergut-Berge) Saurüsselkopf (1.279 Meter, Chiemgauer Alpen) Katzenbuckel (626 Meter, Odenwald) - - - - - - - - - - - - - - - - - - -

Durchzählen: *Einserspitze (1.698 Meter, Sextener Dolomiten) Zweitausender (2.004 Meter, Kitzbüheler Alpen) Dreiherrnspitze (3.499 Meter, Tauernhauptkamm) Viererspitze (2.053 Meter, Karwendelgebirge) Cinque Torri (bis 2.361 Meter, Dolomiten) Sechserkogel (797 Meter, Oberösterreich) Sieben Schwestern (bis 1.072 Meter, Norwegen) Hohe Acht (747 Meter, Eifel) Neunerköpfle (1.864 Meter, Tannheimer Berge) Zehnerspitze (3.026 Meter, Dolomiten) Elferspitze (u.a. 2.499 Meter, Stubaier Alpen) Zwölferkofel (3.094 Meter, Sextener Dolomiten)* -

Zunge brechen: *Nyainqêntanglha (7.162 Meter, Tibet, Himalaya) Citlaltépetl (5.636 Meter, Mexiko) Iztaccíhuatl (auch Ixtaccíhuatl, Istaksiwatl, Iztactépetl, Istaktepetl oder Mujer dormida, 5.286 Meter, Mexiko) Kjukjurtlju (4.912 Meter, Russland, Republik Karatschai-Tscherkessien, Kaukasus) Kljutschewskaja Sopka (4.740 Meter, Russland, Kljutschewskaja-Gruppe Kamtschatka) Alnei-Tschaschakondscha (2.526 Meter, Russland, Sredinny-Höhenrücken) Gunung Galunggung (2.168 Meter, Indonesien, Java) Sgor an Lochain Uaine (1.258 Meter, Schottland, Highlands, westlich des Passes Lairig Ghru) Judytschwumtschorr (1.201 Meter, Russland, Chibiny-Gebirge) Sgurr na Banachdich (965 Meter, Schottland, Isle of Skye)* - - - - - - - - - - - - - - -

Blödsinn reden: *Taumatawhakatangihangakoauauotamateaturipukakapikimaungahoronukupokaiwhenuakitanatahu (305 Meter, Neuseeland, der Maori-Name für den Hügel bedeutet in etwa: „Der Vorsprung des Berges, wo Tamatea, der Mann mit den großen Knien, der rutschte, kletterte und die Berge verschlang und der durch das Land reiste, für seine Liebste Flöte spielte.")* -

Noch alles dran? *Fusshörner (3.494 Meter, Walliser Alpen) Hohe Achsel (3.161 Meter, Venedigergruppe) Hohe Munde (2.662 Meter, Mieminger Kette) Nase (2.501 Me-*

ter, Walliser Alpen) Hinteres Ohreneck (2.290 Meter, Schladminger Tauern) Großer Daumen (2.280 Meter, Allgäuer Alpen) Kleiner Daumen (2.197 Meter, Allgäuer Alpen) Nageleck (2.155 Meter, Wölzer Tauern) Bartlrücken (2.136 Meter, Totes Gebirge) Zinken (2.120 Meter, Schladminger Tauern) Zahn (2.110 Meter, Ammergauer Alpen) Kniekogel (1.915 Meter, Totes Gebirge) Achselköpfe (1.709 Meter, Bayerische Voralpen) Stirnberg (902 Meter, Rhön) Glatzenstein (572 Meter, Fränkische Alb) - - - - -

Sich wiederholen: *Zinalrothorn (4.221 Meter, Walliser Alpen) Ferdenrothorn (3.180 Meter, Walliser Alpen) Zermatter Rothorn (3.103 Meter, Walliser Alpen) Radüner Rothorn (3.022 Meter, Albula-Alpen) Aroser Rothorn (2.980 Meter, Plessur-Alpen) Parpaner Rothorn (2.861 Meter, Plessur-Alpen) Faldum Rothorn (2.832 Meter, Walliser Alpen) Diemtigtaler Rothorn (2.410 Meter, Berner Alpen) Rothorn (2.393 Meter, Allgäuer Alpen) Brienzer Rothorn (2.350 Meter, Emmentaler Alpen) Rothorn (2.239 Meter, Lechquellengebirge) Sigriswiler Rothorn (2.051 Meter, Emmentaler Alpen)* - - -

Heimkommen: *Ochs (3.895 Meter, Berner Alpen) Böses Weibl (3.119 Meter, Schobergruppe) Böse Tritt (3.224 Meter, Berner Oberland) Faulhorn (2.681 Meter, Berner Oberland) Elendberg (2.672 Meter, Schladminger Tauern) Tristhof (2.517 Meter, Schladminger Tauern) Kübel (2.350 Meter, Schladminger Tauern) Roßarsch (2.205 Meter, Totes Gebirge) Hexenturm (2.172 Meter, Gesäuse) Esel (2.119 Meter, Luzerner Voralpen) Große Rübe (2.093 Meter, Rottenmanner Tauern) Unnütze (bis 2.078 Meter, Rofangebirge) Natterriegel (2.065 Meter, Gesäuse) Kotzen (1.771 Meter, Vorkarwendel)*

112 WIRKLICH OBEN STEHEN 112

Bevor Sie in Triumphgeheul ausbrechen: Sind Sie sich wirklich ganz sicher, dass Sie auch wirklich – hundertprozentig – auf dem Gipfel stehen? Diese Frage muss erlaubt sein, denn es gab immer wieder Bergsteiger, die nach einem alpinistischen Coup ins Kreuzfeuer der Kritik geraten, sei es aus Schlamperei, Mangel an Beweisen oder offensichtlichem Betrug. Hier sind fünf prominente Beispiele.

- **Cesare Maestri** gebührt ein Ehrenplatz in den Annalen des Alpinismus, da er gleich zwei höchst umstrittene Aktionen lieferte. Bei seinem ersten Besteigungsversuch des Cerro Torre 1959 kam Maestris Seilpartner Toni Egger auf dem Abstieg in einer Eislawine ums Leben. Laut Maestri hatte Eggers Kamera angeblich die Beweisfotos für den gemeinsamen Gipfelerfolg enthalten. Heute herrscht aufgrund diverser Indizien (u.a. fehlendes Material der beiden Pioniere in der Wand) eher die Auffassung, dass Egger und Maestri nicht auf dem 3.128 Meter hohen Gipfel gestanden hatten. 1970 wagte sich Maestri noch einmal an den „Unmöglichen Berg“ in Patagonien und nagelte sich mit Hilfe eines Kompressors – eine technische Hilfe, die heute wahrscheinlich Hohn und Gelächter erzeugen würde – bis unter den Gipfel-Eispilz. Diesen zu besteigen, hielt er für überflüssig.

- **Tomo Cesen** galt in den 1980er-Jahren als der zu seiner Zeit beste Bergsteiger der Welt. Allerdings hielt Cesen von Beweismaterial für seine Besteigungen genauso wenig wie von Presse und Sponsoren. Mit dem Satz „Ich brauche keine Veröffentlichungen, keine Publicity, ich brauche gar nichts!“ zitierte *Die Zeit* den Slowenen einmal. Dennoch wurden ihm Öffentlichkeit und Publicity zum Verhängnis, als er nach der Durchsteigung der Lhotse-Südwand im Jahr 1990 ein Foto vorlegte, das nachweislich nicht von ihm stammte. Er zerstörte damit nicht nur seinen eigenen Ruf, sondern auch die Illusion von der ehrlichen Bergsteigerwelt.

- **Christian Stangl** konnte anders als Cesen 20 Jahre zuvor ein Foto vorlegen, das seine Besteigung des K2 im Jahr 2010 eindeutig beweisen sollte.

Auf dem Bild ist auch eindeutig Stangl zu sehen, nur ist das Bild ebenso eindeutig nicht auf dem Gipfel des K2 aufgenommen worden, sondern etwa 1.000 Meter darunter. Der Österreicher räumte dies mehrere Wochen nach seiner Rückkehr in die Heimat mit der Begründung ein, er sei sich sicher gewesen, ganz oben auf 8.611 Metern gestanden zu haben. Wobei zu diesem Zeitpunkt wegen der massiven Zweifel an seinem Erfolg nur noch das Geständnis als letzter Ausweg geblieben war. Als Begründung führte er den Druck an, den er sich selbst gemacht habe. - - - -

▸ **Hans Kammerlander** stand im Mai 2010 auf dem Hauptgipfel des Mount Logan, zumindest glaubte er das selbst. Statt auf GPS und sonstige Errungenschaften der Technik hatte der als altmodisch und manchmal schludrig bekannte Südtiroler auf Militärkarten vertraut – und war auf einem 34 Meter niedrigeren Nebengipfel gelandet. Kammerlander bedeutete die Besteigungen des Berges insofern auch einen kommerziellen Nutzen, da der Mount Logan zu den „Seven Second Summits“ gehört und Kammerlander die Sammlung der zweithöchsten Berge der sieben Kontinente öffentlich inszenierte und vermarktete. Dennoch bezeichnen die meisten Szenekenner seinen Fauxpas eher als Schlamperei denn als Betrug. - - - - -

▸ **Ueli Steck** stieg im Oktober 2013 in nur 28 Stunden solo durch die Annapurna-Südwand und wieder hinab. Nachdem er bereits im unteren Wandteil die Kamera verloren hatte, fehlen Beweisbilder vom Gipfelgang. Auch einige seiner Schilderungen werden von einigen Bergsteigern und Kritikern als widersprüchlich ausgelegt. Trotz des Mangels an Beweisen und der wachsenden Skepsis würdigte ihn die Jury des Piolet d’Or im März 2014 mit der wichtigsten Auszeichnung des Alpinismus. Steck gilt noch immer als einer der besten und am besten bezahlten Alpinisten. -

113 INS GIPFELBUCH EINTRAGEN 113

Üblicherweise ist das Gipfelbuch ein bemitleidenswertes Zettelkonglomerat, das die meiste Zeit seines Daseins in einer ans Kreuz genagelten Blechschatulle verbringt. Auf dem Neunerköpfle im Tannheimer Tal haben Sie jedoch die Möglichkeit, sich im größten Gipfelbuch der Alpen zu verewigen. Es ist drei Meter hoch und umfasst zwei Seiten von je 2,3 Metern Breite. Falls Ihnen mal wieder partout kein Aphorismus auf der Zunge liegt, klauen Sie doch einfach einen der folgenden 15 Sätze. - - -

„In den Bergen ist Freiheit."

(Wanda Rutkiewicz, 1943–1992, polnische Bergsteigerin)

„Trotzdem bin ich bei meinem Umweg über die Berge viel weiter gekommen, als wenn ich den flachen Pfaden gefolgt wäre."

(Reinhard Karl, 1946–1982, deutscher Bergsteiger)

„Alkohol, in Maßen genossen, schadet auch in größeren Mengen nicht."

(Anderl Heckmair, 1906–2005, deutscher Bergsteiger)

„Es ist viel leichter, ein guter Bergsteiger zu werden, als ein alter."

(Luis Trenker, 1892–1990, Südtiroler Bergsteiger)

„I don't know what's wrong with me, but I love this shit."

(Tommy Caldwell, geb. 1978, US-Kletterer)

„Well, we knocked the bastard off!"

(Sir Edmund Hillary, 1919–2008, neuseeländischer Bergsteiger nach der Erstbesteigung des Mount Everest)

„Steigst du nicht auf die Berge, so siehst du auch nicht in die Ferne."

(Konfuzius, ca. 551–479 v. Chr., chinesischer Gelehrter)

„Die Gebirge sind stumme Meister und machen schweigsame Schüler."

(Johann Wolfgang von Goethe, 1749–1832, deutscher Dichter)

„Was du für den Gipfel hältst, ist nur eine Stufe."

(Seneca der Jüngere, 1–65, römischer Philosoph)

„Wenn man auf einen Berg steigt, so sieht man einen Ochsen wie ein Schaf, ein Schaf wie ein Ferkel. Und doch ist die Gestalt eines Ochsen anders als die eines Schafes und die Gestalt eines Schafes anders als die eines Ferkels. Das ist der Fehler des Standpunkts des Beobachters."

(Lü Buwei, ca. 300–235 v. Chr., chinesischer Philosoph)

„Humping a rucksack on your back, blistering your feet with heavy boots, clambering over piles of rock – that's called relaxation!"

(Struppi, geb. 1929, Tims belgischer Hund)

„Es geht gut, der Berg ist überschritten."

(Die letzten Worte Friedrich II., 1712–1786, preußischer König)

„Moos – das war sein letzter Griff, bevor er in die Tiefe pfiff."

(Aus dem Elbsandsteingebirge)

„Ist der Berg auch noch so steil, a bisserl was geht allerweil." ***(Aus Österreich)***

„Und wenn du auch die Kraft hast, einen Berg zu versetzen, so brauchst du noch einen Verstand, der so groß und so ruhig ist wie ein Ozean." ***(Aus China)***

114 GESCHICHTE SCHREIBEN 114

In der Sächsischen Schweiz hat das Gipfelbuch eine lange und wichtige Tradition. Der Sächsische Bergsteigerbund besitzt sogar ein eigenes Archiv mit etwa 4.000 Gipfelbüchern. Eine besondere Rolle spielt dabei der Jahreserste-Spruch, denn nur dem Jahresersten eines Gipfels gebührt in Sachsen das Recht, sich mit einem launigen oder nachdenklichen Eintrag zu verewigen. In dem Buch *Gipfelbücher & Bergsprüche* sind einige davon nachzulesen. Dabei nutzten zu Zeiten der DDR manche Kletterer das Gipfelbuch auch als seltene Gelegenheit zur freien Meinungsäußerung. Ein Blick zurück hinter die Mauer.

Immer wieder (diverse Gipfel):
„Ich liebe meine Berge, und das mit gutem Recht: Hier oben bin ich König, da unten bin ich Knecht." (Verursachte angeblich eine Stasi-Vorladung.)

1984 (Frienstein):
„Entsprechend dem Weg der DDR, steigen wir anläßlich ihres Geburtstages die Himmelsleiter empor."

1985 (Sommerturm):
„Wenn eine Führerpersönlichkeit A sagt und dabei den Arsch offenhat, dann kann das angeführte Volk durch sie hindurch in die lichte Zukunft schauen."

1985 (Krampus):
„Selbst ein Hund kann gehen, wohin er will!"

1986 (Kathinkaturm):
„Nur tote Fische schwimmen stromab."

1987 (Goldsteighorn):

„Was ich weiß, macht mir nicht heiß."

1988 (Falkenturm):

„Von der Ostsee bis nach Sachsen – kein Berg ist uns gewachsen.
Von Osten nach Westen – das können wir nicht testen."

1988 (Edelweißturm):

„Der Mensch lebt nicht vom Brot allein."

1989 (Edelweißturm):

„Und die Berge bleiben uns doch!"

1989 (Goldstein):

„Über Spanien lacht die Sonne, über die DDR die ganze Welt!!!"

1989 (Schiefe Zacke):

„Nur ein Gefangener, der sich bewegt, merkt seine Ketten."

1989 (Michaelistagstein):

„Aus grauer Städte Mauern – ziehen wir bald in die Welt."

1989 (Hallenstein):

„Wer mit offenen Augen das Sterben sieht,
weiß, daß man nicht zur Urne geht."

1989 (Kampfturmwächter):

„Es genügt nicht, keine Ideen zu haben.
Man muß auch unfähig sein, sie zu verwirklichen."

115 GIPFELKREUZE KREUZEN 115

Der höchste Punkt eines Berges ist häufig als etwas Besonderes gekennzeichnet. Je nach Kulturkreis können dies Steinmännchen, Steinhaufen oder Gebetsfahnen sein. Vor allem im deutschsprachigen Alpenraum dominiert ganz klar das Gipfelkreuz.

▸ Erste Kreuze: Was die Geschichte des Gipfelkreuzes betrifft, so stochern die Historiker im Nebel. Der Gipfelkreuz-Interessierte stolpert während der Recherche durch die Jahrhunderte über Begriffe wie Weg-, Kult-, Götter- und Hoheitszeichen, wobei die Unterschiede verschwimmen. Weder ist klar, was das Kreuz anfangs für eine genaue Bedeutung hatte, noch wann das erste auf einem Gipfel platziert wurde. Einige Quellen erwähnen den Berg Thorax (1.016 Meter) in Kleinasien, an dem der Gelehrte Daphitas etwa 300 bis 200 Jahre vor Christus angeblich einen Frevel büßen musste. Allerdings gibt es von Daphitas auch noch andere Todesszenarien. Klar ist jedenfalls, dass ein Kreuz auf einem Hügel früher häufiger eher für Schrecken als Triumph stand.

So nahm das Christentum an einem Gipfelkreuz durch Jesu Christus' Tod auf dem Hügel von Golgotha seinen Anfang. In den Folgejahrhunderten diente das wichtigste Symbol des Christentums an Hügeln öfter auch nur praktischen Zwecken: als Grenzmarkierung, Wegweiser oder der Dämonenabwehr. Vielleicht entstanden Gipfelkreuze des Öfteren einfach aus guter Laune oder Dankbarkeit heraus, in etwa so, wie manche heutzutage einen Jubelschrei am Gipfel ausstoßen oder ein Gipfelbier trinken. Der königliche Söldnerführer Antoine de Ville schrieb nach der Erstbesteigung des Mont Aiguille 1492: „Ich habe hier auch eine Messe lesen und an den Ecken der Gipfelfläche drei große Kreuze errichten lassen."

▸ Glocknerkreuze: Ein speziell gefertigtes Holz- oder gar Stahlkreuz einfach auf einen Berggipfel zu schleppen, war bis zur Erschließung der Alpen im 19. Jahrhundert eher ein abwegiger Gedanke. Besonders früh fällig waren Klein- und Großglockner, die schon im Zuge ihrer Erstbesteigungen 1799 und 1800 mit einem Kreuz geschmückt wurden. Schon die Glocknergipfelkreuze waren bergtauglich, ausgestattet mit Blitzableitern und Barometern. Spätestens jetzt avancierte das Kreuz zum weithin sichtbaren Signal eines profanen Eroberungsgedankens: Wir waren hier! Wir haben's geschafft!

▸ Kreuzersatz: Während des 19. Jahrhunderts gab es häufiger Versuche, den Gipfel mit Fahnen, Pyramiden und Ähnlichem eher neutral zu gestalten und sie weltlichen Herrschern zu widmen. Prominentes Beispiel ist der Kaiserobelisk zu Ehren von Franz Joseph I. Der Obelisk landete 1888 aber nur auf der Passhöhe am Stilfser Joch und nicht wie geplant auf dem Ortlergipfel. Weil seit einigen Jahren nicht mehr Franz Joseph Kaiser ist, sondern der Tourist König, werden auf Gipfeln immer häufiger gewaltige Aussichtsplattformen errichtet. Dazu zählen das acht Meter breite Adlernest am Gschöllkopf im Rofangebirge, zwei 24 Meter lange Stahlarme namens Alpspix auf 2.080 Metern Höhe am Osterfelderkopf unweit der Alpspitze und die „5 Fingers“, eine über den Abgrund ragende Metallkonstruktion in Form einer Hand am Hohen Krippenstein im Dachsteingebirge.

▸ Kreuze um jeden Preis: Die spirituelle Bedeutung der Kreuze verschwindet immer öfter hinter einer gerne mal pompösen Fassade. So wurde im Juli 2014 auf der Buchensteinwand (1.456 Meter) in den Kitzbüheler Alpen ein 30 Meter hohes, begehbares Gipfelkreuz mit vier Aussichtsplattformen und Seminarräumen errichtet. Es stellt damit jenes auf dem

Das Kreuz mit dem Gipfel

Adlerhorst am Gschöllkopf

Alpspix am Osterfelderkopf

Gipfel des Gorbeia im spanischen Baskenland mit 17 Metern locker in den Schatten. Der Salzburger Roland Steiner errichtete auf der Schartwand im Tennengebirge in Österreich dafür das erste vollständig aus Glas gefertigte Gipfelkreuz – 2,50 Meter groß und 1,40 breit. - - - - - - - - - - - -

▸ **Leuchtkreuz:** Das Kreuz an der Kampenwand (1.669 Meter) ist mit zwölf Metern nicht nur das höchste in den Bayerischen Alpen. Es wird seit 1951 an einigen Tagen des Jahres beleuchtet. Bis 2003 musste ein Talbewohner dafür tatsächlich fünf Liter Benzin auf den Gipfel schleppen, um die 13 Lampen am Kreuz mit einem Stromaggregat zum Glühen zu bringen und so der Gefallenen der beiden Weltkriege zu gedenken. Heute erledigt eine Solaranlage diesen Job. Auf dem Hohen-Kreuz-Gipfel (3.159 Meter) in der Venedigergruppe ist die technische Ausstattung eher schlicht und praktisch. Mittels eines integrierten Spiegels wird das zwölf Kilometer entfernte Dorf über die Wintersonnwende mit Lichtzeichen informiert. -

Kreuz an der Kampenwand

Kreuz am Gorbeia-Gipfel

116 GEWITTER ÜBERLEBEN 116

Blitzeinschläge haben schon so manches Gipfelkreuz deformiert, weshalb diese zu ihrem Schutz inzwischen meist mit einem Blitzableiter ausgestattet sind. Als Bergsteiger hilft Ihnen dies im freien Gelände allerdings wenig. Wenn Sie zur falschen Zeit am falschen Ort sind, müssen Sie zumindest das Richtige tun.

- Die Zeit: Ein Gewitter mag Sie vielleicht überraschen, aber es kommt sicher nicht aus heiterem Himmel. Es gibt sogar Statistiken, wann beispielsweise Gewitter am Flughafen Innsbruck in der zweiten Hälfte des 20. Jahrhunderts am wahrscheinlichsten waren. Dabei gingen 80 Prozent aller Gewitter in den Monaten Juni bis August nieder. In den Ostalpen müssen Sie im Sommer statistisch etwa jeden dritten bis vierten Tag damit rechnen, dass es kracht.

Es gibt Blitzdokumentationsstellen wie Aldis (Austrian Lightning Detection & Information System) oder Euclid (European Cooperation for Lightning Detection), die jede Menge Blitze in Europa registrieren. Demnach nimmt die Blitzhäufigkeit im Alpenraum ab 13 Uhr kontinuierlich zu, erreicht das Maximum zwischen 17 und 18 Uhr und nimmt anschließend tendenziell wieder ab. Vor allem in den Südalpen hält sich das Gewitterrisiko sommers jedoch hartnäckig bis nach Mitternacht.

Was die zeitliche Komponente betrifft, wird in den Bergen gerne die 30-30-Regel zitiert. Gefahr besteht, wenn zwischen Blitz und Donner keine 30 Sekunden Abstand liegen. Einen sicheren Bereich sollten Sie bei Gewitter erst 30 Minuten nach dem letzten Blitzstrahl oder Donnerschlag verlassen.

- **Der Ort:** Natürlich können Sie alle Statistiken der Welt auswendig lernen. In Deutschland gehen jährlich beispielsweise etwa zwei Millionen Blitze nieder, in Österreich zwischen 100.000 bis 280.000 Blitze, in der Schweiz zwischen 350.000 und 450.000. Sie können davon ausgehen, dass in den Südalpen das Gewitterrisiko höher ist als im Norden und am Äquator höher als in der Antarktis.

Als Bergsteiger bringt Ihnen das bei einem nahenden Gewitter allerdings wenig. Dann müssen Sie reagieren. Grate, Gipfel, Felsnadeln, alleinstehende Bäume und Skiliftmasten sollten Sie meiden, ebenso Drahtseile, offene Flächen wie Steinhalden und auch die Feuchtigkeit. Natürliche Unterstände wie Höhlen oder Felseinschnitte sind ebenfalls nicht sicher, da Wasseradern oder kleine Quellen die elektrische Energie weiterleiten. Außerdem kann es im Bereich von Höhleneingängen oder an Nischenöffnungen zu Kurzschlussbrücken kommen, der Blitz springt gewissermaßen darüber hinweg. Je größer und trockener Ihr Unterstand, desto besser.

- **Das Richtige tun:** Richtig brenzlig wird es ohne Unterstand. Weglaufen ist keine Lösung. Eine Hauptentladung dauert nur 0,00003 Sekunden und dieser Lichtstrahl mit einer Stromstärke von 20.000 Ampere – normale Steckdosen sind auf 16 Ampere ausgelegt – ist wahrlich blitzschnell. Bei dieser drohenden Wucht zeigen Sie am besten Unterwürfigkeit.

Kleiner machen: Sie müssen sich gewissermaßen wegducken, dürfen dem Blitz keine Angriffsfläche bieten. Ausrüstungsgegenstände, die über Ihren Kopf ragen, wie Eispickel oder auch Skier, erhöhen das Risiko eines Einschlags.

Kein Leiter sein: Trennen Sie sich von Metallischem wie Karabinern und Steigeisen, denn sie leiten den Blitz nur wunderbar in Sie hinein. Nehmen Sie eine Kauerstellung ein, am besten auf einer isolierenden Sitzfläche wie Rucksack oder Seil. Halten Sie die Füße zusammen und legen Sie sich auf keinen Fall hin. Minimieren Sie den Bodenkontakt.

In den Schatten stellen: Als relativ sichere Position gilt das sogenannte Schattendreieck im Schutz einer Wand. Stellen Sie sich dafür ein Dreieck von etwa 15 Meter Höhe vor *siehe Seite 278*. Um Erdströme zu vermeiden, sollten Sie sich etwa zwei Meter von der Wand entfernt aufhalten.

- **Getroffen werden:** Welche Kraft ein Blitz hat, lässt sich am Mount Thielsen (2.799 Meter) erkennen, einem Schildvulkan in Oregon, USA. Er wird so häufig von Blitzen getroffen, dass er unter dem Spitznamen „Blitzableiter der Kaskadenkette“ Eingang in die Lexika fand. Durch das Schmelzen der Felsformationen in Gipfelnähe entstehen Fulgurite, gewissermaßen verglaste Röhren, die auf der Erde sonst sehr seltene Mineralien wie das Lechatelierit enthalten.

Ungeschützt kann ein Mensch zum Blitzableiter werden. Ein direkter Blitzeinschlag ist wegen der gewaltigen Energie und der dabei erzeugten Wärme häufig tödlich. Manche Getroffene überleben wie durch ein Wunder, obwohl der Blitz ihnen beim Austritt aus dem Körper sogar die Schuhe von den Füßen reißt. Oft nimmt der Blitz den Weg über die im Gebirge oft nasse Hautoberfläche, wo er Brandwunden hinterlässt. Selbst von anderen Personen, Masten oder Bäumen können Stromstöße überspringen. Auch der Kontakt von metallenen Gegenständen oder einem nassen Seil können zu gravierenden gesundheitlichen Schäden führen. Klettersteige sind beispielsweise wahre Blitzableiter. Möglicherweise findet der Strom sogar über den Boden und Ihre Gliedmaßen einen Weg in Ihr Zentrum. Trotz all der möglichen Folgen wie schweren Verbrennungen, Blindheit, Lähmungen und Herzstillstand gibt es eine Zahl, die zuversichtlich stimmt: In der Schweiz machen Blitze nur ein Prozent der Bergnotfälle aus.

117 IM SCHATTEN STEHEN 117

Geschichte wird von Siegern geschrieben, auch und gerade am Berg. Edmund Hillary, Reinhold Messner und Gerlinde Kaltenbrunner wurden durch die Gipfelbesteigung von hohen Bergen zu Medienstars. Die Hochträger des Himalaya-Volkes Sherpa, die vielen weit weniger leistungsfähigen 8.000er-Aspiranten eine Gipfelbesteigung durch ihren Einsatz erst ermöglichen, werden häufig vergessen. So war der Name Tenzing Norgay, Begleiter des Everest-Erstbesteigers Hillary, beim Fernsehspiel „Wer wird Millionär" im Jahr 2000 eine Million Mark wert. Falls auch Sie einmal bei der Quizsendung sitzen: hier einige von Norgays Kollegen.

▸ **Pasang Dawa Lama:** 1939 schafften es der Sherpa Pasang Dawa Lama und der Deutsch-Amerikaner Fritz Wiessner bis auf 8.400 Meter am K2. Vor den beiden lag nur noch relativ einfaches Gelände. Es hätte die erste Achttausender-Besteigung überhaupt werden können, und das am wohl schwierigsten Achttausender. Doch es war bereits spät, zu spät für den gläubigen Pasang Dawa Lama. Er zweifelte an der Gunst der Götter und weigerte sich, im Dunkeln weiterzusteigen. Sie drehten beide in der Gewissheit um, es in den nächsten Tagen noch einmal zu probieren. Doch die Hochlager waren aus unerklärlichen Gründen zerstört, die Expedition scheiterte dramatisch. Wiessner sah sich als verantwortlicher Expeditionsleiter mit einer Untersuchung des American Alpine Club konfrontiert und wurde erst vier Jahrzehnte später rehabilitiert. Vielleicht zahlte sich die Entscheidung des Sherpas dennoch aus: Pasang Dawa Lama wurde 70, Wiessner starb erst im Alter von 88 Jahren.

▸ **Ang Nyima:** Der Name ist nur Eingefleischten ein Begriff, doch war Ang Nyima einer der begehrtesten Bergbegleiter seiner Zeit. Ihm gelang

1954 gemeinsam mit Jim Roberts die Erstbesteigung der Putha Hiunchuli (7.246 Meter), 1960 stand er an der Seite von Dick Grant und Chris Bonington auf der Annapurna II (7.937 Meter). Dabei war er 1953 schon viel höher gestiegen, bis auf 8.510 Meter am Mount Everest.

Er hatte dort Tenzing Norgay und einem Neuseeländer namens Edmund Hillary geholfen, das letzte Hochlager einzurichten und nach getanem Dienst den Rückzug angetreten. Sein Kollege Tenzing Norgay wurde als einer der Erstbesteiger des höchsten Berges weltberühmt, Hillary ein Volksheld in Neuseeland.

- **Ang Nima:** Der Weg vom Basislager auf den Gipfel des Mount Everest führt durch den Khumbu-Eisbruch, einem Wirrwarr aus Eistürmen und Spalten. Jedes Jahr bereiten im Frühjahr besonders kundige Sherpas einen Weg durch das fragile Labyrinth. Sie werden als Icefall Doctors, Eisfalldoktoren, bezeichnet, und der wohl bekannteste von ihnen war der 2013 verstorbene Ang Nima. Die Eisfalldoktoren operieren mit chirurgischer Präzision vom Basislager auf 5.400 Metern bis zum Lager 1 auf 5.900 Meter. Bei ihren Arbeiten an den kalten Patienten verlegen sie etwa 3.500 Meter Seil und 60 Leitern.

- **Ming Kipa:** Der Mount Everest ist ein Berg der Rekorde, und einen davon stellte am 24. Mai 2003 die junge Sherpa Ming Kipa auf. Im Alter von 15 Jahren erreichte sie gemeinsam mit ihrem Bruder Mingma Gyula Sherpa und ihrer Schwester Laphka Sherpa den Gipfel. Sie musste dafür von der chinesischen Seite aus starten, weil das nepalesische Gesetz Everest-Besteigungen unter 16 Jahren verbietet. 2010 wurde sie als Rekordhalterin von dem 13-jährigen US-Amerikaner Jordan Romero abgelöst.

- **Pemba Dorjee Sherpa:** Bei Geschwindigkeitsrekorden am Everest fällt meist der Name Christian Stangl. Er bewältigte die Nordroute ab vorgezogenem Basislager bis zum Gipfel in 16:42 Stunden. Über die Südroute ging es allerdings schon wesentlich schneller. Pemba Dorjee Sherpa schaffte es 2003 in 12:46 Stunden, wurde drei Tage später von Lhakpa Gelu Sherpa um exakt zwei Stunden unterboten – und pulverisierte die Bestmarke seinerseits am 21. Mai 2004 mit 8:10 Stunden. Da für die Gipfelankunft keine Zeugenaussagen vorliegen, zweifelte sein Vorgänger an der Leistung. Erst nach einer Untersuchung durch das nepalesische Ministerium für Kultur, Tourismus und Zivile Luftfahrt wurde der neue Rekord offiziell bestätigt, womit vor allem eines erwiesen ist: Manche Sherpas gehen keineswegs nur für ihre Gäste auf den Gipfel.

118 NOTSITUATION SIGNALISIEREN 118

Das Alpine Notsignal existiert weltweit schon seit 1894. Die Chancen stehen also gut, dass Sie jemand versteht. Beim Alpinen Notsignal geben Sie sechs Mal innerhalb von einer Minute ein Zeichen. Erlaubt ist alles. Sie können mit Taschenlampen in der Nacht leuchten oder mit Spiegeln in der Sonne. Sie können hämmern, rufen, schreien, schießen, klappern, Rauchzeichen geben. Nach sechs Signalen legen Sie eine Pause von einer Minute ein, dann geht es von vorne los.

Sehen oder hören Sie ein Zeichen im gleichen Rhythmus in der Umgebung, so ist das schlecht. Dann sitzt da nämlich noch jemand in der Patsche. Das Antwortzeichen erfolgt nämlich nur drei Mal pro Minute. Allerdings heißt das nur, dass Ihre Lage erkannt wurde, nicht, dass Sie schon gerettet sind.

119 ALT WERDEN 119

Bergsteiger müssen nicht zwangsläufig jung in den Tod stürzen, und das beste Beispiel ist Ulrich Inderbinen aus Zermatt. Als der Bergführer am 14. Juni 2004 im Alter von 103 Jahren starb, war er der älteste Mann im Schweizer Kanton Wallis.

Inderbinen, Sohn eines Bergbauern und Bruder von acht Geschwistern, hatte mit den modernen Stars des Alpinismus wenig gemein. Angeblich besaß er nie ein Fahrrad, kein Auto und kein Telefon, sein erstes Geld verdiente er als Schafhirte. Der Zahnarzt habe ihn erstmals im Alter von 74 Jahren gesehen.

Mindestens 370 Mal führte er während seines langen Bergführerlebens Gäste auf das Matterhorn. Zum ersten Mal hatte er den Zermatter Hausberg 1921 gemeinsam mit seinen Schwestern bestiegen, im Alter von 89 Jahren schaffte er es im Kreise von Fernsehkameras und Bundesrat Adolf Ogi innerhalb von nur vier Stunden auf den Gipfel. 85 Mal stand er auf dem Mont Blanc und 81 Mal auf der Dufourspitze, dem höchsten Berg der Schweiz. Die letzte bezahlte Tour absolvierte er 1995 auf das Breithorn (4.194 Meter). Im gleichen Jahr erschien auch sein Buch mit dem Titel *Ich bin so alt wie das Jahrhundert.*

Als Lebenselixier nannte Inderbinen eine positive Lebenseinstellung und Freude an der Natur. Fortschritt und modernen Sicherungsmethoden stand der Bergführer kritisch gegenüber, er vertraute seiner Erfahrung und dem Menschenverstand. Noch in den 1980ern geleitete er seine Kunden mit dem Hanfseil durch die Gletscherbrüche. Sein Motto: langsam, stetig, am liebsten ohne Pause.

120 GOTTHEITEN RESPEKTIEREN 120

Das mit den Gottheiten ist ja so eine Sache. Sind sie unter uns, und wenn ja, wie viele? Seit jeher klingt es nur zu logisch, dass sich Götter an Orte zurückziehen, wo sie 1.) nicht allzu oft gestört werden von irdischen Sorgen, 2.) den Überblick behalten und 3.) ihrem Zorn auch mal ohne größere Kollateralschäden freien Lauf lassen können. Dass Berge und Gipfel als heilige Orte gelten, zieht sich tatsächlich quer durch alle Kulturen. Wie unterschiedlich die sakrosankten Erhebungen sein können, zeigt ein Streifzug über die Kontinente. Möglicherweise ist auch Ihr nächstes Reiseziel ein heiliger Berg. Es gibt noch viel mehr davon. - - -

Kailash, Asien: Nur ein einziges Mal soll der 6.714 Meter hohe Berg in Tibet bislang bestiegen worden sein, und zwar von dem Yogi Milarepa (1052–1135). Der Extrembergsteiger Reinhold Messner verzichtete 1985 trotz einer Genehmigung auf den Gipfel, denn der Kailash gilt heute als heiligster Berg des Hinduismus, tibetischen Buddhismus, Jainismus und der Bön. Es mag, gerade in Asien und vor allem im Himalaya, noch viele andere heilige Berge geben – ob die Achttausender Annapurna und Kangchendzönga oder der ebenfalls mit einem Besteigungsverbot belegte Machapucharé (6.997 Meter). Aber kein anderer Berg weltweit wird von so vielen Menschen als Sitz des Göttlichen und als Zentrum der Welt angesehen wie der Kailash. Selbst überzeugte Atheisten können sich dem Zauber des Berges kaum entziehen, entspringen in seinem Gebiet doch die vier großen Flüssen des südasiatischen Raums – Karnali (wichtiger Nebenfluss des Ganges), Indus, Sutlej und Brahmaputra. - - - - -

Ol Doinyo Lengai, Afrika: Ganz im Norden Tansanias, unweit der Grenze zu Kenia, liegt der Ol Doinyo Lengai, oft einfach nur Lengai genannt. Für das ostafrikanische Hirtenvolk der Massai ist er Sitz des Regen- und Wolkengottes Engai, Schöpfer allen Viehs. In ihrer Sprache bedeutet Ol Doinyo Lengai schlicht so viel wie Gottesberg.

Der Aufstieg zu dem 2.960 Meter hohen Schichtvulkan ist zwar anstrengend, aber technisch unschwer und wird daher selbst von Flachlandtirolern als Ziel anvisiert. Auch weil er abseits der üblichen Touristenrouten liegt, werden Sie dort jedoch auf weit weniger Menschen treffen als am nur etwa 160 Kilometer Luftlinie entfernten Statussymbol – und Heiligen Berg – Kilimandscharo.

Heilige Berge

Ol Doinyo Lengai

Devils Tower

Mateo Tepee, Nordamerika: Besser bekannt ist der unheimlich markante Monolith unter dem Namen Devils Tower, Teufelsturm. Knapp 400 Meter erhebt er sich über die Umgebung bis auf eine absolute Höhe von 1.558 Metern. Er wurde 1906 zum ersten United States National Monument überhaupt erklärt. 4.000 bis 5.000 Kletterer versuchen sich jährlich an den mittlerweile 220 Routen. Dabei ist der Berg für viele indigene Völker wie die Sioux, Cheyenne und Kiowa eine Schöpfung des Großen Geistes und schon der Name ein großes Missverständnis. Verschiedene Stämme bezeichnen den Fels übersetzt als „Hütte des Bären“. Kletterer werden nach einer Einführung über die Bedeutung des Berges vom National Park Service gebeten, sich nicht an dem Heiligen Berg zu beweisen. Verboten ist es nicht.

Ampato, Südamerika: Der Weg auf den Gipfel des 6.288 Meter hohen Ampato ist selbst aus heutiger Sicht eine anstrengende Bergtour. Sie führt durch Gletscherfelder mit sogenanntem Büßereis, ein Wirrwarr aus meterhohen Eiszacken, wie sie nur die starke Sonneneinstrahlung in den Tropen und Subtropen formen kann. Die Inkas hatten sich mit einem Minimum an Ausrüstung bereits um 1450 auf den Stratovulkan im südlichen Peru gewagt. Auf diese Zeit datierten jedenfalls Forscher den mumifizierten Körper eines etwa 15-jährigen Inkamädchens, den der Archäologe Johan Reinhard und der einheimische Bergführer Miguel Zárate 1995 unterhalb des Gipfels entdeckten. Berichte, wonach die Inkas ihrem Heiligen Berg Ampato mehrere Kinder opferten, hatten bereits im 16. Jahrhundert kursiert. Auch auf anderen Vulkanen wie dem Picchu Picchu (5.665 Meter) in Peru oder dem Cerro El Plomo (5.424 Meter) in Chile fanden Wissenschaftler Mumien von offensichtlich geopferten Kindern. Das Mädchen vom Ampato – heute als Juanita bekannt – ist jedoch in einem derart herausragenden Zustand, dass der ehemalige US-Präsident Bill Clinton beim Anblick des ausgesprochen gut erhaltenen Körpers gesagt haben soll: „Wenn ich Single wäre, würde ich diese Mumie zum Essen einladen. Das ist eine wirklich hübsche Mumie!"

Uluru, Australien: Der bei Sonnenuntergang rote Felsen inmitten Australiens, immer noch bekannt unter dem Namen Ayers Rock, ist das Paradebeispiel dafür, dass heilige Berge keineswegs besonders hoch sein müssen. Er überragt seine Umgebung nur um etwa 350 Meter, ist jedoch Teil einer weitgehend unterirdisch verlaufenden, 100 Kilometer breiten und bis zu fünf Kilometer dicken Gesteinsschicht. Die Aborigines, die australischen Ureinwohner, erachten den Berg als derart heilig, dass über gewisse Plätze nicht einmal gesprochen werden darf. In ihrer Mythologie lässt er sich aber weniger mit einem Platz der Götter gleichsetzen. Vielmehr steht er für die Existenz an sich. Eine Besteigung des Berges wirkt da ungefähr so, als würde man als Tourist auf dem Altar des Petersdoms tanzen. Inzwischen haben T-Shirts mit der Aufschrift „I didn't climb Uluru!" ihre Vorgänger „I've climbed Ayers Rock!" angeblich abgelöst. Fast etwas unheimlich wirkt die Entdeckung des Mount Gabi im Jahr 2006 vor der Küste Australiens. Der Unterwasserfels zeigt eine erstaunliche Ähnlichkeit mit dem Uluru in Größe und Form.

Olymp, Europa: Am Olymp-Massiv in Griechenland mit dem höchsten Punkt namens Mytikas (2.919 Meter) wird deutlich, wie arg der Respekt vor Gottheiten doch gelitten hat. In der griechischen Mythologie war der Olymp der Wohnsitz der Götter, oder zumindest der zwölf Olympier namens Zeus, Poseidon, Hera, Demeter, Apollon, Artemis, Athene, Ares, Aphrodite, Hermes, Hephaistos und Hestia. Heute kann nahezu jeder sterbliche Wurm dem Olymp einen Besuch abstatten, auch wenn während der letzten Gehstunde bis hoch zum Mytikas leichte Kraxelei und entsprechende Schwindelfreiheit nötig ist. Und manchmal, wenn die Herausforderer gar zu übermütig werden, holen die Götter einen der Bergsteiger zu sich.

121 DIE RICHTIGEN WORTE FINDEN 121

Vielleicht kennen Sie diesen Moment: Ihr Blick schweift über die umliegenden Berge, neben Ihnen hören Sie Sätze wie „Boah, ist das der Hammer" oder „Echt knorke". Jetzt muss dringend der richtige Wortschatz her, um sich bei der Schwärmerei über Farben, Formen und Flächen auszudrücken. Verwenden Sie nie wieder einen Satz wie: „Ich meine da hinten die große Einbuchtung zwischen den zwei Erhöhungen, wo es dann so steil wird."

Abbruchkante: plötzlicher Abbruch der Geländeoberfläche. Legt die anstehenden Bodenschichten offen. *Bergkamm:* auch Gebirgskamm. Reihe von Gipfeln eines Gebirges, die nur durch *Scharten* oder *Sättel* voneinander getrennt und über *Grate* miteinander verbunden sind. *Couloir:* franz. für Korridor, geol. für Felsrinne. Eine von Felsen begrenzte, oft mit Schnee oder Eis gefüllte Rinne an einem Berghang. Meist steil und eng. *Dach:* deutlich überhängende Felspassage. *Felsnadel:* je nach Umfang auch Felsturm genannt. Isoliert und häufig einzeln stehender Fels. *Felssporn:* auch Felsnase oder Bergsporn genannt. Schroff aus dem Berghang ragender Felsen. *Flanke:* durchgehend steile Seite eines Berges. *Gendarm:* Felsnadel an einem *Grat*; bewacht gewissermaßen den *Gipfel*, lässt Bergsteiger nicht einfach so vorbei; macht Mühe. *Gipfel:* innerhalb einer gewissen Umgebung höchster Punkt eines Berges oder Gebirgszuges. Je nach Charakter und Region unter anderem auch als Kuppe, Stauf, Spitze, Kogel, Kofel, Kopf, Köfel, Nock oder Gupf bezeichnet. *Grat:* schmaler Berg*rücken* im Hochgebirge. *Inselberg:* sich inselartig aus dem Flachland erhebender Einzelberg. *Joch:* eine Einkerbung zwischen zwei Bergen im Gebirge. Oft schon vor Urzeiten von Mensch und Tier als Übergang genutzt. *Kamin:* mehr oder weniger senkrecht nach oben verlaufende Spalte im Fels. Mindestens schulterbreit. *Kar:* kesselförmige, meist von Gletschern geschaffene Vertiefung am Berghang. *Kerbtal:* auch V-Tal. Vornehmlich in festem Gestein durch meist fließendes Wasser geschaffenes Tal in V-Form. *Klamm:* enge, vom Wasser geschaffe-

ne Schlucht im Gebirge mit teilweise überhängenden Felswänden. *Moränen:* vom Gletscher oft in Form eines Walls abgelagertes Schuttmaterial. *Rücken:* breiter *Grat* im Hochgebirge. *Sattel:* die Umgebung einer Passhöhe zwischen zwei Massiven. Etwas ausladender als eine *Scharte*. *Scharte:* Einschnitt in einen *Grat*- oder Kammverlauf. Gewissermaßen eine überdimensionale Schießscharte. *Schlucht:* Überbegriff für enge, durch steile Hänge und Wände begrenzte Täler. *Schrofen:* steiles, mit Felsvorsprüngen (das sind die Schrofen) und manchmal mit Gras durchsetztes Gelände. Erfordert Trittsicherheit. *Steilhang:* Berghang oder Teil eines Hanges, dessen mittlere Hangneigung mehr als 30 Grad beträgt. *Tafelberg:* oft länglicher Berg mit weiter Gipfelebene und stark ausgeprägten Steilhängen. *Talkessel:* von Bergen oder Hügeln ringsum eingeschlossenes Tal oder Becken. *Talschulter:* in großer Höhe über den Talboden und ähnlich einem Aussichtbalkon parallel zur Talachse verlaufende Geländekante. *Talstufen:* markante, oft von Wasserfällen als Sprungschanze genutzte Gefällebrüche im Längsprofil von *(Trog-)tälern*. *Trogtal:* auch U-Tal. Charakteristisches, durch Gletscher geprägtes Tal mit typischer U-Form im Querschnitt. *Verschneidung:* Felswände, Platten oder Gesteinspakete, die wie die Seiten eines halb aufgeklappten Buches idealerweise in einem rechten Winkel aufeinandertreffen. *Wand:* sehr steile, durchgehend felsige Bergflanke, meist mit einer Neigung von 65 bis 90 Grad. Kann aber auch überhängen. *Wechte:* überhängende, stark verdichtete Schneemassen auf der windabgewandten Seite eines *Grates*.

122 WEIT SEHEN 122

Ihre Aussichten werden immer besser, je weiter es aufwärts geht. Viele Berggeher wollen gar nur deswegen auf den Gipfel, weil einem dort oben die Welt zu Füßen liegt. Natürlich hat eine gute Fernsicht damit zu tun, dass Sie auf einem Berg über den Dingen stehen. Ihr Blick wird dann nicht durch Bäume, Gebäude und gar andere Berge verstellt. Aber das ist nicht alles.

▸ **Ihre Augen:** Falls Sie gute Augen haben, ist Ihre Sehstärke nicht der limitierende Faktor. Beim Blick in den Nachthimmel können Sie mit bloßem Auge immerhin die 2,5 Millionen Lichtjahre entfernte Andromeda-Galaxie M31 mit ihrer rund eine Billion Sternen erkennen – wenn auch nur als einen unscheinbaren, schwach leuchtenden Flecken. Den gerne von Tourismusverbänden kolportierten Quatsch einer angeblich „grenzenlosen Aussicht“ brauchen Sie aber nicht zu glauben.

Auf dem Watzmann sähe man bei freiem Blick – also ohne Berge dazwischen, mit einem Fernglas und ungetrübter Sicht – theoretisch ein Stück des Matterhorns. Die nördliche Küste der Adria, weniger als halb so weit entfernt, ließe sich vielleicht noch am Horizont erahnen.

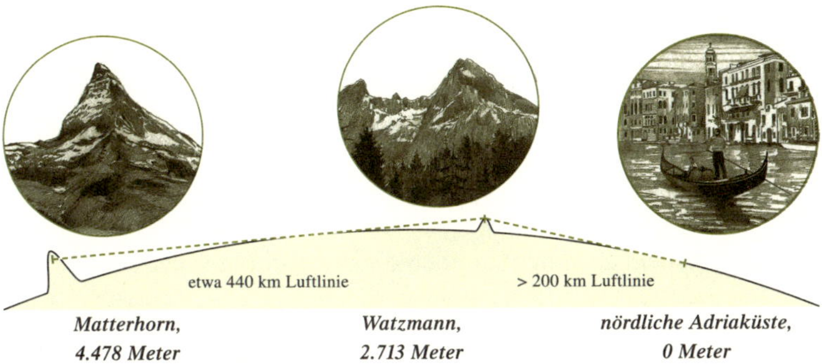

▸ **Die Erdkrümmung:** Zum einen sollten Sie die Erdkrümmung nicht unterschätzen. Ihr Horizont ist – je nach Körpergröße – sogar ziemlich begrenzt. Auf einer vollkommen freien Ebene oder dem Meer sehen Sie selbst bei klarster Luft nur ungefähr fünf Kilometer weit. Dann bricht die Erdoberfläche gewissermaßen dahinter ab. Dieser Wert lässt sich mit Hilfe einer mathematischen Formel berechnen und auch nicht von Mitmenschen wegdiskutieren, die angeblich einen größeren Weitblick besitzen. Dass sich früher Matrosen in den ungemütlich schwankenden Ausguck setzen mussten, hat also wirklich einen guten Grund. Auf nur 20 Metern Höhe reicht Ihr Blick übers Meer nämlich schon dreimal so weit.

Noch mehr als jeder Schiffsmast hat ein hoher Berg den Vorteil, dass man den eigenen Horizont erweitert. Auf 1.000 Metern endet das Blickfeld auf das in Meereshöhe gelegene Flachland nach 115 Kilometern, auf 2.000 Metern steigern Sie sich auf etwa 160 Kilometer und auf 4.000 Metern sind es 225 Kilometer. Dies sind Näherungswerte, weil die Welt keine perfekte Kugel ist und sich die Sichtweite durch Brechung von

Lichtstrahlen in der unteren Atmosphäre noch um bis zu zehn Prozent erhöhen kann. Aber selbst von der Zugspitze werden Sie auf knapp 3.000 Metern niemals die Nordsee sehen können, weil die Aussicht wegen der Erdkrümmung nur etwa 200 Kilometer reicht. Allerdings könnten sich zwei Menschen auf zwei 3.000 Meter hohen Bergen auf die doppelte Distanz – der berechnete Wert liegt hier bei rund 400 Kilometern – mit sehr großen Taschenlampen blinken sehen. Der Berg, auf dem Sie stehen, bliebe der anderen Person auf diese Distanz verborgen. Zu diesem geometrischen Aspekt kommt aber noch ein meteorologischer.

- **Dicke Luft:** Die Erdatmosphäre enthält Feuchtigkeit und Aerosole – Kleinstpartikel wie Pollen, Staub oder Rauch, die Ihre Aussicht trüben. Generell schweben in der Höhe weniger vernebelnde Teilchen als in den Niederungen mit ihren vielen Verschmutzungsquellen. Auch die Jahreszeit hat einen Einfluss. Vor allem im Sommer ist die Sicht oft stark beeinträchtigt. Wegen der höheren Verdunstung enthält die Luft dann speziell in den Nachmittagsstunden eine hohe Luftfeuchtigkeit. Trockene Sommerluft wiederum ist nicht selten stark verschmutzt. In Meeresnähe mindert ozeanische Luft den Weitblick. Südföhn kann, muss aber nicht zwangsläufig arm an Aerosolen und damit eine Gute-Fernsicht-Garantie sein. In den Alpen schleppt der Föhn manchmal auch Saharastaub und andere Verunreinigungen vom Süden heran. Tropische Luft, aber auch Warmluft aus dem Westen vom Atlantik ist meist weniger klar.

- **Reine Luft:** Richtig gut für die Aussicht sind arktische Luftmassen oder trockene, kühle Luft vom Nordatlantik, dazu einige Regenschauer. Sie waschen die Luft rein. Erhöht wird der Durchblick durch ein wenig Wind, denn dann weht die Luft schnell genug heran, bevor sie sich mit allzu vielen Schadstoffen anreichert. Die beste Fernsicht haben Sie in den Alpen nach dem Eintreffen einer Kaltfront aus Nordwesten, wie sie meist im Frühjahr und Herbst auftritt. Sie werden diese Kaltfront spüren, denn das Thermometer fällt locker um zehn Grad Celsius. Die trockene und kalte Luft strömt am ersten Tag nach den reinigenden Niederschlägen heran, was für Sie als Freund großer Panoramen bedeutet: warm anziehen. Es hat möglicherweise weit heruntergeschneit. Dafür – so geht die Legende – soll man dann angeblich selbst von einigen österreichischen Bergen das Mittelmeer sehen können. Und wahrscheinlich auch den Yeti.

▸ **Dünne Luft:** Für die perfekte Fernsicht müssten Sie die Troposphäre verlassen. In der Stratosphäre darüber kondensiert der wenige Wasserdampf fast vollständig aus, die Luft ist extrem trocken. Die Troposphäre endet allerdings in den Polgebieten erst in etwa acht Kilometern Höhe, in den Tropen reicht sie sogar bis 18 Kilometer. Kein Berg der Welt ragt so hoch hinaus.

123 **WEITER SEHEN** 123

▸ **Bildbände:** Der Atem der Berge. Die besten Bilder von den Fotowettbewerben des Brixener Bergsteigertreffens International Mountain Summit. Bergsteiger – Auf den Spuren großer Alpinisten. Reichlich bebilderte Geschichte des Alpinismus vom Ötzi bis Rolando Garibotti und vom Steigeisen bis zum Bergfilm. Super. Münchner Hausberge (mit Faltpanoramen-Box). Ein Rundum-Gipfelblick von Uwe-Carsten Fiebig für all jene, die am Schreibtisch träumen wollen.

▸ **Filme:** Sturz ins Leere. Die unglaubliche Geschichte eines Bergsteigers, der überlebt, obwohl er eigentlich schon tot ist. Die Entscheidung. 1983 von Gerhard Baur produzierte und für den Bundesfilmpreis nominierte Darstellung eines essentiellen Bergsteiger-Themas – ohne Worte, ohne Kommentare, nur 13 Minuten lang, aber für jeden verständlich. Berg des Schicksals. Die Mutter des Bergfilms von Bergfilm-Pionier Arnold Fanck aus dem Jahre 1924; einer Zeit, als der Mensch nur Statist neben dem Naturspektakel spielen durfte.

- **Filmfestivals:** Bergfilmfestival in Trient. Prestigeträchtiger, inzwischen allerdings etwas in die Jahre gekommener Szenetreff inmitten der Bergregion Trentino-Südtirol. Banff Mountain Film Festival. Das bekannteste und einflussreichste Bergfilmfestival inmitten der wunderbaren Rocky Mountains. Die prämierten Werke gehen anschließend in 25 Ländern auf Welttournee. Internationales Bergfilmfestival Tegernsee. Übersichtliche, familiäre und mehrtägige Veranstaltung mit direktem Blick auf die Bayerischen Alpen.

- **Fortbilden:** Vereine. Auch wenn Vereinsmeierei von den zum Individualismus neigenden Berggängern verachtet wird: Es bringt Sie weiter. Bergführer. Auch wenn sich das Vorurteil vom hinterwäldlerischen Haudegen hält: Sie wissen, was sie tun. Freunde. Auch wenn es manche Zweckgemeinschafts-Alpinisten anders sehen: Sympathien erleichtern das Bergsteigen.

- **Gratis-Apps:** Erste Hilfe. Von diversen Anbietern zum Mitmachen, Ansehen, Auffrischen. peakfinder. Zur Bestimmung der umliegenden Berge. Mammut Safety. Mit Kompass, Höhenmesser, SOS-Funktion, Lawinencheck und vielem mehr. alpenvereinaktiv.com. Tools, Tracks und Touren aller Art zum Nachgehen, Ansehen und Aufzeichnen. Schneehoehen.de. Wissen, wo der Schnee liegt.

- **Live sehen:** Alpenzoo Innsbruck. Alles über komische Vögel und andere Tiere in den Bergen. Alpengarten am Schachen. Außenstation des Botanischen Garten Münchens auf 1.860 Metern im Wettersteinmassiv mit mehr als 1.000 Pflanzenarten aus den Hochgebirgen aller Welt. Hintertuxer Gletscher. Innenansichten von Gletscher und Berg – in der Spannagelhöhle und dem Natur Eis Palast.

- **Museen:** Haus der Berge. Bringt das Leben im 1978 gegründeten Nationalpark Berchtesgaden auch bei Dauerregenwetter näher – und zwar für alle Sinne und mit familienfreundlichen Preisen. Schweizerisches Alpines Museum. Alles über die Berge als Kultur- und Naturraum in der Schweizerischen Landeshauptstadt Bern. Messner Mountain Museum. Nach verschiedenen Themen sortierte und auf fünf Standorte in Südtirol verteilte Ausstellung. Trotz berechtigter Kritiken sehenswert.

- **Webseiten:** bergwelten.com. Von Red Bull, aber trotzdem gut. klettern.de. Jede Menge für den Freund des Sportkletterns. tourentipps.de. Anregungen für den Nichtextremisten. bergsteigen.com. Anregungen auch für Extremisten, von der Skitour über Eisfälle bis zum Klettersteig. avalanches.org. Die Lawinengefahr in ganz Europa. theuiaa.org. Die informative Plattform der internationalen Bergsteigervereinigung UIAA.

- **Weiterbilden:** Alpinlehrpläne des BLV Buchverlags. Ausführliche Lehrpläne zu allen Spielarten des Alpinismus vom Trekking bis zum Mountainbiken. Für das Arbeitszimmer. Lawine. Die entscheidenden Probleme und Gefahrenmuster erkennen. Standardwerk für Skitourengeher – und alle, die es werden wollen. 9 von 10 Kletterern machen die gleichen Fehler. Endlich mal eine mit schottischem Witz geschriebene Handlungsanweisung. Nichts für blutige Anfänger.

„Vom Gipfel muss jeder in sein eigenes Ich zurück."
*(Christoph Ransmayr, Schriftsteller, *1954)*

RUNTERKOMMEN

AM GIPFEL

IN EISIGEN HÖHEN

STEIL GEHEN

UNTER EINEM DACH

HANG ZUM ANDERSSEIN

AUF EINGETRETENEN PFADEN

DIE ERSTEN SCHRITTE

124 VOM GIPFEL SPRINGEN 124

Einige Alpinisten haben eine neue Form des Abstiegs für sich entdeckt: den Basejump. Auf Deutsch heißt Basejump so viel wie Objektsprung, aber das sagt kein Mensch. Basejumping ist das Fallschirmspringen von Gebäuden, Brücken oder Felsen und damit gegen jeglichen menschlichen Instinkt. Doch es folgt der direktesten Linie. Bei manchen Projekten wird der Fallschirm zum essenziellen Bestandteil. 2008 durchkletterte Thomas Huber beispielsweise die drei Routen „Alpenliebe", „Phantom der Zinne" und „Ötzi trifft Yeti" an den Drei Zinnen *vgl. 086 „An den Drei Zinnen durchsteigen"* innerhalb eines Tages. Das entspricht insgesamt 1.500 Klettermetern und 48 Seillängen. Um möglichst schnell wieder runterzukommen, nutzte Huber den Luftweg.

Besonders beliebt ist unter Basejumpern als Absprungstelle ein Felskopf namens Pilz an der Eiger-Nordwand in der Schweiz. Im Jahr 2000 wagte Ueli Gegenschatz von dem markanten Felsturm den Pioniersprung. Der waghalsige Extremkletterer Dean Potter absolvierte am Eiger 2011 auch den bis dahin längsten Basejump überhaupt. Er sprang mit einem Wingsuit, der sich wie die Haut bei Gleithörnchen *(Pteromyini)* zwischen Armen und Beinen aufspannt. Potter flog 3:30 Minuten lang und landete sicher 2.000 Meter tiefer. Den Weg nach oben über den Westgrat hatte er nach eigener Aussage in Turnschuhen absolviert. Noch höher waren das australische Paar Heather Swan und Glenn Singleman geklettert, um am Meru Peak (6.660 Meter) in Indien aus einer Höhe von 6.604 Meter abzuspringen.

Allerdings kommt nicht jeder Basejumper unversehrt unten an. Denn die Absprunghöhe ist meist gering, die nahe Felswand ein hartes Pflaster, ein Reservefallschirm oft nicht im Gepäck. Es existiert sogar eine Base Fatality List, eine Chronologie der seit 1981 tödlich verunglückten Basejumper. Nummer 256 trägt nach einem illegalen, tödlichen Basejump im Yosemite-Nationalpark im Jahr 2015 Dean Potter.

Basejumper mit Wingsuit (links) Gleithörnchen mit Gleithaut

125 DURCH EISIGE HÖHEN 125

▸ **Auf zwei Brettern:** Viele Menschen können sich kaum vorstellen, auf Skiern überhaupt einmal die sichere Piste zu verlassen. Andere fahren auf zwei Brettern von den höchsten Bergen und durch die steilsten Hänge der Welt.

Einer der ersten und besten Extremskifahrer war der Südtiroler Heini Holzer. Er wagte sich an mehr als 100 Steilwände in den Alpen von bis zu 55 Grad Gefälle, was schon zu Fuß ein respektables Absturzrisiko bedeutet. Das steilste Stück der gefürchteten Skiabfahrt, Streif in Kitzbühel, weist beispielsweise nur 40,4 Grad auf. Holzer fuhr unter anderem die Nordwand des Piz Palü, den Biancograt an der Piz Bernina und die Nordwand der Marmolata hinab. Er starb 1977 im Alter von nur 32 Jahren beim Versuch, die Nordostwand des Piz Roseg als Erster auf Skiern zu bewältigen.

Knapp zwei Jahrzehnte später kletterte Hans Kammerlander, der mit dem Begriff „Wilder Hund“ wohl unzureichend beschrieben ist, mit Skiern auf dem Rücken in damaliger Rekordzeit auf den Mount Everest. Da er wegen der Schneeverhältnisse die Fahrt an Felsstufen mehrmals unterbrechen musste, wurde sein Weg zurück ins Basislager allerdings nicht als erste Skiabfahrt gewertet. Diese Ehre gebührt seit dem Jahr 2000 dem Slowenen Davo Karničar.

Die Liste der Ski-Bergabsteiger lässt sich beliebig erweitern. Die Münchner Benedikt Böhm und Sebastian Haag benötigten am Muztagata (7.509 Meter) im Pamirgebirge bergab nur 76 Minuten für 3.100 Höhenmeter. Axel Naglichs spektakuläre 30-Kilometer-Skiabfahrt vom Mount St. Elias (5.489 Meter) kam später als Dokumentarfilm in die Kinos.

▸ **Auf allen Vieren:** Beinahe jeder Bergsteiger kennt die fesselnde Geschichte von Joe Simpson. Sein Buch und der gleichnamige Film *Sturz ins Leere* dokumentieren einen tagelangen Überlebenskampf – und einen unglaublichen Abstieg. Nach einer erfolgreichen Neutour durch die Westflanke des Siula Grande (6.344 Meter) in Chile bricht sich Simpson in eisigen Höhen Bein und Knie. Der Rest ist eine Tour des Leidens. Sein Partner Simon Yates versucht Simpson abzulassen und muss das Seil schließlich in einer ausweglosen Situation kappen.

Simpson fällt viele Meter tief in eine breite Gletscherspalte, rettet sich ans Tageslicht, robbt tagelang über den von Spalten übersäten Gletscher, kriecht und humpelt, mal auf allen Vieren, mal auf einem Bein hüpfend und auf dem Eispickel gestützt über Felsblöcke und Schlamm. Irgendwann dröhnt ihm das Lied „Brown Girl in the Ring“ von Boney M. in den Ohren, immer wieder. So, mit diesem Song im Kopf, möchte er nicht sterben. Also schleppt er sich weiter. Bis er am stechenden Gestank seiner Klamotten merkt, dass er durch die Latrine des Basislagers gekrochen sein muss.

- **Auf dem Bauch:** Etwa jeder siebte tödliche Bergunfall im hochalpinen Gelände passiert gemäß Unfallstatistik des DAV wegen eines Stolperers, Ausrutschers oder Sturzes in Eis und Schnee. Ein bisschen Üben lohnt sich also. Bremstechniken sollten reflexartig beherrscht werden. Denn wenn Sie auf Gletschern, Firn- und Schneefeldern ausrutschen, droht der unkontrollierte Abgang. Entscheidend ist, die Körperlage in einem ersten Schritt so zu verändern, dass Sie 1.) auf dem Bauch und 2.) mit den Füßen nach unten gleiten. Haben Sie dies durch Ihre hervorragende Körperbeherrschung oder auch mit Hilfe des Eispickels geschafft, können Sie den Bremsvorgang einleiten.

Sofern Sie keine Steigeisen tragen, richten Sie sich nun in Liegestützposition auf und bremsen auf allen Vieren ab. Falls Sie Steigeisen tragen, vermeiden Sie jeglichen Kontakt Ihrer Füße mit dem Eis. Winkeln Sie die Beine an, da sonst ein Salto Mortale im Wortsinne droht. Angehalten wird mittels des Pickelrettungsgriffs. Das ist keine pubertäre Nothilfemaßnahme im Badezimmer, sondern ein Bremsmanöver, bei dem Sie die Haue – sie bremst erwiesenermaßen besser als die flach zulaufende Pickelschaufel – des schräg gehaltenen Eispickels als Keil nutzen.

126 STEIL ABGEHEN 126

Jede Großmutter lehrt, dass die Menschen früher genügsamer und abgehärteter waren als die verwöhnten Töchter und Söhne der heutigen Wohlstandsgesellschaft. Natürlich hat Oma Recht, und der beste Beweis findet sich in der Geschichte des Abseilens und Abkletterns.

- **Ganz klassisch abseilen:** Zum Abseilen konnten die Urväter des Felskletterns nicht auf die Errungenschaften der modernen Kletterindustrie wie Abseilachter, Tube oder Reverso und die ausführlichen Lehrbücher von Experten zurückgreifen. Ihnen genügten ein Seil und der sogenannte Dülfersitz. Wenn auch Sie eine Nostalgie-Abfahrt hinlegen wollen, so suchen Sie sich für den Dülfersitz-Test einen überschaubaren Mini-Fels ohne Absturzgefahr und nicht etwa die erstbeste Nordwand aus. Wie beim modernen Abseilen wird ein absolut vertrauenswürdiger Fixpunkt benötigt. Dies kann ein Baum, eine stabile Sanduhr oder ein hundertprozentig sicher gebohrter Stand sein. In viele Routen sind heute Abseilpisten eingerichtet. Das Seil ist doppelt zu nehmen.

Gehen wir davon aus, dass die linke Hand Ihre bevorzugte Bremshand ist. Dann führen Sie die beiden Stränge des Seils zwischen die Beine, anschließend hinter dem linken Oberschenkel herum und schließlich quer über die Brust zur rechten Schulter. Von dort muss das Seil über den Rücken zur Bremshand, in diesem Fall die linke, laufen. Wenn Sie das Seil belasten, können Sie mit der Bremshand den Seillauf regulieren, mit der anderen halten Sie den Körper im Gleichgewicht. Um zu bremsen, führen Sie die Bremshand vor die Brust. So arbeiten Sie sich langsam hinab. Auf Dauer könnte Ihnen die Seilreibung an manchen Stellen ganz schön einheizen, vor allem am eventuell unbedeckten Hals.

Bei den heutigen, relativ einfach erlernbaren Abseilmethoden können Sie sogar die Hand vom Seil nehmen. Beim Dülfersitz wären Sie freihändig allerdings schneller unten als Ihnen lieb sein kann.

Abseilen per Dülfersitz und unterm Dach ausfliegen lassen

▸ **Abklettern:** Der zweite Klettergrundsatz von Paul Preuß *vgl. 056 „Paten kennen“* besagt, dass ein Kletterer nur jene Schwierigkeiten im Aufstieg auf sich nehmen sollte, die er sich auch im Abstieg ruhigen Gewissens zutraut. Auch heute plädieren viele Ausbilder dafür, das Abklettern rechtzeitig zu üben. Und sei es nur, um die technisch unkomplizierte, aber ungesicherte Kletterei hinab zur Hütte zu bewältigen.

Abklettern hat allerdings noch eine zweite Bedeutung. In den 1930ern trafen sich die Bergsteiger der Dolomiten, damals noch ein kleines Häuflein besonders wilder Kerle, regelmäßig im Spätherbst, um das Jahr ausklingen zu lassen. Sie diskutierten über ihre besten Abenteuer, neue Trends und verbesserten hie und da auch ihr Bergsteigerlatein. Schließlich gibt es in Südtirol hervorragenden Rotwein. Dieser gesellige Austausch der jüngsten Errungenschaften und alpinistischen Großtaten wurde als Abklettern bezeichnet.

127 UNTERM DACH AUSFLIEGEN LASSEN 127

Es ist schier unglaublich, aus welchen misslichen Lagen die Rettungsdienste der Gebirge Sie überall herausholen können – ob Sie nun in Gletscherspalten stecken, im Felskamin klemmen oder verletzt am Seil an der Steilwand baumeln. Allein der Österreichische Bergrettungsdienst verzeichnet pro Jahr etwa 7.000 Einsätze in den österreichischen Alpen und rettet dabei insgesamt 7.000 Personen, darunter fast 6.000 Verletzte.

Grenzen akzeptieren: Sie haben als zu Rettender keinerlei Mitspracherecht bei der Wahl des Transportmittels. Dieses wird vielmehr durch Wetter, Geländebeschaffenheit und Höhe bestimmt. Ein Helikopter-Einsatz mag spektakulär und zeitsparend sein, ist aber häufig nicht möglich. Dem Fluggerät sind beispielsweise physikalische Grenzen gesetzt. Obwohl mittlerweile schon Alpinisten in 7.000 Metern Höhe per Flugrettung geborgen wurden, gelten solche Aktionen wegen der geringen Luftdichte ab 4.000 Metern als kritisch. Vor allem sollten Sie den Bergrettungsdienst oder die Bergwacht nicht aus Faulheit oder Hoffnung auf einen bequemen Abstieg alarmieren. Neben rechtlichen Konsequenzen droht eine dicke Rechnung: Der Einsatz eines Rettungshubschraubers kostet im Alpenraum schnell 2.000 bis 4.000 Euro.

Versichert sein: Klären Sie rechtzeitig ab, ob Sie ausreichend versichert sind. Als DAV-Mitglied werden Ihnen beispielsweise Such-, Bergungs- und Rettungskosten bis 25.000 Euro erstattet. Förderer des Österreichischen Bergrettungsdienstes sind für einen geringen zweistelligen Betrag weltweit mit ihrer gesamten Familie bei Bergunfällen versichert. Für das Expeditionsbergsteigen wird eine Zusatzversicherung angeraten. Seriöse Reiseveranstalter integrieren diese häufig schon in ihre Preise.

Hilfe rufen: Statt mit dem Alpinen Notsignal *vgl. 118 „Notsituation signalisieren“* können Sie auch ganz einach per Mobiltelefon über die kostenlose EU-weite Notrufnummer 112 oder eine länderspezifische alpine Notrufnummer – in Österreich beispielsweise die 140 – nach Hilfe rufen. Sie werden dann bei einer sogenannten Leitstelle landen. Es ist wichtig, dass Sie möglichst viele Informationen über Ihren Notfall besitzen. Beschreiben Sie zügig, aber ohne Hektik, mit wie vielen Personen Sie unterwegs sind, was passiert ist, wie viele verletzt wurden, warum Sie in der Bredouille stecken, und vor allem: wo Sie sich befinden. Beschreiben Sie notfalls die Umgebung, denn die ortskundigen Retter kennen das Revier meist wie ihr Rucksackdeckelfach.

Hilfe leisten: Sobald Sie Ihre Lage erläutert haben, läuft der Rettungsprozess an. Die Leitstelle übernimmt währenddessen Ihre telefonische Betreuung. Ein voll aufgeladener Handy-Akku kann in solchen Momenten wichtig werden. Falls nicht Sie verletzt sind, sondern einer Ihrer Begleiter, haben Sie sicher bereits erste Hilfe geleistet. Falls nicht: Tun Sie es endlich! Wenn Sie noch nie nett zu Ihrem Seilpartner waren: Versuchen Sie es wenigstens. Treten Sie Ihren Biwacksack ab. Wärmen und beruhigen Sie Ihren Partner anstatt selbst in Schockstarre zu verfallen. Vielleicht schaffen Sie es gemeinsam über den Berg.

Warten: Möglicherweise kommen Ihnen die Minuten wie Tage vor, während Sie auf die Hilfsmannschaft warten. Keine Angst, Sie wurden nicht vergessen! Verzögerungen haben einen Grund. Möglicherweise vereitelt schlechtes Wetter einen Hubschrauberflug und die Bergretter müssen mitsamt Ausrüstung zu Fuß durch das Gelände. Bleiben Sie dennoch an dem Ort, von dem Sie den Notruf abgesetzt haben, sofern nicht unweit davon eine mehr Schutz versprechende Stelle liegt. Sobald die Nothelfer eintreffen, egal ob zu Fuß oder per Helikopter, sind Sie zwar noch nicht gerettet. Aber zumindest haben Sie jetzt Menschen um sich, die wissen, was zu tun ist.

128 DEN HANG ANDERS RUNTERKOMMEN 128

Wenn Sie einen Hang mal anders runterkommen wollen, liegt die Herausforderung darin, sich zwischen all den Optionen und den vielen verschiedenen Sportgeräten überhaupt erst einmal zu entscheiden. Finden Sie mit dem folgenden Diagramm in höchstens vier Schritten Ihren ganz persönlichen Weg.

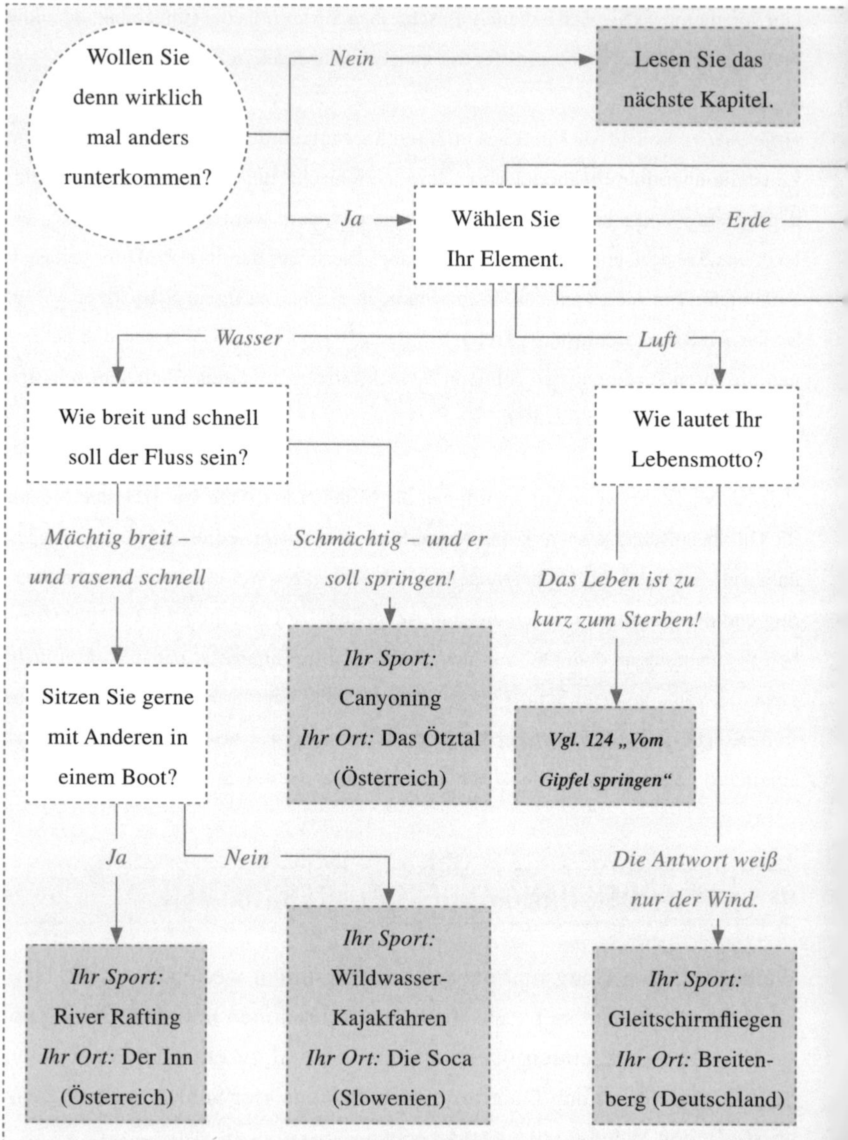
Wollen Sie denn wirklich mal anders runterkommen?
Nein
Lesen Sie das nächste Kapitel.
Ja
Wählen Sie Ihr Element.
Erde
Wasser
Luft
Wie breit und schnell soll der Fluss sein?
Wie lautet Ihr Lebensmotto?
Mächtig breit – und rasend schnell
Schmächtig – und er soll springen!
Das Leben ist zu kurz zum Sterben!
Ihr Sport: Canyoning Ihr Ort: Das Ötztal (Österreich)
Vgl. 124 „Vom Gipfel springen“
Sitzen Sie gerne mit Anderen in einem Boot?
Ja
Nein
Die Antwort weiß nur der Wind.
Ihr Sport: River Rafting Ihr Ort: Der Inn (Österreich)
Ihr Sport: Wildwasser-Kajakfahren Ihr Ort: Die Soca (Slowenien)
Ihr Sport: Gleitschirmfliegen Ihr Ort: Breitenberg (Deutschland)

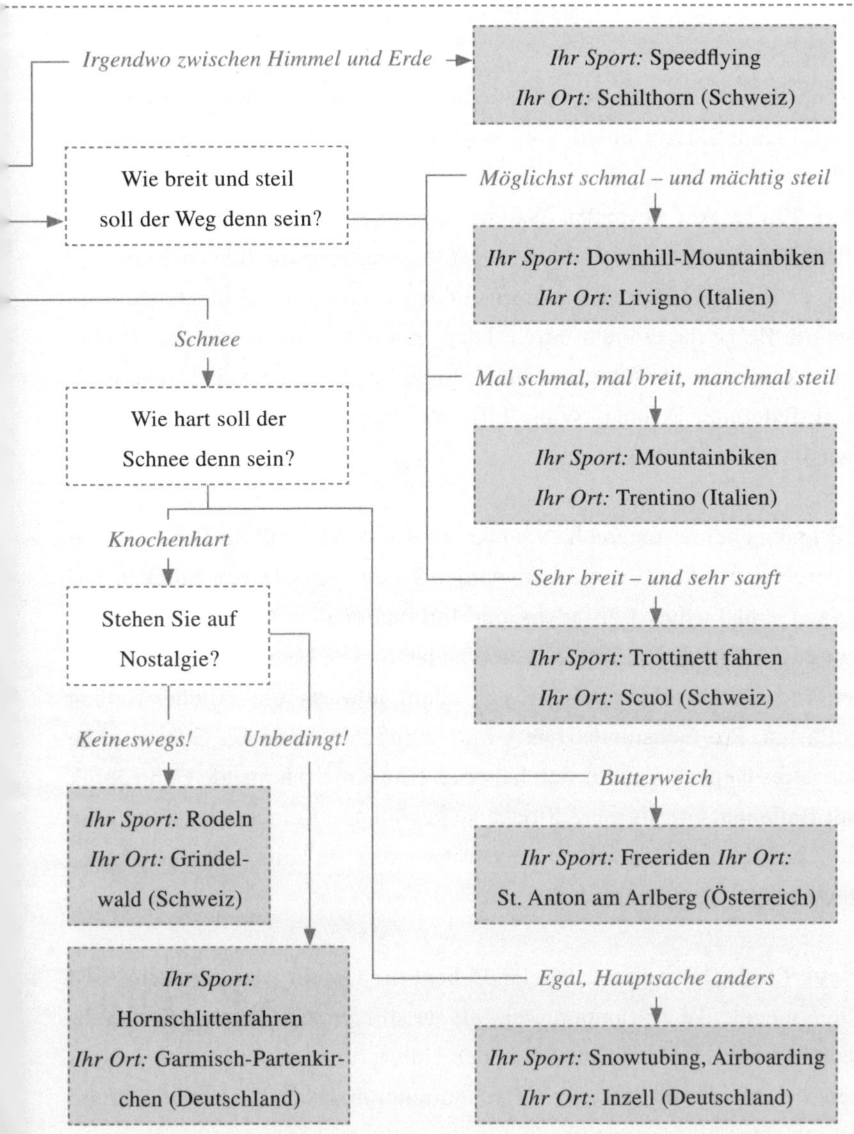
Irgendwo zwischen Himmel und Erde
Ihr Sport: Speedflying
Ihr Ort: Schilthorn (Schweiz)
Wie breit und steil soll der Weg denn sein?
Möglichst schmal – und mächtig steil
Ihr Sport: Downhill-Mountainbiken
Ihr Ort: Livigno (Italien)
Mal schmal, mal breit, manchmal steil
Ihr Sport: Mountainbiken
Ihr Ort: Trentino (Italien)
Sehr breit – und sehr sanft
Ihr Sport: Trottinett fahren
Ihr Ort: Scuol (Schweiz)
Schnee
Wie hart soll der Schnee denn sein?
Knochenhart
Stehen Sie auf Nostalgie?
Keineswegs!
Unbedingt!
Ihr Sport: Rodeln
Ihr Ort: Grindelwald (Schweiz)
Ihr Sport: Hornschlittenfahren
Ihr Ort: Garmisch-Partenkirchen (Deutschland)
Butterweich
Ihr Sport: Freeriden Ihr Ort: St. Anton am Arlberg (Österreich)
Egal, Hauptsache anders
Ihr Sport: Snowtubing, Airboarding
Ihr Ort: Inzell (Deutschland)

129 PFADE EINTRETEN 129

Wenn Sie einfach nur zu Fuß wieder runterkommen wollen, bestimmt das Gelände Ihren Gehstil.

- **Alte Pfade:** Auf normalen Wanderwegen setzen Sie abwärts verstärkt Ihre Fußballen auf. So sind die Belastungswerte tatsächlich am günstigsten, da ihre Wadenmuskulatur einen Großteil der Last abfängt. Strecken Sie die Beine dabei nicht durch. Diese Art des Gehens erfordert Übung und Konzentration. An etwas steileren Stellen ist ein breitbeiniger, elastisch-federnder Seemannsgang hilfreich. Gehen Sie lieber in Serpentinen als die steile Abkürzung.

Besonders beim Tragen eines schweren Rucksacks und für Personen mit Übergewicht oder Gelenkbeschwerden ist der Einsatz von Stöcken ratsam. Gemäß eines Leitfadens der Internationalen Bergsteigervereinigung UIAA über den Einsatz von Wanderstöcken können Sie bei korrekter Technik den Unterkörper vor allem abwärts um etliche Tonnen entlasten. Pro Gehstunde. Die UIAA empfiehlt gesunden Gehern ohne schweres Gepäck jedoch, sich lieber an eine Knie schonende Gehtechnik mit Ballenaufsatz als teure Stöcke zu gewöhnen. Keineswegs sollten Sie die Gehhilfen ständig ohne Grund verwenden, da langfristig ihr Gleichgewichtsgefühl darunter leidet.

- **Neue Pfade:** Im weglosen Gelände liegt die Gefahr weniger darin, sich die Kniegelenke zu ramponieren, als zu stürzen. Sie müssen Ihre Gehtechnik an das Gelände anpassen, den Untergrund verstehen lernen. Nutzen Sie aufragende Stellen als Tritte, um durch das Gelände wie über die Steine eines Flusses zu tänzeln.

Im Geröll und im steilen, grasigen Gelände kommen verstärkt die Fersen zum Einsatz, wobei das Gehen gerade in Schuttkaren eher fließend als abrupt erfolgt und bereits in ein kontrolliertes Abfahren übergehen kann. Felsiges Gelände verlangt möglichst viel Sohlenkontakt. Tasten Sie sich langsam vor – oder trösten Sie sich mit dem nächsten Kapitel.

130 LETZTE SCHRITTE 130

In dem Buch *Risiko und Sicherheit in Fels und Eis,* dem Klassiker des Sicherheitsgurus Pit Schubert, gibt es ein finales Kapitel über das Abstürzen mit dem Titel: „Es bleibt ein schwacher Trost". Das Abstürzen sei nämlich ein subjektiv schöner Tod. Er tue nicht weh. Dafür geht alles viel zu schnell. Es existieren beispielsweise Messungen, welche Geschwindigkeiten Menschen beim Abrutschen über eine mehr als 40 Grad steile Wand aus hartem Firn und Eis erreichen. Nach 20 Metern sind Sie bei etwa 70 Kilometern pro Stunde, nach 80 Metern bei 140. Das sind beinahe Werte wie im freien Fall.

Einem Abstürzenden bleibt dabei der Schrei meist regelrecht im Halse stecken, schreibt Schubert. Sie spüren weder Angst noch Schmerzen, vielmehr laufe beim Sturz noch einmal der Lebensfilm vor dem inneren Auge ab. Der Aufprall werde gar nicht mehr richtig wahrgenommen. Auch der Bergsteiger und Nanga-Parbat-Erstbesteiger Hermann Buhl hatte bei einem 60-Meter-Sturz ins Seil an der Fleischbank-Ostwand keineswegs Horrorvisionen, sondern die profane Hoffnung, dass er sein Taschenmesser doch bitte nur nicht verlieren möge. Dies erzählt der Erstbesteiger von zwei Achttausendern in seinem Buch *Achttausender drüber und drunter.*

Es gibt einige Berichte anderer Bergsteiger, die noch weit tiefer fielen und vor allem rutschten, 200, 400, 600, ja angeblich sogar 900 Meter, mit einer geradezu wehmütigen Stimmung – und schließlich überlebten. Rein statistisch gesehen sollten Sie sich auf das Glück solcher Einzelfälle aber nicht verlassen.

131 **ABSCHALTEN** 131

Es ist ein weit verbreiteter Irrglaube, dass ein Muskelkater durch zu viel Milchsäure, auch Laktat genannt, im Körper entsteht. Gegen die Milchsäuretheorie sprechen laut Fachliteratur gleich mehrere Fakten. So macht sich der Muskelkater erst dann bemerkbar, wenn sich der Laktatwert wieder normalisiert hat. Auch bekommen Einsteiger de facto wesentlich schneller einen Muskelkater als trainierte Personen. Laktat bildet sich aber sogar beim Profi. Außerdem tritt Muskelkater keineswegs besonders heftig nach ausgesprochen laktatfördernden Aktivitäten auf, sondern beispielsweise nach langen Bergabpassagen, wo die Milchsäurewerte relativ gering sind. Für die schmerzhafte Erinnerung an so manche Bergtour sind vielmehr kleine Risse im Muskelgewebe verantwortlich. Der dänische Sportphysiologe Erling Asmussen ließ bereits 1956 Versuchspersonen mit einem Bein auf einen Hocker steigen – und mit dem anderen Bein wieder herunter. Immer wieder. Bis zur Erschöpfung. Bei den Probanden ermüdete zuerst das Aufstiegsbein. Muskelkater hatten sie am nächsten Tag jedoch in dem anderen Bein, das die Bremsarbeit beim Abstieg leistete. Schuld daran ist die sogenannte exzentrische Kontraktion. Der arbeitende Muskel entwickelt bei der Abbremsbewegung eine enorme Spannung. Einzelne Fasern werden dadurch viel stärker strapaziert als beim Bergaufgehen.

Für viele der eigentliche Sinn des Bergsteigens: das Bier danach

Gegen die Mikrorisse in Ihren Fasern gibt es keine Medikamente. Auch gilt es als kontraproduktiv, sich trotz der Muskelschmerzen sofort weiter sportlich zu betätigen. Ebenso sollen Massagen eine Heilung eher verzögern. Der regenerierende Effekt von durchblutungsfördernden Maßnahmen ist zwar umstritten, doch können Sauna, Anwendungen mit Latschenkieferöl und warme Bäder nach allgemeiner Auffassung zumindest nicht schaden. Und auch wenn einige Bergsteiger darauf schwören, dass nichts besser gegen Muskelkater vorbeugt als ein alkoholfreies, muskelgewebekittendes Weißbier unmittelbar nach der Tour, so hängt die therapeutische Wirkung wohl vor allem mit der damit verbundenen Weißbierpause zusammen. Denn gegen Muskelkater hilft am besten eines: einfach mal abschalten.

ANHANG

DANK AN DIE BERGBEGLEITER

Natürlich bin ich für jeden rhetorischen Absturz oder nicht beabsichtigen Ausrutscher bei der Recherche selbst verantwortlich. Dennoch möchte ich mich bei allen Begleitern bedanken, die mir diese Besteigung erleichterten. -

Fabian Andor, Vorstandsvorsitzender der Christoph-Dornier-Stiftung für Klinische Psychologie in Münster, der weiß, wie man den Menschen Höhenangst abgewöhnen kann. *Bernd Arnold,* Sandsteinkletterer, für seine Zeit. *Der Bayerischen Vermessungsverwaltung und dem Alpin-Lehrplan des BLV Buchverlags* für die Orientierung in auswegslosen Situationen. *Franz Berghold,* Spezialist für Höhenmedizin, Arzt für Allgemeinmedizin, Sportarzt, Notarzt, Bergrettungsarzt, Berg- und Skiführer. *Billi Bierling*, Bergsteigerin und Journalistin, für ihre Daten aus dem Himalaya. *Thomas Bucher,* Pressesprecher des Deutschen Alpenvereins und Kletterexperte, für seine großartige Unterstützung. *Pietro Cattaneo,* Bereichsleiter Infrastruktur der Schweizer Wanderwege, für die richtige Wanderzeitkalkulation. *Arne Dietrich,* Professor an der American University of Beirut, für seinen wunderbar unkomplizierten Vortrag über die transiente Hypofrontalitätstheorie. *Stefan Fischer* für die vielen kleinen Fragen am Rande. *Annemarie Foidl,* Präsidentin des Österreichischen Sommelierverbands, die Wein in allen Höhen verkostet. *Stefan Frühbeis,* echter Oberbayer des Bayerischen Rundfunks, der endlich mal vernünftige Grußregeln für den Berg einführte. *Hubert Gassner,* Leiter der Abteilung Seenkunde beim österreichischen Bundesamt für Wasserwirtschaft, der selbst schon mehrere Bäder in Bergseen schadlos überstanden hat. *Dumeng Giovanoli,* Murmeltierragout-Experte und ehemaliger Skiläufer. *Stefan Glowacz,* Expeditions- und ehemaliger Wettkampfkletterer, der weiß, was Männer wollen. *David Göttler,* Extrembergsteiger, für Gespräche über dünne und dicke Luft. *Heinrich Haller,* Leiter des Schweizer Nationalparks und Steinadlerexperte, für sein Wissen und das unerwartet witzige Buch „Der Steinadler in Graubünden". *Josef Haslhofer,* Meteorologe der Zentralanstalt für Meteorologie und Geodynamik in Innsbruck, für den Weitblick. *Tilmann Hepp,* Wolfgang-Güllich-Biograf, für innovative Klettertrainingsmethoden. *Hubert Ilsanker,* Buchautor, Musiker, aber vor allem der weltweit wichtigste Enzianbrenner. *Hans Kammerlander,* Südtiroler Bergsteiger, für seine Matterhorn-Definition. *Kari Kobler,* Bergführer und Expeditionsleiter, der weiß, wie wichtig Flaschensauerstoff sein kann. *Johann Lafer,* österreichischer Fernsehkoch, für das Kaiserschmarrn-Rezept. *Franz Lindenberg,* Präsident des Österreichischen Bergrettungsdienstes, für Geschichten über Hubschrauber. *Bruno Lüthi,* verantwortlich für das Marketing der SAC-Hütten und deren Hüttenwartskurse. *Roswitha Meikl,* Vorsitzende des Salzburger Volksliedwerkes, der das Jodeln am Herzen liegt. *Lukas Meindl,* dessen gleichnamiges Unternehmen die inzwischen gängige Kategorisierung von A bis D einführte, für die Wahl des richtigen Bergschuhs und das Nagelschuhbild. *Alix von Melle,* Achttausenderfrau und verantwortlich für die Presse- und Öffentlichkeitsarbeit des Ausrüstungsspezialisten Globetrotter, für das Zwiebelprinzip. *Isabella Mosca,* Inhaberin der Drogaria Mosca und Expertin für Steinbockspray. *Michael Pause,* Journalist und Bergexperte, für noch mehr Weitblick. *Emanuel Raabflaub,* Landwirt und Kuhversteher, für klare Handlungsanweisungen bei einem Kuhangriff. *Gerald Reichegger,* zuständig für die Produktentwicklung beim Schneeerzeugerhersteller Technoalpin, für alles über die Herstellung von Schnee. *Helmut Reitmeir,* Deutschlands ausdauerndster Bergläufer. *Joachim Schindler,* Bergsporthistoriker, für Gipfelbücher und Bergsprüche im Elbsandsteingebirge der Sächsischen Schweiz. *Annette Schmiede,* Redakteurin der Frauenzeitschrift *Freundin*, die weiß, was Frauen wollen. *Benno Schmidt,* genannt der Brocken-Benno, für seine mehr als 8.000 Ausflüge zum Brocken. *Bernd Schröder* von der Berliner Sektion des DAV für den Grundriss der Berliner Hütte. *Franz Schüssele,* Alphornbauer und -solist und -lehrer und -buchautor mit der Lizenz für Naturtöne. *Chris Semmel,* ehemaliger Sicherheitsforscher des DAV, der noch viel mehr Schwachstellen in Mensch und Material kennt, als in eine ganze Buchserie passen würden. *Der Agentur Seventheaven* für Murmeltierragout-Geschichten. *Christian Stangl,* Skyrunner und Trainingsweltmeister. *Ueli Steck,* Hochgeschwindigkeitsalpinist und -minimalist, für seine Packliste beim Eiger-Nordwand-Rekord. *Dirk Ullrich,* Kurator des Alpenzoos Innsbruck, der Gämsen auf Schritt und Tritt folgt – theoretisch jedenfalls. *Stefan Winter,* Ressortleiter Breitenbergsport, Sportentwicklung und Sicherheitsforschung beim Deutschen Alpenverein, für so manchen Trick beim Wandern. *Stefan Zausinger,* überzeugter Bajuware, für seine Kameradschaft am Seil und das Üben des Bergsteigerlateins. *Rainer Zuchtriegel,* Bergwanderführer, für das richtige Gehen.

REGISTER

IMPRESSUM

Ein Buch von

Dominik Prantl

Gestaltung

Philipp von Keisenberg und Nina Hardwig

Illustrationen

Leonhard Rothmoser und Daniel Schüßler

Projektleitung

Till Brömer und Sabine Sternagel

Herstellung

Hermann Weixler und Thekla Licht

Druck und Bindearbeiten

CPI – Ebner & Spiegel, Ulm

Aktualisierte und überarbeitete Neuauflage

Printed in Germany

ISBN: 978-3-86497-366-6